BELIN atouts

Histoire

Introduction au XIXe siècle

Tome 1 : 1815-1870

Éric Anceau

Belin: 8, rue Férou 75278 Paris cedex 06
www.editions-belin.com

Atouts Histoire

Collection dirigée par Joël Cornette et Michel Puzelat

Anceau Éric, *Introduction au XIXe siècle, Tome II : 1870 à 1914*
Bernard Mathias, *Introduction au XXe siècle, Tome I : 1914 à 1945*
Bernard Mathias, *Introduction au XXe siècle, Tome II : de 1945 à nos jours*
Joannes Francis, *Les premières civilisations du Proche-Orient*
Pébarthe Christophe, *Introduction à l'histoire grecque (XIIe-fin IVe siècle)*
Ripa Yannick, *Les 100 notions d'histoire du XIXe siècle européen*
Duprat Annie, *Images et Histoire, Outils et méthodes des documents iconographiques*
Poirrier Philippe, *Introduction à l'historiographie*

En couverture : Le trône de Louis-Philippe brûlé place de la Bastille,
le 24 février 1848, lithographie, BNF, Paris.
Cartographie : Géo Graphisme

ISBN 978-2-7011-3398-0

1re partie

Savoirs

Avant-propos

Le XIXe siècle s'étend ici de la fin des guerres napoléoniennes (1815) au début de la Première Guerre mondiale (1914). Durant ces cent années, le monde est épargné par les conflits généraux et il connaît une période de paix relative, propice aux progrès en tout genre. De fait, ce siècle est un moment clé de l'histoire. L'humanité y entre dans la contemporanéité au prix d'une série de bouleversements, voire de révolutions, dans les domaines de la politique, de l'économie, de la société, de la culture et des idées. Les libertés fondamentales, la démocratie, l'industrialisation, les classes sociales s'y définissent et s'y affirment ou encore une longue série de concepts en -isme qui se répondent parfois dans une lutte permanente que se livrent les forces de renouvellement et les tenants de l'ordre établi : rationalisme et idéalisme, romantisme et académisme, scientisme et ultramontanisme, capitalisme et socialisme, individualisme et communisme, nationalisme et internationalisme, impérialisme et pacifisme...

Entre les conflits du Premier Empire et la Grande Guerre, l'Europe connaît son apogée. Ses habitants réalisent des transformations majeures, qui changent la vie. Ce sont eux, encore, qui les transmettent à toute la planète dont ils peuplent les espaces et dont ils découvrent les confins. Le XIXe siècle est bien « européen ». Cette constatation justifie la part qu'occupe le Vieux Continent dans cet ouvrage, sans pour autant que le reste du monde soit négligé.

La période 1815-1870 est retracée ici en sept chapitres de cours et en trois dossiers. Un second tome de même structure couvrira les années 1870-1914. En effet, c'est autour de 1870 que se situe la césure du siècle. À ce moment se réalisent les unités allemande et italienne. La France connaît sa dernière monarchie et entre dans la plus longue de ses Républiques. Ces géants de demain que sont les États-Unis et le Japon se reconstruisent, sur de nouvelles bases. La conjoncture économique internationale se renverse, de nouvelles couches sociales s'affirment et les nationalismes et impérialismes naissent ...

Complémentaires, les deux volumes peuvent bien évidemment se lire indépendamment l'un de l'autre.

CHAPITRE 1

Le monde en 1815

Pendant plus de vingt ans, la France de la Révolution et de l'Empire a dominé le monde après avoir renversé l'ordre existant avant 1789. En 1814-1815, Napoléon est vaincu par la coalition de ses ennemis. Le congrès de Vienne s'efforce de reconstruire l'ancien édifice sur les ruines de l'Empire français. Cependant, la restauration n'est pas intégrale. Des gains territoriaux viennent en effet récompenser les efforts des vainqueurs. En outre, la naissance d'aspirations nationales et libérales impose une certaine rationalisation, mais aussi d'importants compromis. Enfin, un système et des moyens sont adoptés pour garantir le nouvel ordre international.

1. Un monde dominé par une Europe à reconstruire

I Le poids de l'Europe dans le monde

Avec 197 millions d'habitants, soit 20,3 % d'une population mondiale que l'on peut estimer à 970 millions d'habitants en 1815, l'Europe se situe alors largement devant l'Afrique (9,5 %), l'Amérique latine (2,2 %), l'Amérique du Nord (0,8 %) et l'Océanie (0,2 %), mais elle vient loin derrière l'Asie (67 %). Sa superficie (10 millions de km^2 jusqu'à l'Oural, soit à peine plus du quinzième des terres émergées) la place à un rang modeste dans la hiérarchie des continents. En revanche, elle dispose, selon toute vraisemblance, de plus du quart de la richesse créée dans le monde, consomme près des deux cinquièmes de l'énergie, produit les trois cinquièmes du fer brut et réalise les deux tiers des exportations de la planète. D'où cette supériorité lui vient-elle ?

Tout au long de l'époque moderne (XVIe-XVIIIe siècle), l'Europe n'a cessé d'innover, ce qui lui a permis d'accumuler sur les autres continents une avance technique incontestée, en particulier dans la navigation et dans l'armement, mais aussi d'élaborer une véritable science de l'organisation et du commandement. Par ailleurs, la curiosité et le goût de l'aventure des Européens les ont incités à partir à la découverte du monde alors que la Chine, l'Inde ou l'Égypte, aux civilisations plus anciennes et au développement plus précoce, ne manifestaient pas le même intérêt et s'assoupissaient dans leurs certitudes et dans leurs traditions. Les élites et les populations des pays visités ont, le plus souvent, accepté le contact et l'échange. Au sentiment de supériorité cultivé par les Européens s'ajoutait parfois une certaine admiration de la part des autochtones. Il en a rapidement résulté domination, exploitation et, quelquefois, colonisation (la quasi-totalité des deux Amériques, une partie des côtes et des îles de l'Afrique, de l'Asie et de l'Océanie). Aussi, les bouleversements de tous ordres (politiques, économiques, sociaux et culturels), qui n'ont pas manqué d'intervenir en Europe, continent où les rythmes de l'histoire sont plus rapides qu'ailleurs, ont-ils eu des répercussions mondiale ; mais des réactions d'hostilité ont aussi commencé à se manifester.

Pour secouer le joug du Vieux Continent, les pays dominés ont pu retourner contre lui les idéaux qui en émanaient ou encore profiter des troubles européens. En 1776, les 13 colonies britanniques d'Amérique du Nord se sont ainsi déclarées indépendantes de la métropole par un texte où l'influence de la pensée politique de John Locke et de la philosophie des Lumières est très nette. Elles ont obtenu gain de cause en 1783 et ont formé les États-Unis qui se sont agrandis, en 1803, de la Louisiane cédée par la France. Outre l'exemple de ce soulèvement réussi, les peuples désireux de se libérer ont bientôt pu s'appuyer sur les grandes proclamations et décisions de la Révolution française (droit des peuples à disposer d'eux-mêmes, abolition de l'esclavage entre 1794 et 1802). Ils ont aussi bénéficié d'un certain repli de l'Europe sur elle-même à partir du déclenchement de la guerre sur le continent, en 1792. C'est ainsi que les noirs de Saint-Domingue se sont soulevés contre la France et sont toujours insoumis en 1815. Par ailleurs, la guerre, qui a agité l'Espagne à partir de 1808, a incité les colonies espagnoles d'Amérique latine à se révolter. Si les forces loyalistes renforcées par les troupes venues de la métropole ont rétabli la situation, la fièvre n'est pas retombée. Au total, la position de l'Europe dans le monde est moins forte en 1815 qu'elle ne l'était au milieu du XVIIIe siècle.

2 La fin de l'Empire napoléonien

À son apogée en 1811, l'Empire couvrait la moitié de l'Europe. La France comptait 130 départements et s'étendait de Hambourg au Nord à Rome au Sud. Napoléon était roi d'Italie, médiateur de la Confédération helvétique ainsi que protecteur d'une Confédération du Rhin élevée en 1806 sur les débris du Saint-Empire romain germanique et à laquelle se rattachait le

Grand-Duché de Varsovie. Ses frères Joseph et Jérôme régnaient respectivement sur l'Espagne et la Westphalie et son beau-frère Murat à Naples. Sa sœur Élisa était grande-duchesse de Toscane et son beau-fils Eugène de Beauharnais, vice-roi d'Italie. Le Danemark, la Norvège et la Suède étaient ses alliés. Gendre de l'empereur d'Autriche, il ne semblait rien avoir à craindre du côté de Vienne et rien non plus du côté de Berlin puisque la Prusse se relevait à peine de ses défaites de 1806-1807. La nouvelle impératrice Marie-Louise venait de lui donner un héritier. Mais les populations étaient mécontentes des injustices qu'elles subissaient ainsi que des ponctions de plus en plus importantes en hommes et en vivres exigées par l'armée, de la lourdeur croissante des impôts, du renchérissement de la vie et des pénuries. Elles aspiraient à la paix, en particulier la France qui ne l'avait quasiment pas connue depuis 1792. De plus, une partie de l'armée napoléonienne était enlisée en Espagne depuis 1808.

À partir de 1812, les défaites ont commencé à s'enchaîner avec les campagnes malheureuses de Russie, d'Allemagne puis de France. Après la prise de Paris par les Alliés (Angleterre, Autriche, Prusse et Russie) et le vote de sa déchéance par les Assemblées, Napoléon s'est résolu à abdiquer le 6 avril 1814. S'il a alors dû quitter la France, le titre d'Empereur lui a été laissé. En outre, il a reçu une dotation ainsi que la souveraineté sur l'île d'Elbe, située non loin de sa Corse natale. Le traité de Paris du 30 mai 1814 a réglé le sort de la France. Le pays a été ramené pour l'essentiel à ses limites du 1er janvier 1792. Néanmoins, il a conservé la plus grande partie de la Savoie, mais aussi Avignon et le Comtat Venaissin, la principauté de Montbéliard ainsi que Mulhouse. Les forteresses qui protègent sa frontière septentrionale lui ont été laissées. De plus, il a recouvré l'essentiel de ses colonies, à l'exception de l'île de France (Maurice), de Tabago, de Sainte-Lucie et des Seychelles. Enfin, il n'a eu à acquitter aucune contribution de guerre et son territoire a été immédiatement évacué par les Alliés.

Mais la Restauration des Bourbons en la personne de Louis XVIII, frère du dernier roi de France, Louis XVI, ne s'est pas réalisée dans de bonnes conditions. En dépit des engagements du nouveau roi, la morgue des nobles et du clergé rentrés d'émigration, leurs prétentions à retrouver leurs privilèges d'Ancien Régime, la mise à la retraite des officiers, dont le pays n'avait plus besoin avec le retour à la paix et auxquels il était prévu de ne plus verser qu'une demie solde, ont contribué à rendre le régime impopulaire dans le peuple et dans l'armée. Tenu informé des événements de France, Napoléon décide donc de reprendre le pouvoir. Débarqué à Golfe-Juan le 1er mars 1815, il arrive à Paris le 20, pendant que le roi quitte précipitamment le pays. Mais les grandes puissances refusent de traiter avec « l'ennemi et perturbateur du repos du monde » et reforment leur coalition. Napoléon est définitivement vaincu à Waterloo, le 18 juin 1815. Sa tentative, surnommée les Cent-Jours, s'achève par une nouvelle abdication, une seconde occupation de la capitale par les Alliés et le retour de Louis XVIII.

3 Un monde à repenser

Si la population européenne a continué à augmenter pendant la Révolution et l'Empire, les guerres de la période ont provoqué plus d'un million de morts. Elles ont aussi gravement affecté l'économie. Le blocus continental, mis en place par Napoléon pour asphyxier les îles Britanniques, n'a pas seulement affaibli celles-ci, mais la totalité de l'Europe. Il a désorganisé les circuits commerciaux et a ruiné la plupart des ports. Le système économique du Grand Empire a été conçu pour que la France soit épargnée par la guerre et que les pays dominés en supportent tout le poids. Or, les pillages répétés et le sacrifice d'industries locales comme le textile catalan ont été vains. La France a également connu son lot de faillites et de chômeurs ainsi que ses scènes de misère. En revanche, Paris, destinée à rayonner sur le monde, s'est enrichie de tous les trésors artistiques prélevés à travers l'Europe. Jugeant la religion indispensable pour moraliser les masses et leur enseigner l'obéissance, Napoléon s'est appuyé sur l'Église, mais en la subordonnant à l'État et en lui ôtant une partie des privilèges dont elle jouissait avant 1789. Par ailleurs, il a cherché à unifier son Empire et à le doter de l'organisation administrative et sociale qu'il avait déjà donnée aux Français. L'usage de la langue française s'est imposé dans la haute administration et dans l'armée. Promulgué en France en 1804, le *Code civil*, traduction en règles juridiques de l'individualisme et du libéralisme bourgeois à la française (égalité formelle devant la loi, liberté individuelle, autorité du père de famille, sacralisation de la propriété), a été introduit dans les pays annexés et vassaux. Le servage et la féodalité ont été abolis dans les royaumes de Westphalie, d'Italie et de Naples. Enfin, de vieux États d'Allemagne comme la Bavière, le Wurtemberg ou la Saxe ont réformé leur administration sous l'influence française.

Les vainqueurs de Napoléon comptent sur le rétablissement de la paix pour ramener la prospérité. Par contre, ils considèrent qu'il est impossible de maintenir en l'état l'ordre politique et social issu de la Révolution et de l'Empire. En cela, ils subissent partiellement l'influence de la pensée contre-révolutionnaire de l'Irlandais Edmund Burke, qui a publié, dès 1790, ses *Réflexions sur la Révolution de France*, du Savoyard Joseph de Maistre, qui a édité, en 1796, ses *Considérations sur la France* et, en 1814, son *Essai sur le principe générateur des constitutions politiques*, et du Français Louis de Bonald, auteur, en 1797, d'une *Théorie du pouvoir politique et religieux dans la société civile démontrée par le raisonnement et l'histoire*. Avec ces penseurs s'impose en effet le principe de légitimité qui s'appuie à la fois sur la religion et sur l'histoire. Les régimes traditionnels sont de droit divin et les remettre en cause revient à s'opposer à la volonté de Dieu. En outre, leur longévité atteste qu'ils sont les meilleurs puisqu'ils ont su s'adapter aux bouleversements historiques sans se renier, tout en continuant à faire preuve d'efficacité et en obtenant l'adhésion la plus large des gouvernés. Il convient donc de restaurer l'Ancien Régime politique, religieux et social et de « renouer la chaîne des temps, rompue par la Révolution », laquelle est, au mieux, considérée comme une épreuve divine, au

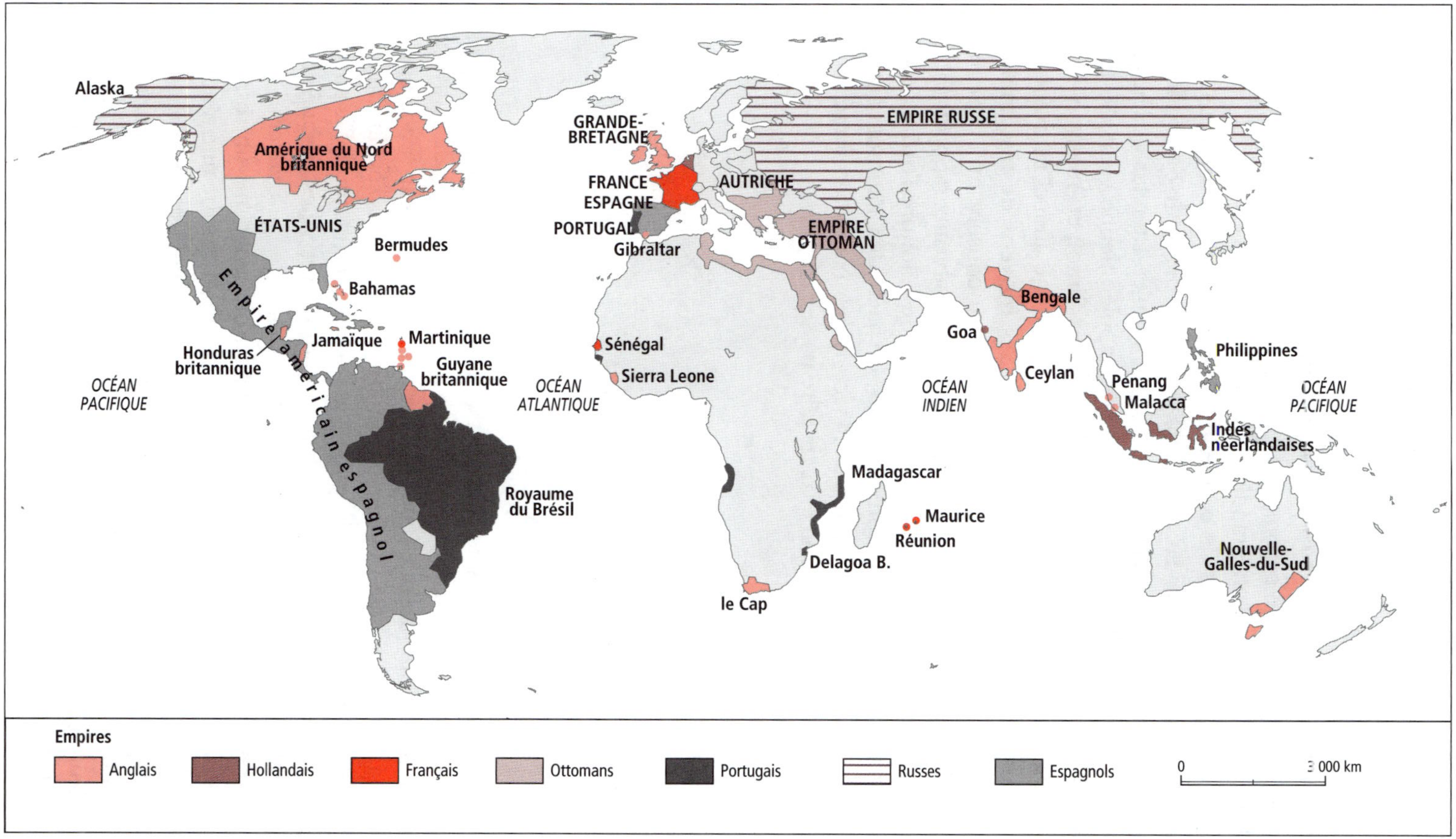

Carte 1. Le monde en 1814-1815

pire, comme une anomalie de l'histoire. L'école romantique allemande et suisse alémanique soutient également le bien-fondé de la légitimité et du loyalisme dynastique, mais aussi la nécessité de se soumettre à l'État et de se défier aussi bien de l'individualisme que de l'universalisme égalitaire. C'est dans cet esprit que paraît, en 1814, la *Vocation de notre temps pour la législation et la jurisprudence* de Friedrich von Savigny et qu'Adam Müller, Louis de Haller et Friedrich Hegel préparent leurs grandes œuvres théoriques.

Parallèlement, les idées de coopération et d'équilibre européens cheminent. Au XVIIe et au XVIIIe siècles, William Penn, l'abbé de Saint-Pierre ou encore Emmanuel Kant avaient déjà écrit sur le sujet. Le refus de l'hégémonie d'une puissance à laquelle l'expérience napoléonienne vient de donner corps suscite de nouveaux projets. En 1814, Saint-Simon et Augustin Thierry publient ainsi *De la réorganisation européenne,* ouvrage auquel ils donnent un sous-titre significatif: « De la nécessité et des moyens de rassembler les peuples de l'Europe en un seul corps politique en conservant à chacun son indépendance politique. » La volonté d'établir de nouveaux rapports internationaux, de remodeler la carte de l'Europe et de refondre l'ordre politico-social s'impose donc à de nombreux esprits. Le pacte de Chaumont signé par les Alliés, le 9 mars 1814, avant même la victoire sur Napoléon, en témoigne ; le congrès de Vienne va s'efforcer de la faire passer en actes.

2. Le congrès de Vienne

I La réunion du congrès

C'est à la Hofburg, palais impérial autrichien, que le congrès s'ouvre, le 23 septembre 1814. Le choix de Vienne s'imposait. Capitale de la dynastie Habsbourg, dont le prestige incontesté est encore accru par sa victoire sur Napoléon, elle n'a pas été touchée par les bouleversements révolutionnaires. Elle est le symbole de l'Ancien Régime que l'on entend restaurer. De plus, elle est située au centre de l'Europe et est l'une des rares villes européennes à avoir la faculté d'accueillir un tel événement.

En effet, depuis le congrès de Westphalie, qui avait mis un terme à la guerre de Trente Ans, en 1648, l'Europe n'avait plus organisé une réunion de cette importance. Le nombre d'invités est proche de 10 000 et plus de 200 délégations ont fait le déplacement. À la quinzaine de souverains présents, il faut ajouter les ministres, les diplomates, les conseillers et le petit personnel. Il convient également de ne pas oublier les groupes divers qui affluent dans l'espoir de faire entendre leur voix (chevaliers de Malte, juifs allemands), ainsi que les multiples espions, intrigants et aventuriers.

La plupart des pays d'Europe sont représentés, à l'exception notoire de l'Empire ottoman. La France, dont le sort a été réglé par le premier traité de Paris, est admise en la personne de Talleyrand, ministre des Affaires étrangères de Louis XVIII. Les Alliés entendent ainsi montrer que leur action était menée contre Napoléon et non contre la France. Ils ne veulent pas affaiblir les Bourbons, qu'ils viennent de restaurer, en infligeant une humiliation aux Français. Les intérêts du Royaume-Uni sont défendus par le secrétaire au *Foreign Office*, Castlereagh, et bientôt par Wellington, futur vainqueur de Napoléon à Waterloo. De leur côté, les ministres russes Nesselrode et Razumovski et leurs homologues prussiens Hardenberg et Humboldt doivent composer avec leurs souverains respectifs, l'empereur Alexandre Ier et le roi Frédéric-Guillaume III. En revanche, François Ier d'Autriche laisse davantage d'initiative à son principal ministre, Metternich. Ce dernier est le véritable maître d'œuvre d'un congrès dont le secrétaire général n'est autre que son plus proche collaborateur, Friedrich von Gentz.

2 Le déroulement du congrès

La Cour d'Autriche offre des fêtes somptueuses pour les participants et il n'est pas de journée sans réception, bal, concert, revue militaire ou chasse, ce qui fait dire au vieux prince de Ligne : « Le congrès ne marche pas, il danse. » En fait, il faut occuper la plupart des représentants en mal d'activités. Le congrès ne siège en effet jamais en séance plénière et les plénipotentiaires des petits États ne sont associés ni aux délibérations, ni, *a fortiori*, aux décisions. Des commissions de techniciens sont chargées d'étudier les principaux dossiers. Celle des statistiques doit ainsi estimer la valeur des territoires à se partager en fonction de leur superficie, de leur population et de leurs recettes fiscales. Puis les quatre grandes puissances tranchent au cours de conférences secrètes.

D'emblée, la Russie cherche à faire prévaloir l'idée d'une fédération des États européens destinée à maintenir la paix et au sein de laquelle elle entend jouer le premier rôle. Par ailleurs, elle s'accorde avec la Prusse pour faire payer aux Polonais et aux Saxons le soutien qu'ils ont apporté à Napoléon. En échange des provinces polonaises que Berlin lui abandonnerait, Alexandre Ier est disposé à laisser la Saxe aux Prussiens, ce qui leur assurerait la domination de l'Allemagne. Mais l'Autriche, qui craint de perdre son influence et de se faire encercler, et l'Angleterre, soucieuse d'un équilibre continental qui lui permettrait de tourner ses regards vers le grand large et de contrôler les mers du globe, ne l'entendent pas ainsi. Deux blocs antagonistes se constituent donc.

Habile diplomate, Talleyrand parvient à réintroduire la France vaincue dans le concert européen et même à en faire l'arbitre entre les vainqueurs. Invoquant les principes du droit public, bafoués par le droit des plus forts, il séduit les représentants des puissances secondaires mécontents d'être tenus à l'écart des négociations. Avec l'appui de la délégation espagnole, il constitue ainsi une ligue des petits. Il se fait admettre dans les réunions des quatre grands, puis il tente de profiter de leur division en se rapprochant de Metternich et de Castlereagh. Le 3 janvier 1815, il obtient la signature d'un traité secret entre Vienne, Londres et Paris prévoyant une intervention commune pour le cas où la Prusse persisterait à vouloir annexer la Saxe. Tout heureux, il écrit à Louis XVIII : « Maintenant la coalition est dissoute. » En fait, si l'Angleterre et l'Autriche cherchent à intimider la Russie et la Prusse, elles n'entendent pas aller jusqu'à la rupture. Le retour de Napoléon pendant les Cent-Jours rapproche de nouveau les quatre grandes puissances et achève de ruiner les efforts de Talleyrand. Un accord finit par être trouvé. Imposé aux petits États, il devient l'Acte final du congrès.

3 L'Acte final

Le 9 juin 1815, soit neuf jours avant Waterloo, l'Acte final est présenté en séance plénière et signé par l'ensemble des délégués accrédités. Outre deux grandes déclarations proclamant la liberté de circulation sur les fleuves et l'abolition de la traite des noirs, il reprend, en fait, l'ensemble des traités conclus entre les participants au cours des semaines précédentes, en 121 articles et 17 pièces annexes. L'idée de restauration de la légitimité a prévalu sur le principe du droit des peuples à disposer d'eux-mêmes. Cependant, l'Acte final ne reconstitue pas totalement la carte de 1789. La volonté de rationalisation, de simplification et d'équilibre, mais aussi d'indemnisation des vainqueurs a joué un très grand rôle.

Les quatre grandes puissances sont les principales bénéficiaires des traités. La **Russie** s'ancre plus nettement en Europe. Elle conserve la Finlande enlevée à la Suède en 1809, ce qui lui permet de contrôler la Baltique. La Bessarabie, prise à la Turquie en 1812, lui est laissée. Ainsi, la Russie se rapproche des détroits donnant accès à la Méditerranée. En outre, elle acquiert la plus grande partie des provinces polonaises de Prusse et en fait, avec ses propres territoires polonais, un royaume de Pologne qui lui est étroitement lié puisqu'il est gouverné par le propre frère du tsar. Si la **Prusse** renonce à l'essentiel de ses anciens territoires polonais, elle recouvre la Posnanie. Elle reçoit la Poméranie suédoise (la Suède qui fait aussi partie du camp des vainqueurs obtient, en compensation, le royaume de Norvège retiré au Danemark, le roi de ce dernier pays étant indemnisé à titre personnel par les duchés de Holstein et de Lauenbourg et par la confirmation de ses droits sur celui de Schleswig) et le tiers nord de la Saxe, ainsi que de vastes étendues sur les deux rives du Rhin : Westphalie, Rhénanie et Sarre. Ces acquisitions, qui font glisser le centre de gravité de la Prusse vers l'Ouest et qui accroissent notablement sa superficie (de 190 000 km^2 à 280 000 km^2), présentent néanmoins l'inconvénient de faire du royaume un ensemble hétérogène constitué de deux tronçons séparés par d'autres États. Inversement, l'**empire d'Autriche** devient plus compact, même s'il demeure une mosaïque de peuples. Il a en effet renoncé à ses anciennes possessions allemandes (Souabe) ainsi qu'aux défunts Pays-Bas (Belgique) éloignés de son territoire et, de ce fait, difficilement protégeables. Il retrouve le Tyrol, cédé par la Bavière, la région de Salzbourg ainsi que la Galicie polonaise, moins la petite république de Cracovie. Il acquiert la côte dalmate (Illyrie), mais aussi la Vénétie qui s'ajoute à la Lombardie pour former un royaume lombard-vénitien où l'empereur est représenté par un vice-roi. Comme son influence en Allemagne et en Italie est prépondérante, il contrôle toute la partie centrale et méridionale de l'Europe. Quant à l'**Angleterre**, elle n'avait pas d'ambition sur le continent et son souverain se contente de recouvrer à titre personnel le royaume de Hanovre, dont sa famille est originaire, et qu'il conserve jusqu'en 1837. En revanche, elle s'assure la maîtrise des mers. Avec Gibraltar qu'elle détient déjà, des bases navales et stratégiques lui donnent le contrôle des mers européennes. En mer du Nord, c'est Heligoland qui a été prise au Danemark en 1807. En Méditerranée, ce sont Malte, occupée depuis 1797, et les îles Ioniennes transformées en une république protégée. Par ailleurs, l'Angleterre conserve les Antilles et les Guyanes enlevées à la France, à la Hollande et à l'Espagne. La possession du Cap, de Maurice et de Ceylan, lui permet de protéger la route des Indes dans lesquelles elle renforce d'ailleurs ses positions, comme en Malaisie.

Ailleurs, les grandes puissances ont décidé de ne pas rétablir nombre d'États minuscules d'Ancien Régime parce qu'ils les jugeaient indéfendables. À l'exception notable des États pontificaux, les principautés ecclésiastiques font ainsi les frais de ce souci de rationalisation. L'Allemagne, qui se composait de 360 États en 1789, n'en comprend plus que 39 (bientôt 41). Une Confédération germanique *(Deutscher Bund)* les regroupe sous la présidence de l'empereur d'Autriche et a pour objet « le maintien de la sécurité intérieure et extérieure de l'Allemagne, de l'indépendance et de l'inviolabilité des États confédérés ». Cependant, la diète de Francfort, qui est son principal organe permanent, est simplement formée de diplomates et a peu de pouvoirs. En effet, l'unanimité de ses membres est nécessaire pour modifier la Constitution confédérale ; elle manque de ressources financières pour entretenir une armée ; chaque État participant reste souverain. Des portions de territoires de certains membres ne sont pas incluses dans la Confédération comme la partie orientale de la Prusse ou encore la Lombardie-Vénitie et la Hongrie, qui relèvent tous deux de l'empire d'Autriche. À l'inverse, plusieurs souverains étrangers sont représentés à la Diète parce qu'ils détiennent des territoires allemands ou réputés tels (le roi d'Angleterre pour le Hanovre, le roi de Danemark pour le Holstein et celui des Pays-Bas pour le Luxembourg). En outre, la Confédération réunit de grands et puissants États (empire d'Autriche, royaumes de Prusse, de Bavière, de Wurtemberg, de Saxe et de Hanovre) et des nains politiques (villes libres de Brême,

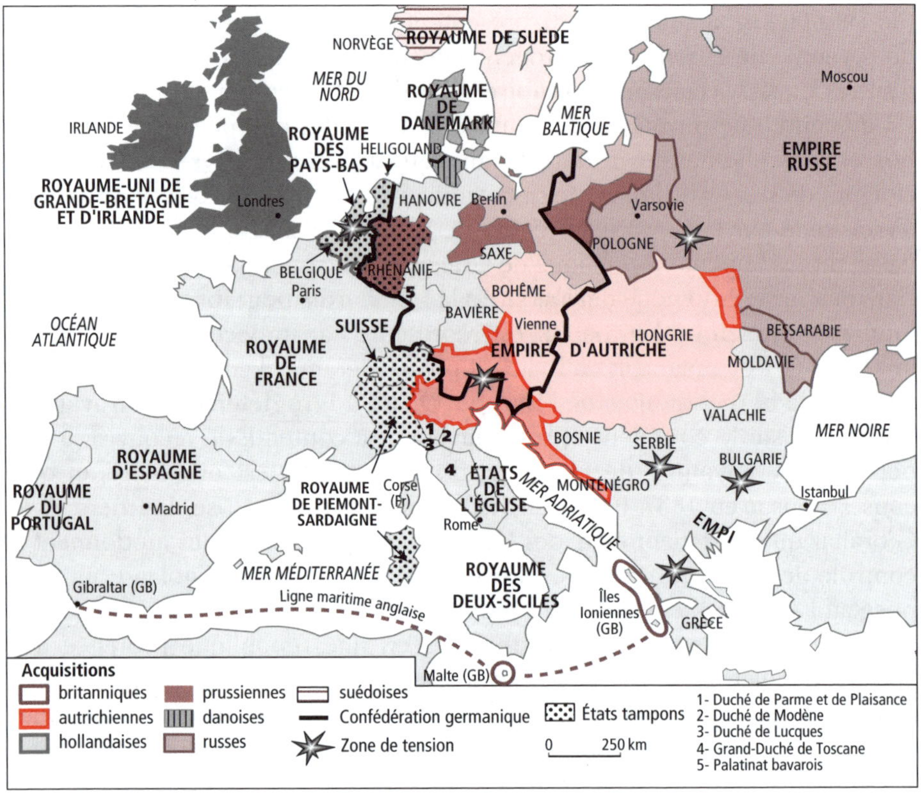

Carte 2. L'Europe au lendemain du Congrès de Vienne

Hambourg, Lubeck et Francfort-sur-le-Main). Elle comprend surtout trop d'intérêts divergents pour être efficace : opposition entre États protestants et catholiques ; préoccupations différentes des villes commerçantes et des principautés qui tirent leur richesse du sol ; sourde rivalité entre les deux puissances dominantes que sont l'Autriche et la Prusse. De son côté, l'Italie ne reste qu'une « expression géographique », selon les propres termes de Metternich. Si l'ancienne république de Venise a disparu au profit d'un royaume lombard-vénitien et la république de Gênes en faveur d'un royaume de Piémont-Sardaigne reconstitué pour la maison de Savoie, elle se compose encore de huit ensembles territoriaux. Aux deux royaumes du Nord s'ajoutent en effet le grand-duché de Toscane, les duchés de Modène, de Lucques et de Parme et Plaisance, les États pontificaux et le royaume de Naples (bientôt appelé royaume des Deux-Siciles). À l'exception du Piémont-Sardaigne, l'influence autrichienne est partout très sensible. Outre la Lombardie-Vénitie, qui est un royaume autrichien, le duché de Parme et Plaisance a été attribué à titre viager à Marie-Louise, ex-impératrice des Français et fille de l'empereur François. D'autres Habsbourg règnent à Modène et en Toscane. Enfin, le pape Pie VII et les Bourbons de Naples et de Lucques, qui avaient été dépossédés de leurs

États par Napoléon, sont replacés sur leurs trônes par les Autrichiens qui assurent désormais leur protection. En dehors de l'Italie et de la France, les Bourbons sont également restaurés en Espagne. De son côté, la dynastie des Bragance recouvre la couronne du Portugal. Le prince Guillaume d'Orange, fils du dernier *stadhouder* hollandais, devient roi d'un grand royaume des Pays-Bas, composé à la fois des anciennes Provinces-Unies dont la Hollande, des anciens Pays-Bas autrichiens (Belgique) et de l'ancienne principauté de Liège, auquel il associe, à titre personnel, le Luxembourg. La Confédération helvétique, dans laquelle entrent Genève, le Valais et Neuchâtel (qui demeure toutefois fief personnel du roi de Prusse) se voit garantir une neutralité perpétuelle par les puissances présentes à Vienne.

Ainsi les Alliés tentent-ils de prévenir de possibles débordements d'une France qu'ils jugent toujours imprévisible. Aux dires de Metternich, elle est « la grande fabrique des révolutions, la caverne d'où sort le vent qui souffle la mort sur le corps social ». Ils l'entourent donc d'un ensemble d'États capables de la tenir en respect : Pays-Bas et Luxembourg, Prusse rhénane, Confédération helvétique, Palatinat bavarois et Piémont-Sardaigne (**carte 2**).

3. Les limites d'une restauration

I Un compromis entre l'Ancien Régime et l'époque révolutionnaire

Dans la majeure partie de l'Europe de l'Est, du Centre et du Sud, l'influence de la Russie, de la Prusse et de l'Autriche est prépondérante. Les hiérarchies traditionnelles sont puissantes. L'aristocratie domine des masses paysannes nombreuses et généralement soumises cependant que la bourgeoisie est peu développée et n'est pas associée au pouvoir. Le maintien ou le rétablissement de l'absolutisme ne pose donc guère de problèmes. C'est ainsi que Ferdinand VII d'Espagne, Ferdinand IV de Naples ou encore Victor-Emmanuel Ier de Piémont-Sardaigne abolissent, dans leurs États, les textes libéraux de la période napoléonienne et remettent en vigueur ceux de l'Ancien Régime. Lorsque le pape Pie VII et son gouvernement rentrent à Rome, ils y interdisent la vaccine introduite par les Français, rétablissent l'Inquisition et réimposent le ghetto aux juifs.

Cependant, de nombreux souverains de cette partie de l'Europe, y compris d'ailleurs le tsar russe, l'empereur d'Autriche et le roi de Prusse décident de moderniser leur administration et leur armée en s'inspirant des modèles napoléoniens, dans le but de contrôler plus efficacement leurs peuples. En outre, plusieurs États d'Europe centrale et méridionale, qui ont fortement subi l'influence française, sont rapidement dotés de textes constitutionnels (Pologne, Bavière, Bade, Wurtemberg, Hesse-Darmstadt, Confédération helvétique, Toscane, Parme). Mais ce sont surtout des États de l'Europe du Nord-Ouest (Pays-Bas, Norvège, Suède), où les bourgeoisies sont en plein essor, qui s'engagent le plus nettement dans la voie libérale. Ils suivent le modèle de la Grande-Bretagne qui a fait ses preuves ou s'inspirent de l'exemple français, plus récent, et que certains ont déjà expérimenté.

En France, berceau de l'absolutisme avant de devenir l'épicentre des ébranlements révolutionnaires, des compromis s'imposent. Louis XVIII l'a bien compris. Le drapeau tricolore est remplacé par le drapeau blanc, la *Marseillaise* est interdite et les cendres de Louis XVI et de son épouse Marie-Antoinette, guillotinés par les révolutionnaires en 1793, sont transférées dans la nécropole royale de Saint-Denis. Cependant, dès juin 1814, le pays est doté d'une Charte qui est maintenue après l'épisode des Cent-Jours. Certes, le terme même de charte rappelle le Moyen Âge, le fait qu'elle soit octroyée souligne qu'il ne s'agit que d'une concession gracieuse du souverain et la datation du texte par la 19e année d'un règne qui aurait débuté dès la mort du fils de Louis XVI dénie toute légitimité aux pouvoirs qui se sont succédé ensuite. Par ailleurs, les « funestes écarts » des 25 dernières années sont fermement condamnés, l'origine divine du pouvoir royal est réaffirmée et la religion catholique est qualifiée, comme sous l'Ancien Régime, de religion d'État. Mais la Charte est constitutionnelle. Elle reconnaît et garantit les grands acquis de la Révolution : les libertés individuelle, d'opinion, de la presse, de culte ainsi que l'égalité devant la loi, le droit de pétition, le vote des lois par deux assemblées parlementaires et l'irrévocabilité de la vente des biens nationaux.

2 Les menaces pesant sur l'œuvre de Vienne

Tous les esprits, loin s'en faut, ne se rallient pas à l'ordre instauré et imposé par le congrès de Vienne. Les contestations sont nombreuses. Libéraux et démocrates, divisés sur l'ampleur de l'élargissement du corps politique, sont en revanche unis dans une commune détestation de l'absolutisme. Ils dénoncent le retour, même partiel, à l'Ancien Régime qui est en train de s'accomplir. Mais les royalistes extrêmes ne sont pas davantage satisfaits car ils jugent la réaction insuffisante. Souvent plus acharnés contre-révolutionnaires que leurs souverains eux-mêmes, ils commencent à être qualifiés d'ultras.

C'est en France, où la vie politique est active, le choc de 1815 violent et le caractère transactionnel de la Restauration prononcé, que les contestations sont les plus vives. La plupart des Français se sentent humiliés par les nouvelles conditions imposées à leur pays au lendemain des Cent-Jours. Aux pertes subies par la France en 1814, le second traité de Paris du 20 novembre 1815 ajoute la Savoie et Nice, données au Piémont-Sardaigne et les places fortes de Landau, Sarrebruck, Sarrelouis, Bouillon, Philippeville et Marienbourg, ce qui rend les frontières du Nord et de l'Est totalement poreuses. S'y adjoignent le versement d'une indemnité de guerre de 700 millions, l'obligation de restituer les œuvres d'art dérobées à l'étranger et l'occupation du territoire par une armée de 150 000 hommes entretenue pendant trois à cinq ans aux frais de la nation. La tension est accrue par les massacres de la Terreur blanche, commis par des bandes royalistes dans le Midi contre les anciens révolutionnaires et les bonapartistes au cours de l'été 1815, puis par les lois d'exception que votent les députés ultras. Dans ces conditions, l'œuvre entreprise par le gouvernement pour réconcilier les deux France et pour « nationaliser la royauté et royaliser la nation » semble difficile. Le souvenir de la grandeur passée rend plus cruelle encore la dure réalité du temps présent et le roi, rentré dans « les fourgons de l'étranger », fait piètre figure face à Napoléon que les Anglais exilent à Sainte-Hélène, îlot perdu au milieu de l'Atlantique où il s'apprête à écrire sa légende.

Des sentiments nationaux émergent d'ailleurs à travers toute l'Europe. En proclamant le droit des peuples à disposer d'eux-mêmes, en donnant l'exemple d'une nation résistant à une vaste coalition puis en cherchant à imposer son hégémonie, la France révolutionnaire et impériale a contribué à la naissance du phénomène identitaire des nations européennes. En Espagne, dans le Tyrol, en Hollande ou en Russie, un patriotisme populaire apparaît à la faveur de l'occupation française. S'il peut retourner contre la France les idéaux révolutionnaires, il s'appuie aussi sur la ferveur religieuse et la pensée traditionaliste qui insiste sur la redécouverte du passé, la singularité des destinées nationales et la nécessité de cultiver les particularismes. Malgré le morcellement territorial de l'Allemagne, une partie des élites intellectuelles, autour de Johann Gottfried Herder, a d'ailleurs défendu l'idée de l'unité du peuple allemand et a exalté la grandeur médiévale du Saint-Empire romain germanique avant même la Révolution. Après la défaite de Iéna, le phénomène s'accélère et s'étend. Au principe français qui, pour ne pas méconnaître le rôle de la langue, des coutumes et des traditions historiques dans la formation d'une communauté nationale, insiste davantage sur l'idée rationaliste et volontariste de libre association des gens, s'oppose désormais nettement un principe allemand. Celui-ci met l'accent, avec Johann Gottlieb Fichte (*Discours à la Nation allemande* en 1807-1808) et Ernst Arndt (*Qu'est-ce que la Patrie ?* en 1813), sur la spontanéité, la sensibilité, l'esprit populaire *(volksgeist)*. Il affirme que la nation est avant tout communauté d'âme, de sang, de langue et s'accorde bien avec le romantisme naissant. La fondation, en 1810, de l'Université de Berlin, l'appel au soulèvement national lancé par le roi de Prusse en 1813, la guerre de libération *(Befreiungskrieg)* qui en découle et la bataille de Leipzig, surnommée la « bataille des nations », sont les premiers jalons d'un patriotisme allemand qui ne va, dès lors, cesser de croître. En Italie, l'amour de la patrie s'exprime surtout dans les œuvres littéraires. Par des traités, des tragédies et des poésies, Ugo Foscolo *(Les dernières lettres de Jacopo*

Ortis), Vittorio Alfieri *(Il Misogallo)* ou Silvio Pellico *(Francesca da Rimini)* rappellent la grandeur passée de l'Italie et cherchent à susciter un élan dans les masses, mais leur effort est vain. Foscolo n'a pas plus de succès avec le mémoire qu'il adresse aux puissances en 1814 pour réclamer la création d'un royaume d'Italie.

Le congrès de Vienne ne tient d'ailleurs pas compte des aspirations des peuples. L'Allemagne, l'Italie et la Pologne restent morcelées et plusieurs des principautés qui les composent ont un souverain étranger. La soumission politique se double souvent d'une domination religieuse. La Finlande luthérienne est ainsi rattachée à la Russie orthodoxe, la Belgique catholique à la Hollande calviniste et l'Irlande catholique continue à faire partie d'un Royaume-Uni de Grande-Bretagne et d'Irlande, constitué en 1801, où l'anglicanisme et le calvinisme écossais sont religions d'État. Quant à la péninsule balkanique, située entre mer Adriatique, mer Égée et mer Noire, elle est peu évoquée lors du congrès et demeure, à l'exception de la Dalmatie et de la Bessarabie, sous la domination de l'Empire ottoman. Cette mosaïque de peuples (Slaves, Roumains, Hongrois, Bulgares, Albanais, Grecs, Allemands, Juifs, Tziganes, Arméniens et Turcs) n'en constitue pas moins une poudrière et plusieurs de ces minorités manifestent déjà des velléités d'émancipation. Là aussi, les aspects religieux entrent en compte puisque les Turcs musulmans dominent des peuples qui sont chrétiens pour la plupart. Dès 1804, les paysans serbes se sont soulevés. Vaincus par l'armée du sultan, ils n'en obtiennent pas moins, à la suite d'un nouveau soulèvement dirigé par un riche marchand de porcs, Miloš Obrenovic, en 1815, la reconnaissance de leur particularisme au sein de l'Empire. De son côté, une partie de l'élite grecque, qui est très puissante dans l'Empire, comme le patriarche de Constantinople, tout le haut clergé orthodoxe des Balkans, des gouverneurs de provinces, les principaux négociants et banquiers des ports et un grand nombre d'officiers de l'armée et de la marine, mais aussi en dehors (la plupart des ports de la Méditerranée comptent d'importantes colonies grecques), aspire à l'indépendance de sa patrie. Elle fonde des écoles, des bibliothèques et des revues. Adamantios Koraïs édite les classiques de la Grèce ancienne, mais crée aussi une langue grecque moderne. Une société secrète, l'Hétairie des amis, fondée en 1814 à Odessa par Alexandre Ypsilanti, commence à s'agiter dans l'Empire ottoman. Cet éveil des nationalités constitue une menace majeure pour l'Europe du congrès de Vienne.

3 Les moyens retenus pour garantir le nouvel ordre international

Pour éviter que l'Europe ne se déchire de nouveau, Alexandre Ier, qui cherche à placer la Russie, longtemps isolée, au cœur du continent, qui entend lui-même jouer un grand rôle et qui traverse une crise de mysticisme, propose à ses alliés une Sainte-Alliance, au cours de l'été 1815. Les signataires s'engageront à prendre pour règle politique les préceptes chrétiens de justice, de charité et de paix. Compatriotes unis par des liens de fraternité, ils se prêteront assistance en toutes circonstances. Par ailleurs, ils se comporteront comme des pères de famille à l'égard de leurs sujets. Le texte est finalement signé, le 26 septembre 1815, par le tsar, l'empereur d'Autriche et le roi de Prusse et reste ouvert à tous les souverains qui se reconnaissent dans ses principes. S'il est accueilli favorablement par nombre de penseurs comme Goethe ou Saint-Simon, sensibles au pacifisme, à l'esprit de concertation et à l'harmonie qui s'en dégagent, ce « catalogue de bonnes intentions », à portée essentiellement idéologique, suscite les railleries de la plupart des chancelleries européennes. Pour Metternich, le traité de la Sainte-Alliance est un « monument vide et sonore ». Castlereagh le qualifie aussi durement.

Du reste, sur les conseils du secrétaire au *Foreign Office*, le prince-régent d'Angleterre refuse de signer le traité en prétextant que les exigences constitutionnelles britanniques l'en empêchent. L'efficacité et le pragmatisme anglais lui préfèrent un texte de caractère plus pratique, la Quadruple alliance dont Castlereagh est l'instigateur. Ce pacte à quatre (Angleterre, Autriche, Prusse et Russie), conclu le 20 novembre 1815, renouvelle le pacte de Chaumont de l'année précédente. Son but initial est de s'assurer que la France respectera le second traité de Paris signé le jour même. Selon Castlereagh, « c'est la crainte de notre union qui maintiendra la France soumise ». Le texte prévoit la réunion hebdomadaire des ambassadeurs des puissances alliées en poste à Paris pour contrôler les actes du gouvernement français et lui présenter leurs observations. La direction des affaires du pays est d'ailleurs confiée à un proche du tsar, le duc de Richelieu. Mais la Quadruple alliance ne se réduit pas à la surveillance de la France puisque les signataires s'engagent à se concerter en cas de troubles et, plus largement, à organiser périodiquement des conférences d'ambassadeurs et des congrès pour assurer « le repos et la prospérité des peuples ». Le concert européen succède donc à l'hégémonie d'une seule puissance.

S'inspirant librement de la Sainte-Alliance et de la Quadruple alliance, Metternich élabore un système de défense du nouvel ordre international qu'il entend lui-même diriger. Ouvertement conservateur, il affirme que « le premier principe de l'alliance des grandes puissances est le maintien de toutes les institutions existant légalement ». Le droit d'intervention dans les affaires internes d'un État, ce que nous appellerions aujourd'hui le droit d'ingérence, est justifié lorsque l'ordre public est tellement bouleversé « que le gouvernement perd la force de maintenir les traités qui le lient aux autres États et que ceux-ci se trouvent menacés dans l'intérêt de leur sûreté et même de leur existence par les mouvements et les désordres inséparables d'un bouleversement pareil. Dans un tel état de choses le droit d'intervention est aussi clairement et indubitablement acquis à tout gouvernement exposé aux dangers d'être entraîné dans le torrent révolutionnaire que l'est celui d'un particulier d'éteindre le feu d'une maison voisine pour empêcher qu'il ne gagne la sienne ». Ainsi, tout mouvement subversif doit-il être tué dans l'œuf.

BIOGRAPHIES

Napoléon Ier (Napoléon Bonaparte, 1769-1821). Issu d'une famille de la petite noblesse corse, il devient général de la Révolution. Lors de la campagne d'Italie (1796-1797), il se rend célèbre par une série de victoires et par une propagande habile puis commande l'expédition d'Égypte (1798-1799). De retour à Paris, il prend le pouvoir par un coup d'État (novembre 1799). Premier consul en 1800, consul à vie en 1802, il se fait proclamer empereur sous le nom de Napoléon Ier en 1804. Il pacifie la France, consolide les acquis de la Révolution bourgeoise et développe la centralisation et l'administration. Ses conquêtes lui permettent de placer ses nombreux frères et sœurs sur les trônes d'Europe, mais lui aliènent une grande partie des populations. Une vaste coalition finit par le vaincre. Exilé sur l'île d'Elbe, il tente un retour (les Cent-Jours) qui s'achève par la défaite de Waterloo. Il est déporté sur l'île de Sainte-Hélène où il meurt en 1821. Le *Mémorial de Sainte-Hélène*, que Las Cases a rédigé à partir de ses entretiens avec l'empereur, est un énorme succès de librairie et fait du prisonnier un héros et martyr.

Metternich (prince Klemens von, 1773-1859). Né en Allemagne rhénane, il reçoit l'éducation française digne d'un jeune noble de son époque. Les excès de la Révolution l'horrifient et le marquent profondément. Entré dans la diplomatie autrichienne, il est nommé ambassadeur à Paris en 1806 puis ministre des Affaires étrangères en 1809. La confiance de François Ier lui permet d'agir librement et d'être couvert d'honneurs. Après avoir mené la lutte contre Napoléon, il fait triompher ses idées conservatrices au congrès de Vienne : légitimité, ordre, équilibre. Chancelier d'État à partir de 1821, il conduit la politique extérieure de l'Autriche et domine la scène européenne pendant près de trente ans. Autoritaire, imbu de lui-même et affaibli par la maladie, il commence néanmoins à être contesté au sein de son propre gouvernement et ne parvient pas à endiguer le flot des attaques contre son système international. Il est chassé du pouvoir par la révolution de mars 1848 et consacre la fin de sa vie à la rédaction de ses *Mémoires*.

DÉBATS

Les raisons du retour de Napoléon lors des Cent-Jours peuvent prêter à discussion (nécessité de prévenir un projet de déportation dans une île plus lointaine, volonté de chasser la contre-révolution, instance des partisans, ambition personnelle ou, plus probablement, conjonction des causes. Jean Tulard, *Napoléon ou le mythe du sauveur*, Fayard, 1977). Il ne fait pas de doute, en revanche, que l'événement a des conséquences fâcheuses pour la France : réduction à néant des efforts de Talleyrand, alourdissement des conditions imposées au pays par le second traité de Paris, accentuation des clivages politiques (Guillaume de Bertier de Sauvigny, *Au Soir de la monarchie. La Restauration*, Flammarion, 1983).

Pendant longtemps, la Sainte-Alliance, la Quadruple alliance et le système de Metternich ont été confondus, Guillaume de Bertier de Sauvigny a montré qu'il fallait les distinguer (*La Sainte-Alliance*, A. Colin, 1972). Alexandre Ier conçoit la Sainte-Alliance non comme une alliance des princes dirigée contre les peuples, mais comme une union fraternelle et chrétienne au sein de laquelle les souverains doivent gouverner en s'appuyant sur leurs sujets (Francis Ley, *Alexandre Ier et sa Sainte-Alliance*, Fischbacher, 1975).

BIBLIOGRAPHIE

(qui concerne également le chapitre 2)
- François Fejtö, *Le Printemps des peuples, 1848 dans le monde*, Paris, éd. de Minuit, 2 vol., 1948.
- Pierre Renouvin, *Histoire des relations internationales*, t. 5, *Le XIXe siècle*, t. 1 : *De 1815 à 1871, l'Europe des nationalités et l'éveil des nouveaux mondes*, Paris, Hachette, 1959, rééd. 1970.
- Jean Sigmann, *1848. Les Révolutions romantiques et démocratiques de l'Europe*, Paris, Calmann-Lévy, 1970.
- Jacques Droz, *De la Restauration à la Révolution (1815-1848)*, Paris, Armand Colin, U, 1970.
- Guillaume de Bertier de Sauvigny, *La Sainte-Alliance*, Paris, Armand Colin, U, 1972.
- Charles-Otto Zieseniss, *Le Congrès de Vienne et l'Europe des Princes*, Paris, Belfond, 1984.
- Jean-Baptiste Duroselle, *L'Europe de 1815 à nos jours, vie politique et relations internationales*, Paris, PUF, 1991.
- Eric J. Hobsbawm, *Nations et nationalismes depuis 1780*, Paris, Gallimard, 1992.
- Jean-François Ségard et Éric Vial, *Nations, Nationalismes, Nationalités en Europe de 1850 à 1920, Atlas*, Paris, Ellipses, 1996.
- François-Charles Mougel et Séverine Pacteau, *Histoire des relations internationales, 1815-1997*, Paris, PUF, 1998.
- Sylvie Aprile, Raymond Huard, Pierre Lévêque et Jean-Yves Mollier, *La Révolution de 1848 en France et en Europe*, Paris, Éditions sociales, 1998.

Document commenté

Les tensions entre Alliés au congrès de Vienne

« Vienne le 12 novembre 1814,
Sire,
M. de Metternich et lord Castlereagh avaient persuadé au cabinet prussien de faire cause commune avec eux sur la question de la Pologne. Mais l'espoir qu'ils avaient fondé sur le concours de la Prusse n'a pas été de longue durée. L'empereur de Russie, ayant engagé le roi de Prusse à venir dîner chez lui il y a quelques jours, eut avec lui une conversation dont j'ai pu savoir quelques détails par le prince Adam Czartoryski. Il lui rappela l'amitié qui les unissait, le prix qu'il y attachait, tout ce qu'il avait fait pour la rendre éternelle[...] Il avait toujours attaché sa gloire au rétablissement d'un royaume de Pologne. Quand il touchait à l'accomplissement de ses désirs, aurait-il la douleur d'avoir à compter, parmi ceux qui s'y opposaient, son ami le plus cher et le seul prince sur les sentiments duquel il eût compté ? Le roi fit mille protestations et lui jura de le soutenir dans la question polonaise [...].
Ce changement de la Prusse a fort déconcerté M. de Metternich et lord Castlereagh. Ils auraient voulu que M. de Hardenberg eût offert sa démission et il est certain que cela aurait pu embarrasser l'empereur et le roi, mais il ne paraît pas y avoir même pensé.
Pour moi, qui soupçonnais M. de Metternich d'avoir obtenu le concours des Prussiens par plus de concessions qu'il n'en avouait, je penchais plutôt à croire que cette défection de la Prusse était un bien, et Votre Majesté verra que mes pressentiments n'étaient que trop fondés.
Le grand-duc Constantin, qui est parti depuis deux jours, doit organiser l'armée du duché de Varsovie. Il est aussi chargé de donner une organisation civile au pays. Le ton

de ses instructions annonce [...] que l'empereur Alexandre ne se départira d'aucune de ses prétentions. L'empereur doit avoir engagé le roi de Prusse à donner pareillement une organisation civile et militaire à la Saxe. On rapporte qu'il lui a dit : "De l'organisation civile à la propriété, il n'y a pas loin." Dans une lettre que je reçois de M. de Caraman, je trouve que le frère du ministre des Finances et plusieurs généraux sont partis de Berlin pour aller organiser la Saxe. M. de Caraman ajoute que néanmoins l'occupation de la Saxe n'est plus présentée à Berlin comme définitive, mais seulement comme provisoire [...].

Après la conférence [sur l'organisation de l'Italie et plus particulièrement sur le sort de Gênes], resté seul avec M. de Metternich, et désirant de savoir où il en était pour la Pologne et pour la Saxe et ce qu'il se proposait de faire par rapport à l'une et à l'autre, au lieu de lui faire à cet égard des questions qu'il aurait éludées, je ne lui ai parlé que de lui-même, et prenant le ton d'une ancienne amitié, je lui ai dit que, tout en s'occupant des affaires, il fallait aussi songer à soi-même ; qu'il me paraissait qu'il ne le faisait point assez [...] ; qu'on avait beau agir par les motifs les plus purs, que, si ces motifs étaient inconnus du public, on n'en était pas moins calomnié, parce que le public alors ne pouvait juger que par les résultats [...].»

Talleyrand, *Mémoires*,
éd. de Broglie, t. II, Calmann-Lévy, 1891, p. 443, lettre n° II.

I MÉTHODE

Comprendre un texte, en dégager les idées principales et en expliquer les différents termes

L'explication de texte est l'un des exercices historiques fondamentaux. Les textes sont en effet des sources capitales pour étudier le passé. Il faut donc savoir les utiliser. Il importe, en particulier, de se demander de quel genre de texte il s'agit, quels en sont le rédacteur et le destinataire, quels en sont l'objet, la façon dont celui-ci est présenté et le point de vue de l'auteur. Un préalable indispensable consiste à lire le texte très attentivement à plusieurs reprises. Après s'en être imprégné, il convient de repérer tous les termes importants. Ils appellent des précisions. Outre la réflexion dont on ne saurait se dispenser, une explication nécessite donc des connaissances étendues.

II CORRIGÉ

Tout au long de sa vie, le prince Charles-Maurice de Talleyrand (1754-1838) a servi la plupart des régimes qui se sont succédé en France. Après avoir été évêque d'Ancien Régime puis chef du clergé constitutionnel au début de la Révolution, il conduit la politique étrangère du Directoire, du Consulat, de l'Empire et de la Restauration. Les précieuses lettres qu'il adresse à Louis XVIII lors des négociations de Vienne sont données en annexe de ses *Mémoires*. Dans celle qui est partiellement reproduite ci-dessus, Talleyrand évoque un moment important du congrès, celui où les questions de Pologne et de Saxe commencent à diviser les Alliés. L'habile diplomate tire profit de cette situation nouvelle pour réintroduire la France dans le concert des grandes puissances.

Le début du texte nous apprend que l'Autriche et l'Angleterre semblaient avoir obtenu l'accord du cabinet prussien, en l'occurrence du chancelier Hardenberg, pour s'opposer aux ambitions russes sur la Pologne. Mais Talleyrand a été informé, par le prince polonais Adam Czartoryski, ami personnel du tsar, que celui-ci a finalement réussi à fléchir le roi de Prusse et à le rallier à sa cause. Bien que désavoué, Hardenberg n'a pas démissionné et a adopté la nouvelle ligne de conduite voulue par son souverain. Talleyrand se réjouit de la rupture entre Anglo-Autrichiens et Prussiens, d'autant plus que Metternich paraissait prêt à consentir d'importantes concessions à la Prusse au sujet de la Saxe. Le tsar, qui a envoyé son frère, le grand-duc Constantin, pour organiser l'ex-Grand-Duché de Varsovie sur le plan militaire et civil, premier pas vers une prise de contrôle complète (Constantin gouvernera d'ailleurs la Pologne avec le titre de vice-roi de 1816 à 1830), a encouragé le roi de Prusse à en faire autant en Saxe. L'ambassadeur de France à Berlin, le marquis de Caraman, a prévenu Talleyrand que Frédéric-Guillaume en a profité pour passer à l'acte tout en affirmant, pour rassurer les chancelleries, qu'il ne s'agissait là que de mesures provisoires.

Après des négociations sur l'ancienne république de Gênes au cours desquelles il a habilement soutenu le point de vue anglais (idée de faire de Gênes un port franc), qui rejoint d'ailleurs les intérêts français (ne pas rendre le Piémont-Sardaigne, situé à la frontière de la France, trop puissant en lui permettant d'annexer la ville), Talleyrand s'est entretenu en privé avec Metternich. Ami de longue date du ministre autrichien (qui a été ambassadeur en France sous l'Empire) et connaissant bien le fond de son caractère (sa prétention, l'importance qu'il accorde à son image), il l'encourage à la fermeté vis-à-vis de la Russie et de la Prusse. Une alliance à trois (Autriche, Angleterre et France) s'esquisse donc. Elle annonce le traité secret du 3 janvier 1815.

Document 2 commenté

La Sainte-Alliance

«Au nom de la Très sainte et indivisible Trinité!

Leurs Majestés, l'Empereur d'Autriche, le Roi de Prusse et l'Empereur de Russie, par suite des grands événements qui ont signalé, en Europe, le cours des trois dernières années et principalement des bienfaits qu'il a plu à la divine Providence de répandre sur les États, dont les gouvernements ont placé leur confiance et leur espoir en elle seule, ayant acquis la conviction intime qu'il est nécessaire d'asseoir la marche à adopter par les Puissances dans leurs rapports mutuels sur les vérités sublimes que nous enseigne l'éternelle religion du Dieu Sauveur:

Déclarant solennellement que le présent acte n'a pour objet que de manifester à la face de l'univers leur détermination inébranlable de ne prendre pour règle de leur conduite, soit dans l'administration de leurs États respectifs, soit dans leurs relations politiques avec tout autre gouvernement, que les préceptes de cette religion sainte, préceptes de justice, de charité, et de paix qui, loin d'être uniquement applicables à la vie privée, doivent au contraire influer directement sur les résolutions des princes et guider toutes leurs démarches, comme étant le seul moyen de consolider les institutions humaines et de remédier à leurs imperfections.

En conséquence Leurs Majestés sont convenues des articles suivants :

Art. 1

Conformément aux paroles des Saintes Écritures qui ordonnent à tous les hommes de se regarder comme frères, les trois monarques contractants demeureront unis par les liens d'une fraternité véritable et indissoluble, et se considérant comme compatriotes, ils se prêteront en tout lieu assistance, aide et secours ; se regardant envers leurs sujets et armées comme pères de famille, ils les dirigeront dans le même esprit de fraternité, dont ils sont animés pour protéger la religion, la paix et la justice.

Art. 2

En conséquence le seul principe en vigueur, soit entre lesdits gouvernements, soit entre leurs sujets, sera celui de se rendre réciproquement service, de se témoigner par une bienveillance inaltérable l'affection mutuelle, dont ils doivent être animés, de ne se considérer tous que comme membres d'une même nation chrétienne, les trois princes alliés ne s'envisageant eux-mêmes que comme délégués par la Providence pour gouverner trois branches d'une même famille, savoir : l'Autriche, la Prusse et la Russie, confessant ainsi que la nation chrétienne dont eux et leurs peuples font partie, n'a réellement d'autre souverain que Celui à qui seul appartient en propriété la puissance, parce qu'en Lui seul se trouvent tous les trésors de l'amour, de la science et de la sagesse infinie, c'est-à-dire Dieu, notre divin Sauveur Jésus-Christ, le Verbe du Très-Haut, la Parole de vie. Leurs Majestés recommandent en conséquence avec la plus tendre sollicitude à leurs peuples, comme unique moyen de jouir de cette paix qui naît de la bonne conscience et qui seule est durable, de se fortifier chaque jour davantage dans les principes et l'exercice des devoirs que le divin Sauveur a enseigné aux hommes.

Art. 3

Toutes les puissances qui voudront solennellement avouer les principes sacrés qui ont dicté le présent acte et reconnaîtront combien il est important au bonheur des nations trop longtemps agitées que ces vérités exercent désormais sur les destinées humaines toute l'influence qui leur appartient, seront reçues avec autant d'empressement que d'affection dans cette Sainte-Alliance.

Fait triple et signé à Paris l'an de grâce 1815, le 14/26 septembre.

François, Frédéric-Guillaume, Alexandre. »

MÉTHODE

Présenter la nature d'un texte, son auteur et le contexte de sa rédaction

L'une des premières étapes d'un commentaire consiste à définir la nature du texte proposé (projet de loi, discours, correspondance, extrait de *Mémoires*) et à en donner la date. Le contexte de la rédaction doit être rappelé avec le plus grand soin car il permet de replacer le document dans son époque. Il faut, autant que possible, éclairer les circonstances qui ont amené à écrire ou à prendre la parole ainsi que les arguments développés. Il importe d'ailleurs de donner des précisions biographiques sur l'auteur pour mieux comprendre sa démarche (quelles sont, à l'époque, sa fonction et ses idées ? A-t-il été témoin des faits qu'il rapporte ?). Cependant si certains aspects de son parcours antérieur méritent d'être mentionnés, il faut prendre garde de ne pas raconter l'ensemble de sa vie, au risque de sortir du sujet. Le meilleur ordre de présentation de ces éléments est laissé à l'appréciation de chacun. Il peut dépendre du document, mais aussi de la façon dont on conçoit son commentaire.

II CORRIGÉ

Depuis la campagne de Russie où il a repoussé l'invasion de Napoléon Ier et de sa Grande Armée, l'empereur Alexandre Ier (1777-1825) se sent investi de la mission d'organiser l'Europe sur des principes chrétiens de manière à assurer la paix. Le congrès de Vienne et la défaite finale de Napoléon à Waterloo lui en donnent l'occasion. Alors qu'il se trouve à Paris avec ses alliés pour régler le sort de la France, il y est d'ailleurs exhorté par ses amis mystiques dont la baronne Julie de Krüdener. La ferveur de ses troupes qui défilent devant lui à Vertus, le 10 septembre 1815, et la messe célébrée le lendemain lui inspirent un manifeste auquel Mme de Krüdener trouve le nom de Sainte-Alliance. L'empereur d'Autriche et son ministre Metternich retranchent du texte qui leur est soumis plusieurs parties jugées excessives (la condamnation de la politique suivie jusque-là par les puissances, l'idée d'associer les peuples à la démarche, le souhait d'une armée commune).

La Sainte-Alliance se présente finalement comme un traité diplomatique conclu entre trois souverains chrétiens (d'où l'expression « fait triple »), le Habsbourg catholique François Ier, empereur d'Autriche, le Hohenzollern luthérien Frédéric-Guillaume III, roi de Prusse et le Romanov orthodoxe Alexandre Ier, tsar de Russie. Signé le 26 septembre 1815 (la double datation s'explique par le fait que les pays orthodoxes, dont la Russie fait partie, sont restés au calendrier julien qui est décalé de douze jours par rapport au calendrier grégorien), il demeure secret dans sa teneur jusqu'à ce que le tsar en publie sa version non remaniée pour la Noël russe, et que la *Frankfurter Zeitung* du 2 février 1816 et le *Journal des Débats* du 7 en reproduisent le texte définitif.

CHAPITRE 2

De Vienne à Sedan (1815-1870)

Entre 1815 et 1870, des revendications nationales, libérales et bientôt démocratiques menacent l'œuvre de Vienne. En dépit de leurs divisions, les grandes puissances parviennent tout d'abord à les juguler. En revanche, rien ne paraît devoir arrêter l'onde révolutionnaire qui se propage à travers l'Europe dans les premiers mois de 1848. Pourtant, l'ordre est partout rétabli entre l'été 1848 et l'automne 1851. Par la suite, des hommes nouveaux s'attaquent à l'édifice en tirant les enseignements des échecs précédents et en utilisant des méthodes plus efficaces. En 1870, au terme d'un mouvement dont l'unification de l'Italie et celle de l'Allemagne sont les deux faits majeurs, l'Europe se révèle radicalement transformée.

1. L'Europe de la Sainte-Alliance (1815-1847)

I Les premiers mouvements nationaux et libéraux et leur répression

La France ne tarde pas à être de nouveau admise dans le concert des grandes puissances. Dès novembre 1815, le tsar souhaite la faire entrer dans la Sainte-Alliance et cette décision devient effective en juin 1817, après des échanges avec l'Autriche et la Prusse. Le gouvernement de Louis XVIII acquitte rapidement indemnités et dette de guerre et a, semble-t-il, stabilisé le pays. Au congrès d'Aix-la-Chapelle, en novembre 1818, les Alliés renoncent donc à leur tutelle et décident l'évacuation anticipée du territoire, même si des articles secrets maintiennent la Quadruple alliance pour le cas où une révolution éclaterait à Paris. Le soutien français est d'autant plus utile que l'Angleterre rencontre alors de sérieuses difficultés : attentat contre le régent en 1817, manifestation de Saint Peters réprimée dans le sang en 1819 et surnommée aussitôt « massacre de Peterloo » par rappel dérisoire de Waterloo. La Russie n'est pas épargnée avec le soulèvement de la garde personnelle du tsar en 1819, vite maté il est vrai. Des troubles agitent également l'Allemagne, l'Espagne et l'Italie.

En Allemagne, les étudiants et leurs professeurs se groupent dans une union, la *Burschenschaft*, et organisent des manifestations libérales et patriotiques. La plus importante d'entre elles, la fête de la Wartburg, le 18 octobre 1817, leur permet de commémorer à la fois le tricentenaire de la Réforme et le quatrième anniversaire de la victoire de Leipzig. À l'imitation des corps francs de Lützow, qui avaient lutté contre Napoléon, ils adoptent une bannière noire, rouge et or en signe de ralliement. En mars 1819, un étudiant exalté assassine l'écrivain August von Kotzebue, pourfendeur des idées libérales et espion du tsar. Parallèlement, plusieurs souverains (Bavière, Bade, Wurtemberg) accordent des constitutions à leurs sujets, soit par conviction, soit par démagogie. Inquiet, Metternich décide d'agir. Il convoque les principaux princes allemands à Carlsbad, puis à Vienne (septembre 1819-janvier 1820). Sans obtenir l'abolition des régimes constitutionnels, il parvient à faire interdire la *Burschenschaft* et impose à la fois l'épuration des universités et la censure de la presse.

Le calme revenu en Allemagne, c'est le Sud de l'Europe qui voit la multiplication de mouvements incontrôlables. L'Espagne, où règne l'incompétent et despotique Ferdinand VII, est confrontée au soulèvement général de ses colonies américaines, alors que les caisses de l'État sont vides. Des régiments, qui ne sont plus payés et qui doivent s'embarquer à destination de l'Amérique, se révoltent, en janvier 1820, à Cadix. Le Nord de la péninsule est rapidement touché, contraignant le roi à rétablir la Constitution libérale de 1812. En juillet 1820, les garnisons napolitaines s'insurgent à leur tour à l'instigation de la Charbonnerie (ou carbonarisme), société secrète inspirée du compagnonnage des charbonniers jurassiens, et créée, à l'origine, pour lutter contre l'occupation française. Le roi des Deux-Siciles, Ferdinand Ier, octroie alors à ses sujets la même Constitution que son cousin d'Espagne. Cependant, les deux souverains font secrètement appel à la Sainte-Alliance. Un congrès réuni à Troppau (octobre 1820), puis à Laybach (janvier 1821), mandate l'Autriche pour intervenir en Italie. Une armée autrichienne entre donc dans le royaume des Deux-Siciles, bat les troupes libérales et restaure l'ancien régime en mars 1821. Une autre rétablit l'ordre en Piémont, où la Charbonnerie et l'armée avaient contraint l'autoritaire Victor-Emmanuel Ier à abdiquer. Une chape de plomb s'abat sur l'Italie, y compris sur le royaume lombard-vénitien gouverné jusque-là de façon plus libérale. Installé à Milan, l'écrivain Silvio Pellico est ainsi condamné à mort pour carbonarisme avant que sa peine ne soit commuée en un long emprisonnement dans la forteresse du Spielberg, en Moravie. Reste à régler le sort de l'Espagne. Le congrès de Vérone s'en préoccupe en octobre 1822. Mue par des considérations libérales, mais aussi par son désir d'imposer ses produits sur le marché sud-américain, l'Angleterre obtient que les puissances n'interviennent pas dans l'Empire colonial espagnol qui, de ce fait, se désagrège définitivement. En revanche, elle ne parvient pas à empêcher qu'une armée soit envoyée en Espagne pour rétablir Ferdinand VII dans ses anciens pouvoirs. La France, qui souhaite rehausser son prestige et recouvrer son rang de grande puissance par une victoire facile, propose ses services et reçoit l'agrément du congrès. La campagne d'Espagne (avril à septembre 1823) est une promenade militaire pour les 100 000 hommes commandés par le duc d'Angoulême, neveu de Louis XVIII. Après la prise du fort du Trocadéro, qui défend Cadix, le 31 août 1823, les libéraux sont contraints de capituler. Malgré les conseils de modération des Français, Ferdinand VII se livre alors à de terribles représailles.

À la fin de 1823, l'ordre est rétabli en Europe, mais la cohésion des alliés de 1815 semble s'être évanouie. La surveillance de la France, qui en était la meilleure garante, n'a plus lieu d'être à partir du moment où le gouvernement de Louis XVIII a donné des gages à la réaction (arrivée au pouvoir des ultras à la fin de 1821, répression des complots de la Charbonnerie avec, entre autres, le martyre des quatre sergents de La Rochelle, en 1822, intervention en Espagne). L'Angleterre, qui n'entend cautionner ni la contre-révolution, ni la répression des mouvements libéraux, a tendance à se replier dans un splendide isolement. L'équilibre retrouvé est fragile. En témoigne la crise qui suit le décès d'Alexandre Ier en Russie : des sociétés secrètes déclenchent un soulèvement militaire, en décembre 1825, pour tenter de substituer au nouveau tsar Nicolas Ier son frère Constantin réputé plus libéral. Si le mouvement décabriste échoue et s'achève par la pendaison des principaux meneurs (Mouraviev, Pestel et Ryleev) et par la déportation de leurs complices, il montre que même la patrie de la Sainte-Alliance n'est pas à l'abri des troubles.

2 L'indépendance de la Grèce

L'immense Empire ottoman s'étend sur trois continents (les Balkans en Europe, l'Ouest de l'Asie jusqu'à la Perse, l'Égypte et la Tripolitaine en Afrique où, en outre, l'Algérie et la Tunisie sont ses vassales), mais il est en pleine décadence depuis la fin du XVIIIe siècle. À l'incompétence et à la corruption de l'administration s'ajoutent en effet le perpétuel désordre des finances et l'anarchie endémique d'une armée composée pour l'essentiel de mercenaires (les janissaires). Aussi le sultan qui règne à Istanbul a-t-il de plus en plus de mal à maintenir son autorité sur la mosaïque de peuples qui composent son Empire, mais également à se faire respecter par les gouverneurs des provinces excentrées tels Méhémet-Ali, le pacha d'Égypte, ou Ali de Janina, celui d'Épire. Ces faiblesses inquiètent la France, qui a reçu d'importants privilèges des Turcs en 1569 et en 1740, et l'Angleterre pour laquelle la sécurité de la route des Indes est primordiale. À l'inverse, elles suscitent la convoitise de la Russie qui souhaite accéder à la Méditerranée par les détroits

(Bosphore et Dardanelles) et qui entend progresser vers le Caucase et l'Arménie. L'Autriche réclame la libre circulation sur le Danube et s'intéresse à la Serbie, à la Macédoine et au port de Salonique.

Profitant de la révolte d'Ali de Janina contre le sultan Mahmud II, la Morée et les provinces roumaines de l'Empire se soulèvent, en mars 1821. Si ces dernières sont rapidement écrasées, l'insurrection grecque s'étend à Athènes et aux îles. Une assemblée réunie à Épidaure proclame même l'indépendance de la Grèce en janvier 1822. Une terrible guerre d'extermination s'engage alors entre Turcs et Grecs (à l'assassinat de 12 000 Turcs à Tripolis répond le massacre de 23 000 Grecs et la vente de 50 000 autres comme esclaves sur l'île de Chio). L'opinion publique européenne prend fait et cause pour les insurgés. Alors que Delacroix peint ses *Scènes des Massacres de Scio*, des comités philhelléniques envoient aux Grecs de l'argent, des armes et des volontaires (le poète anglais Byron, le colonel français Fabvier...). Mais les gouvernements des grandes puissances refusent d'intervenir en faveur d'une révolution et Castlereagh résume bien l'avis général lorsqu'il affirme : « La Turquie, si barbare qu'elle soit, constitue dans le système européen ce qu'on peut appeler un mal nécessaire. » Face aux Grecs divisés entre brigands des montagnes et commerçants des grandes villes, Mahmud obtient le soutien de Méhémet-Ali dont l'armée et la flotte organisées sur le modèle européen reconquièrent la Morée. La principale citadelle des insurgés, Missolonghi, tombe après une résistance acharnée en avril 1826. Athènes est reprise en juin 1827 à la suite d'un siège de neuf mois. La cause des Grecs semble perdue.

C'est alors que le tsar Nicolas Ier, plus soucieux d'établir son influence sur la région que son frère auquel il vient de succéder, décide d'intervenir. Méfiantes, l'Angleterre et la France se joignent à son action pour mieux la surveiller. Une escadre anglo-franco-russe détruit l'ensemble de la flotte turco-égyptienne le 20 octobre 1827, dans la rade de Navarin. L'appel à la guerre sainte que lance alors le sultan ne suffit pas. Les Français prennent le contrôle de la Morée et les Russes s'emparent d'Andrinople. Le traité, signé dans cette ville le 14 septembre 1829, fait de la Grèce, de la Serbie, de la Moldavie et de la Valachie des provinces autonomes de l'Empire. Par ailleurs, Mahmud II est contraint de concéder à la Russie des ports sur la mer Noire et dans le delta du Danube ainsi que le droit de commercer dans tout l'Empire et de faire passer sa flotte marchande par les détroits. Le 3 février 1830, la Grèce devient indépendante puis se donne pour souverain, en mai 1832, Othon, le second fils du roi de Bavière Louis Ier, connu pour son philhellénisme. Le nouvel État est de petite dimension (il ne comprend ni l'Épire, ni la Thessalie, ni la Crète, ni les îles Ioniennes, ni celles qui se trouvent à proximité de la côte asiatique) et se trouve aux limites de l'Europe. Néanmoins, l'événement est d'importance. Si la défense des chrétiens opprimés a pu servir d'alibi, plusieurs grandes puissances viennent pour la première fois d'intervenir en faveur d'une nationalité contre un souverain légitime. Selon Metternich, l'ouverture de cette boite de Pandore annonce de grands malheurs pour l'Europe.

3 Les mouvements des années 1830-1840

Accusé par les libéraux d'aspirer à rétablir une monarchie autoritaire et théocratique, Charles X, frère et successeur de Louis XVIII sur le trône de France, est renversé en juillet 1830. Il est remplacé par son cousin, le duc d'Orléans qui prend le nom de Louis-Philippe Ier, roi des Français. En affirmant ses intentions pacifiques, le nouveau roi dissuade les puissances d'appliquer contre lui le pacte du 20 novembre 1815 et obtient sa reconnaissance officielle.

Dans une Europe où la conjoncture économique est difficile et où une nouvelle génération tournée vers l'avenir souhaite prendre son destin en main, les événements de Grèce, et plus encore ceux de Paris, provoquent une flambée d'agitation libérale et nationale. En novembre 1830, les Polonais se soulèvent contre la domination russe, chassent le vice-roi Constantin, proclament l'indépendance de leur pays et son union avec la Lituanie. Malgré le soutien des libéraux de toute l'Europe et une tentative de médiation franco-anglaise, la révolte est écrasée par l'armée russe en septembre 1831 et s'achève par l'établissement d'une dictature militaire et par de terribles représailles. Les insurrections qui éclatent en Allemagne et en Italie sont aussi rapidement vaincues. En revanche, dans plusieurs cantons suisses, les libéraux parviennent à renverser les oligarchies conservatrices qui gouvernaient jusque-là et s'établissent durablement au pouvoir.

Mais c'est en Belgique que l'ordre de Vienne subit son revers le plus grave. À la fin des années 1820, catholiques et libéraux belges, jusque-là divisés, se sont accordés pour condamner les excès de la domination néerlandaise. Le 25 août 1830, les Bruxellois se révoltent en criant : « Faisons comme les Français ! », en arborant des drapeaux aux couleurs du Brabant (noir, rouge et or) et en réclamant l'autonomie administrative. Pour toute réponse, le roi des Pays-Bas envoie une armée. Après avoir vaincu cette dernière, les Belges se déclarent indépendants le 4 octobre. Guillaume Ier demande alors le soutien des grandes puissances. Mais la Russie est paralysée par l'insurrection polonaise. Par ailleurs, la jeune monarchie de Juillet menace les Prussiens et les Autrichiens d'une guerre pour le cas où ils interviendraient. Aussi peu favorable à la répression d'un mouvement libéral qu'à l'entrée des Français en Belgique, l'Angleterre réunit finalement les cinq grands à Londres. La conférence proclame l'indépendance et la neutralité perpétuelle de la Belgique. Après le veto anglais à l'égard du duc de Nemours, fils de Louis-Philippe, un prince allemand, Léopold de Saxe-Cobourg est proclamé roi des Belges, sous le nom de Léopold Ier, en 1831. Il faut cependant une intervention française dont le fait saillant est la prise d'Anvers en 1832 ainsi qu'une forte pression internationale pour obliger Guillaume Ier à reconnaître enfin le fait accompli, en 1839.

Alors que l'Autriche, la Prusse et la Russie sont décidées à maintenir l'Europe de la Sainte-Alliance, comme en témoigne leur accord de Münchengraetz signé en 1833 et renouvelé en 1835 ainsi qu'en 1846, l'Angleterre et la France esquissent un front libéral et soutiennent avec succès les jeunes reines Isabelle d'Espagne et Marie du Portugal contre les prétendants absolutistes don Carlos et don Miguel. Le rapprochement franco-anglais montre cependant ses limites lorsque resurgit la « question d'Orient ». Mécontent d'avoir aidé le sultan face aux Grecs sans autre profit que la perte de sa flotte, Méhémet-Ali réclame le gouvernement de la Syrie. Après le refus de Mahmud, ses troupes envahissent l'Asie mineure et remportent la victoire de Konieh, en décembre 1832. Devant les divisions et les tergiversations des Français et des Anglais, le sultan se tourne vers le tsar, tout en sachant les dangers qu'une telle alliance présente pour son Empire (« Au risque d'être étouffé plus tard, dit-il, un homme qui se noie s'accroche même à un serpent »). Nicolas Ier prend aussitôt le contrôle des détroits. En mai 1833, Londres et Paris réagissent enfin et forcent le sultan à céder la Syrie à Méhémet-Ali et à lui reconnaître l'hérédité du pachalik égyptien. De son côté, le tsar impose à la Turquie le traité d'Unkiar-Skelessi du 8 juillet suivant. Conclu pour huit ans, l'accord prévoit la protection de l'Empire ottoman par les Russes en échange de la fermeture des détroits aux ennemis du tsar.

Les Anglais s'inquiètent des progrès russes et égyptiens, mais aussi des rapports étroits entre Méhémet-Ali et la France (le don de l'obélisque de Louksor en 1836 en est le symbole). Le chef du *Foreign Office*, Palmerston, obtient du sultan la cession à l'Angleterre du port d'Aden au débouché de la mer Rouge, mais surtout la reprise de la guerre contre l'Égypte. Cependant, les Turcs sont une nouvelle fois défaits et Mahmud II meurt peu après. À l'insu de la France, Londres s'entend alors avec l'Autriche, la Russie et la Prusse pour placer sous tutelle le nouveau sultan âgé seulement de seize ans puis pour imposer une véritable capitulation à Méhémet-Ali, en juillet 1840. Une partie de la presse et de l'opinion publique françaises y voient un véritable camouflet et réclament une guerre qui permettrait de défendre l'Égypte, mais aussi de déchirer les traités de Vienne et de conquérir la rive gauche du Rhin. Le président du Conseil, Thiers, fait fortifier Paris et procéder à une mobilisation partielle. Les Anglais comme les Allemands se déchaînent alors contre la France. Louis-Philippe désamorce la crise en obtenant la démission de Thiers, en octobre 1840. Abandonné, Méhémet-Ali doit rendre la Syrie, l'Arabie et la Crète pour ne plus conserver que l'Égypte, à titre héréditaire il est vrai. Mais l'Angleterre ne triomphe pas seulement de la France et de son protégé égyptien. La convention des détroits du 13 juillet 1841 fait perdre à la Russie les avantages acquis en 1833. Le sultan s'engage désormais à interdire le passage des détroits à tout navire de guerre étranger tant que la Turquie est en paix.

Les relations entre la France et l'Angleterre se dégradent encore à l'occasion de l'affaire Pritchard de 1844 (un missionnaire anglais, qui a fomenté une révolte à Tahiti où la France vient d'établir son protectorat, est expulsé avant d'être indemnisé devant les protestations britanniques), de désaccords commerciaux et de rivalités en Afrique du Nord, en Grèce et au Portugal. Les visites de la reine Victoria en France puis de Louis-Philippe en Angleterre, ne suffisent pas à régler les nombreux différends entre les deux pays. Ceux-ci augmentent même en 1846 avec le retour de Palmerston aux affaires, après cinq ans d'absence et l'affaire des mariages espagnols (la jeune reine Isabelle épouse un candidat patronné par la France et sa sœur un fils de Louis-Philippe, au grand dam des Anglais). Paris, qui ne proteste pas lorsque l'Autriche annexe la république de Cracovie, se rapproche de Vienne à l'occasion de la guerre civile suisse. Les deux puissances y soutiennent les cantons catholiques et conservateurs réunis dans la ligue du *Sonderbund* pour défendre leur particularisme, mais ces derniers sont vaincus en novembre 1847 par les cantons protestants et libéraux appuyés par l'Angleterre. À cette date, la carte de l'Europe reste très proche de celle de 1815, mais la division des grandes puissances et la montée des revendications des peuples laissent présager de profonds bouleversements.

2. De l'ébranlement révolutionnaire à la réaction (1848-1851)

I Les origines de l'explosion

Dans l'Empire d'Autriche, l'autorité de l'État s'est considérablement dégradée depuis l'avènement, en 1835, d'un empereur, Ferdinand IV, incapable de gouverner. Metternich, vieillissant, est de plus en plus contesté. Parallèlement, les minorités de l'Empire commencent à remettre en cause la domination autrichienne. Outre les Roumains de Transylvanie et les Italiens, les Slaves (Tchèques, Slovaques, Polonais de Galicie, Ruthènes, Slovènes, Croates et Serbes du Banat) se considèrent particulièrement mal lotis. Des historiens, comme le Tchèque František-Palacký, des poètes, tel le Slovaque Jan Kollár, ou encore des philologues, ainsi le Croate Ljudevit Gaj, contribuent à l'éveil des sentiments nationaux. Par ailleurs, les Hongrois, qui bénéficient d'une position privilégiée dans l'Empire (ils gouvernent directement une partie des Slaves et ont obtenu la reconnaissance légale de la langue magyare), sont également insatisfaits. En effet, leurs principales affaires continuent à être traitées à Vienne. Fiers de leur grandeur passée, exaltée par le poète Sándor Petöfi et par le romancier Jozsef Eötvös, ils réclament une plus grande autonomie. Pour maintenir sa domination, l'Autriche joue des dissensions entre les différentes minorités (Metternich soutient par exemple l'illyrisme de Gaj face aux Hongrois), mais il s'agit là d'un jeu dangereux.

En Allemagne, les Autrichiens doivent de plus en plus compter avec la Prusse. Entre 1816 et 1834, celle-ci a réussi à constituer une union douanière de la plupart des principautés allemandes (le *Zollverein*) et elle la domine en raison de son poids politique, économique et démographique. Forte, centralisée, presque entièrement constituée d'Allemands, elle est, depuis 1808, l'espoir de la plupart des patriotes de la Confédération germanique qui aspirent à l'unité. Alors que, en 1840, l'avènement de Frédéric-Guillaume IV sur le trône prussien suscite de grands espoirs, une véritable explosion nationaliste accueille, en Allemagne, la politique agressive de Thiers. C'est l'époque où Nicolas Becker publie son *Rheinlied* (« Ils [les Français] ne l'auront pas le libre Rhin allemand quoiqu'ils le demandent dans leurs cris comme des corbeaux avides »), où Heinrich Hoffmann von Fallersleben écrit son *Deutschland über alles* (« L'Allemagne au-dessus de tout ») qui, mis en musique sur un air de Haydn, deviendra l'hymne des patriotes, mais aussi où un gigantesque monument à la gloire des grands Allemands est élevé près de la source du Danube !

De son côté, l'Italie est aussi en pleine effervescence. Puisant ses racines dans les Lumières italiennes du XVIIIe siècle *(l'Illuminismo)*, mais aussi dans les réflexions de la période révolutionnaire et impériale, le *Risorgimento* (renaissance ou résurrection) entend restaurer la grandeur de l'Italie en la rendant libre et indépendante. Déjà très sensible dans les années 1820 à travers la poésie de Giacomo Leopardi *(À l'Italie)* ou les œuvres historiques d'Alessandro Manzoni *(Les Fiancés)*, il prend son plein essor dans la période suivante avec des opéras comme ceux de Guiseppe Verdi (*Nabucco* en 1842 et *Les Lombards* en 1843) plus accessibles aux masses que les œuvres littéraires. Mais le *Risorgimento* connaît aussi trois expressions politiques. À la première, le carbonarisme, qui ne survit pas à l'échec des soulèvements de 1831, succède aussitôt le mazzinisme. En exil à Marseille, Guiseppe Mazzini et ses amis carbonari fondent la *Jeune Italie*. Grâce à cette société secrète, ils ambitionnent d'instaurer dans leur pays une république à la fois unitaire, démocratique et chrétienne. Idéalistes, ils pensent que toutes les nationalités opprimées suivront l'exemple italien et créent, en 1834, la *Jeune Europe* pour promouvoir cet idéal. Mais tous les complots qu'ils organisent échouent parce que le peuple refuse de les suivre. En réaction contre cette manière de procéder, qu'ils jugent à la fois inefficace et dangereuse, des théoriciens, des hommes politiques et des journalistes cherchent des moyens pratiques et réalistes pour rendre l'Italie libre et pour faire son unité. À la suite de l'abbé Vincenzo Gioberti, qui publie, en 1843, de *La primauté morale et civile des Italiens,* le courant néo-guelfe prône une confédération de principautés constitutionnelles placées sous la présidence du souverain pontife. Élu pape en 1846, Pie IX lui donne de grands espoirs en prenant une série de mesures libérales (large amnistie, création d'un conseil consultatif et d'une garde civique, nomination de laïcs à des postes importants.). En revanche, d'autres, comme le comte Cesare Balbo, auteur, en 1844, des *Espérances de l'Italie,* considèrent que la seule solution viable est un royaume unitaire autour du roi de Piémont-Sardaigne, Charles-Albert, unique souverain italien à avoir la volonté et les moyens de chasser les Autrichiens. Ne vient-il pas de faire frapper une médaille où le lion de Savoie terrasse l'aigle des Habsbourg ?

2 Le « printemps des peuples » et ses prolongements

Sur fond de crise économique et sociale, une vague révolutionnaire submerge l'Europe dans les premiers mois de 1848. Si elle épargne la Belgique, les Pays-Bas, la Scandinavie, la péninsule ibérique et la Grèce et si elle touche marginalement le Royaume-Uni, l'Empire russe et l'Empire ottoman, respectivement en Irlande, en Pologne et dans les provinces roumaines, elle atteint tout le reste du continent. Le mouvement est complexe. En effet, une composante démocratique s'ajoute désormais aux revendications libérales et nationales caractéristiques des révolutions précédentes. Par ailleurs, les événements se succèdent à un rythme très rapide et les chronologies nationales s'entremêlent. Néanmoins, quelques faits aisément identifiables revêtent une importance capitale. Ils provoquent une véritable réaction en chaîne. Si la première révolution éclate en Sicile le 12 janvier 1848, celle qui se déroule à Paris en février suivant est d'une portée bien plus grande. Parce qu'il s'est opposé à la réforme politique (élargissement du corps électoral, interdiction d'être à la fois député et fonctionnaire) réclamée par une campagne de banquets, le roi Louis-Philippe est renversé. La Deuxième République succède à la monarchie de Juillet. Malgré les éléments avancés, qui souhaiteraient que la France prenne la tête d'une croisade pour libérer les peuples opprimés, le gouvernement provisoire, soucieux de ne pas provoquer l'ire des grandes puissances et de consolider son œuvre, déclare la paix au monde et proclame le principe de non-intervention. Les événements de France n'en ont pas moins un immense retentissement.

Prenant pour modèle les Parisiens, les étudiants et les bourgeois autrichiens réclament un régime constitutionnel. Le 13 mars, le mouvement devient révolutionnaire. Metternich doit démissionner et s'enfuir. Malgré d'importantes réformes (création d'une garde nationale bourgeoise, octroi de la liberté de la presse, élection d'une assemblée constituante), l'agitation ne retombe pas. Les peuples de l'Empire d'Autriche en profitent. Dès la mi-mars, les Hongrois, qui se sont révoltés, obtiennent leur propre gouvernement. Les Tchèques adoptent une charte libérale qui les rend largement autonomes puis, début juin, ils réunissent à Prague un congrès panslave dont le but n'est pas de réclamer l'indépendance, mais d'obtenir, pour les Slaves, des droits égaux à ceux des Allemands d'Autriche et des Magyars. L'intransigeance de ces derniers suscite la rancœur des Croates qui sont directement placés sous leur autorité. Le gouvernement autrichien essaie d'en profiter pour réduire les prétentions hongroises. Lorsque les Hongrois font sécession sous l'impulsion de Lajos Kossuth, il encourage le général croate Jellachich à prendre les armes début octobre et projette lui-même d'envoyer ses propres régiments à Pest. C'est alors que les Viennois se soulèvent pour soutenir la révolte hongroise et assassinent le ministre de la Guerre. La Cour, le gouvernement puis le parlement sont contraints de quitter la capitale qui passe aux mains du peuple.

Depuis la fin de l'année 1847, l'ensemble de l'Allemagne et toute l'Italie connaissent une grande agitation que la révolution de Février à Paris, la chute de Metternich, pilier de la conservation, puis les difficultés de l'Autriche ne font qu'accentuer. Dès le 5 mars, une assemblée réunie à Heidelberg a réfléchi au moyen de réformer politiquement l'Allemagne et a décidé la convocation d'un Parlement préparatoire *(Vorparlament)* regroupant des députés qui ont siégé dans les différentes assemblées allemandes. Ce dernier propose l'élection, par tous les Allemands, d'un Parlement constituant sans que ni l'Autriche ni les gouvernements allemands ne puissent s'y opposer. Les manifestations qui se déroulent en Bade, en Wurtemberg, en Hesse-Darmstadt, à Nassau et en Saxe obtiennent des réformes libérales. Le 20 mars, le roi de Bavière, Louis Ier, jugé trop conservateur par son peuple et déconsidéré par les scandales de sa vie privée, est contraint d'abdiquer. Deux jours plus tôt, une manifestation a été durement réprimée à Berlin. Mais le roi de Prusse, Frédéric-Guillaume IV, accorde bientôt un gouvernement libéral et convoque une assemblée nationale élue au suffrage universel qui discute, à partir du mois de mai, un projet de constitution pour la Prusse. Parallèlement, le Parlement de toute l'Allemagne se réunit le 18 mai 1848 à Francfort/Main et commence à réfléchir à une constitution. Quelques semaines plus tard, un gouvernement fédéral provisoire est nommé, avec à sa tête le plus populaire des Habsbourg, l'archiduc Jean. La Diète de la Confédération germanique disparaît. Dans le royaume lombard-vénitien, c'est la chute de Metternich qui provoque le soulèvement. Libéré par la foule de la prison où les Autrichiens l'avaient enfermé, l'avocat Daniele Manin fait triompher pacifiquement la révolution à Venise. En revanche, les troupes autrichiennes du maréchal Radetzky ne sont chassées de Milan qu'au terme d'une sanglante bataille de cinq jours (18 au 22 mars). Elles se retranchent prudemment dans le quadrilatère des places fortes de la plaine padane, entre Mincio et Adige. Aussitôt, les populations des duchés de Parme et de Modène renversent leurs souverains, jusque-là protégés par l'Autriche. Après avoir longtemps hésité par crainte de faire le jeu des révolutionnaires, Charles-Albert accepte de prendre la tête d'une croisade pour chasser définitivement les Autrichiens de la péninsule. Alors qu'il reprend le drapeau vert-blanc-rouge de la période française et qu'il promet aux Lombards et aux Vénitiens « le secours que le frère attend du frère », il reçoit le renfort de plus de 25 000 volontaires venus de toute l'Italie et peut ainsi opposer plus de 90 000 hommes aux 50 000 Autrichiens. Le 30 mai, il entre triomphalement à Milan. La Lombardie est libérée. La Vénétie proclame bientôt son rattachement au Piémont. Au cours de l'été 1848, l'ancienne Europe centrale a disparu. Le printemps des peuples l'a enterrée.

3 Le triomphe de la réaction

Les mouvements révolutionnaires ont alors déjà connu leurs premiers revers. Isolés les uns des autres, et parfois même antagonistes (Hongrois et Croates), ils disposent aussi d'une base trop étroite pour s'imposer durablement. Le plus souvent, ils restent urbains et touchent peu les masses rurales quand ils ne les effraient pas. Par ailleurs, les vainqueurs ne tardent pas à se déchirer entre monarchistes et républicains, libéraux et démocrates, modérés et radicaux. Enfin, l'armée reste généralement fidèle aux souverains légitimes. Son rôle est décisif dans l'Empire d'Autriche. La première victoire de la réaction a lieu en Bohême où le général Windischgrätz bombarde Prague, l'oblige à capituler le 17 juin puis impose aux Tchèques un régime de dictature militaire. Aidé par des renforts venus d'Italie et de Croatie, il marche ensuite sur Vienne, prend la ville le 31 octobre et se livre à de sanglantes représailles. Son beau-frère, le prince de Schwarzenberg, devient chef du gouvernement et entreprend aussitôt de restaurer l'autorité de l'État. Le 2 décembre, il obtient l'abdication de Ferdinand en faveur de son neveu de 18 ans, François-Joseph. En mars 1849, il fait dissoudre l'Assemblée constituante par le jeune empereur puis fait promulguer une constitution unitaire où le souverain dispose de l'essentiel des pouvoirs et où il ne reste quasiment rien des concessions autonomistes du printemps précédent. Kossuth fait proclamer la déchéance des Habsbourg et l'indépendance de la République hongroise. En vertu de la Sainte-Alliance, l'Autriche demande alors l'aide de la Russie qui lui envoie une armée de 150 000 hommes. Les Hongrois sont contraints de capituler après leur déroute de Vilagos, le 13 août 1849. Les principaux chefs de la révolte sont exécutés, à l'exception de Kossuth qui a pu passer à l'étranger. Perdant toutes ses libertés, la Hongrie est mise en état de siège. À cette date, l'ordre est déjà rétabli en Italie et en Allemagne.

Dès le printemps 1848, le roi des Deux-Siciles commence à restaurer son autorité dans la partie continentale de ses États. Il en profite pour rappeler ses troupes qui servent aux côtés des Piémontais. Par la suite, il abroge la Constitution qu'il a octroyée et reprend la Sicile au printemps 1849 en faisant bombarder Messine, ce qui lui vaut le triste surnom de *Re Bomba* (**doc.1**). De leur côté, les Autrichiens mettent en déroute les troupes piémontaises à Custozza, le 25 juillet 1848, contraignent Charles-Albert à signer un armistice et réoccupent la Lombardie. Le mouvement révolutionnaire se radicalise alors et les républicains s'emparent du pouvoir à Venise où Manin, proclamé dictateur, organise la résistance au blocus autrichien, mais aussi à Florence et à Rome. Pour avoir refusé de choisir entre les Piémontais et les Autrichiens, Pie IX a en effet perdu une grande partie de sa popularité. Après l'assassinat de son ministre, Pellegrino Rossi, le 15 novembre 1848, il se réfugie à Gaète, dans le royaume des Deux-Siciles, laissant ainsi le champ libre aux républicains. La République romaine est proclamée en février 1849 et place aussitôt à sa tête un triumvirat dont l'homme fort est Mazzini. Pressé par son gouvernement et

Document I. L'ordre règne à Naples en 1849 (caricature de Daumier)

par son peuple, Charles-Albert reprend la lutte contre les Autrichiens le 12 mars, mais il est battu dès le 23 à Novare et abdique sur le champ de bataille en faveur de son fils Victor-Emmanuel. Il faut une pression franco-anglaise pour que le Piémont ne soit pas démembré par des Autrichiens que plus rien n'arrête désormais. Ils occupent Parme, Modène, la Toscane, le Nord des États de l'Église et s'apprêtent à marcher sur Rome à la demande du pape. Cependant, la France décide de s'interposer et envoie un corps expéditionnaire. Maintenant gouvernée par le neveu de Napoléon Ier, Louis-Napoléon Bonaparte, élu président de la République en décembre 1848 et par une assemblée à majorité conservatrice, elle n'entend pas laisser le rôle de première puissance catholique à l'Autriche. Les Français prennent donc la Ville éternelle le 3 juillet, renversent la République romaine et restaurent Pie IX. Malgré les conseils de modération du président français, le pape rétablit les institutions du passé. La répression s'abat sur les libéraux, les démocrates et les patriotes comme partout ailleurs en Italie, sauf en Piémont-Sardaigne. Beaucoup prennent le chemin de l'exil, tel Manin après la reddition de Venise aux Autrichiens, en août.

C'est par la Prusse que la réaction débute en Allemagne. Dès le 1er novembre 1848, le roi a constitué un ministère de combat avec pour homme fort Otto von Manteuffel. Berlin est mis en état de siège, la milice bourgeoise désarmée et l'Assemblée dissoute. Néanmoins, la réaction n'est pas complète puisque le roi consent à accorder une constitution à ses sujets.

De son côté, le Parlement de Francfort s'affaiblit en demandant l'aide de la Bavière et de la Prusse pour vaincre les radicaux qui cherchent à prendre son contrôle. Par ailleurs, trois grands problèmes le divisent : celui de la nature du nouvel État (unitaire ou fédéral), celui de son régime (républicain ou monarchique et, dans ce cas, électif ou héréditaire) et celui de ses frontières (grande Allemagne avec l'Autriche ou petite Allemagne sans elle). En janvier 1849, le principe d'un État fédéral et impérial est retenu. La troisième question est beaucoup plus délicate. Majoritaire au sein de l'Assemblée, le parti de la grande Allemagne propose la couronne impériale à l'empereur d'Autriche. Mais Schwarzenberg, qui est très attaché à l'idée de *Mitteleuropa*, entend faire entrer tout l'empire d'Autriche dans le nouvel État, y compris les pays non-allemands. Cette solution n'est pas retenue par le Parlement qui élit finalement le roi de Prusse en mars. Mécontente, l'Autriche rappelle ses députés. C'est alors que se produit un coup de théâtre. Tout en étant séduit par l'idée de devenir empereur, Frédéric-Guillaume refuse cette « couronne de boue et de sang », ce « collier de servitude offert par des maîtres boulangers ». Le Parlement se sépare sur cet échec cuisant. Une centaine de ses membres, libéraux et démocrates, qui tentent de se réunir en juin à Stuttgart sont dispersés par les autorités locales. Des soulèvements républicains éclatent dans le Palatinat, en Saxe et en Bade, mais ils sont écrasés par l'armée prussienne en juillet. De son côté, Frédéric-Guillaume tente maintenant de se faire reconnaître empereur par les princes allemands. Il parvient à convaincre les souverains des plus petits États. En revanche, les rois de Bavière et de Wurtemberg, bientôt rejoints par ceux de Saxe et de Hanovre lui sont hostiles. Mais ce sont les Autrichiens redevenus sûrs d'eux-mêmes qui font échouer le projet car ils n'entendent pas perdre leur suprématie en Allemagne. À l'occasion d'une insurrection en Hesse-Cassel, que la Prusse entend réprimer seule, les deux grandes puissances sont au bord de la guerre. Sur un ultimatum de l'Autriche appuyée par la Russie, Berlin finit par capituler. Lors de l'entrevue d'Olmütz du 29 novembre 1850, le ministre prussien Manteuffel accepte toutes les conditions de Schwartzenberg. Frédéric-Guillaume retire ses troupes de Hesse-Cassel, renonce à la couronne impériale et consent à la reconstitution de la Confédération germanique sous présidence autrichienne.

Si l'on ajoute qu'en France les parlementaires adoptent un ensemble de mesures conservatrices, que Louis-Napoléon Bonaparte recourt à un coup d'État, le 2 décembre 1851, pour se maintenir au pouvoir puis qu'il persécute les républicains, la réaction est donc totale en Europe. L'Autriche renforce même ses positions à la faveur de la crise. Cependant, les vaincus, en particulier la Prusse et le Piémont, songent déjà à la revanche. Les faits vont bientôt démentir la prophétie de Victor Hugo, apôtre de la paix et des États-Unis d'Europe au Congrès international de la Paix universelle, réuni à Paris, en août 1849 : « Un jour viendra où l'on montrera un canon dans les musées comme on y montre aujourd'hui un instrument de torture, en s'étonnant que cela ait pu être ! »

3. La fin de l'Europe du congrès de Vienne (1852-1870)

I Les nouvelles donnes diplomatiques

Le 2 décembre 1852, Louis-Napoléon Bonaparte est proclamé empereur des Français sous le nom de Napoléon III, quarante-huit ans jour pour jour après le sacre impérial de Napoléon Ier. Même si le prince a cherché à se montrer rassurant les mois précédents, en affirmant par exemple que « l'Empire c'est la paix » (discours de Bordeaux du 9 octobre), l'Europe peut légitimement s'inquiéter pour son repos. Vouant un véritable culte à son oncle, le nouveau monarque a en effet longuement médité une phrase du *Mémorial de Sainte-Hélène*: « Le premier souverain qui, au milieu de la première grande mêlée, embrassera de bonne foi la cause des peuples, se trouvera à la tête de toute l'Europe. » Or, il se sent investi de cette grande mission. Nul n'ignore d'ailleurs sa sympathie pour la cause des peuples opprimés puisqu'il a participé, dans sa jeunesse, à l'agitation des *carbonari* contre le pape. Ce sentiment s'accompagne de la volonté de rétablir la France dans sa puissance et son prestige, mais aussi de la nécessité de satisfaire l'orgueil d'un peuple privé de vie politique par le caractère autoritaire du régime. Malgré le poids de la gloire militaire dans la tradition napoléonienne, le nouvel empereur n'est cependant pas belliqueux. Il entend parvenir à ses fins par des congrès internationaux. S'il est adepte du secret, car il ne mésestime pas les résistances que sa politique peut rencontrer, il n'est pas un froid calculateur. Par ailleurs, il manque de clairvoyance sur les intérêts nationaux et ne possède ni le sens des réalités, ni l'art de saisir l'occasion qui se présente, travers que sa maladie (il a un calcul dans la vessie) et son vieillissement prématuré vont accentuer.

Pour l'heure, la guerre d'Orient redonne à la France la prépondérance en Europe pour la première fois depuis 1815. Ce conflit a pour origine le désir du tsar de dépecer un Empire ottoman qu'il qualifie d'« homme malade de l'Europe ». Après avoir vainement proposé un partage aux Anglais, Nicolas Ier essaie d'imposer son protectorat au sultan. Devant le refus d'Istanbul, l'armée russe envahit la Moldavie et la Valachie en juillet 1853. La Turquie déclare la guerre à la Russie en octobre. Elle est suivie par l'Angleterre et par la France en mars 1854. Dix mois plus tard, le Piémont entre à son tour dans la coalition contre le tsar. Après avoir chassé les Russes des provinces roumaines, les alliés débarquent dans la presqu'île de Crimée en septembre 1854, avec pour objectif de prendre la principale base russe en mer Noire, Sébastopol. La victoire de l'Alma semble annoncer une campagne rapide, mais le colonel russe Todleben organise remarquablement la défense de la ville et les alliés s'épuisent dans un siège de onze mois. Décimés par le choléra, le typhus et le froid, ils doivent aussi repousser deux attaques de revers de l'armée russe à Balaklava et à Inkermann. Finalement, la prise du bastion de Malakoff, clé de la défense de Sébastopol, le

8 septembre 1855, leur livre la ville. Sous la pression des Autrichiens et des Prussiens, le tsar Alexandre II, qui a succédé à son père mort en mars, se résout alors à traiter. Le bilan humain de la guerre de Crimée, premier conflit de l'ère industrielle (utilisation des navires cuirassés, des obus explosifs et du télégraphe), est très lourd puisque 110 000 Russes, 95 000 Français, 20 000 Anglais et 2000 Piémontais y ont laissé la vie. En février et mars 1856, un congrès réunit tous les belligérants à Paris ainsi que des représentants autrichiens et prussiens. Le traité final du 30 mars neutralise la mer Noire en la fermant aux navires de guerre et en interdisant d'entretenir aucun arsenal sur ses rives. Il confirme l'autonomie, sous suzeraineté du sultan et sous garantie de l'Europe, des principautés de Serbie, de Valachie et de Moldavie (agrandie d'une partie de la Bessarabie russe). Il proclame la liberté de circulation sur le Danube sous contrôle international. En outre, les signataires s'engagent à maintenir l'indépendance et l'intégrité de l'Empire ottoman contre la reconnaissance, par le sultan, de l'égalité des droits pour tous ses sujets. La France tire un immense prestige de ce congrès qu'elle a organisé et présidé. Elle a su donner l'exemple d'un vainqueur magnanime en se contentant de la confirmation de son rôle protecteur sur les chrétiens de l'Empire turc. Mais elle a aussi permis que la question des nationalités soit largement débattue pour la première fois depuis le congrès de Vienne. Enfin, la Russie ne lui tient pas rigueur de l'avoir vaincue. Fort mécontente d'avoir été abandonnée par ses alliés traditionnels, elle se rapproche de Paris.

Malgré les protestations de l'Autriche et de la Turquie, Napoléon III use de son autorité pour que la Valachie et la Moldavie puissent se choisir un prince commun, le francophile Alexandre Couza (1859), puis pour qu'elles soient autorisées à s'unir et à former la Roumanie (1861). Il favorise aussi les aspirations du Monténégro et de la Serbie. Comme les Druses musulmans massacrent les Maronites chrétiens en dépit des engagements du sultan, il organise une expédition pour rétablir l'ordre en Syrie, en 1860-1861. Enfin, il apporte un soutien déterminant à Ferdinand de Lesseps pour qu'il puisse percer le canal de Suez. En permettant de se rendre d'Europe en Asie sans contourner l'Afrique, ce canal inauguré en 1869 redonne à la Méditerranée une importance qu'elle avait perdue depuis le XVIe siècle pour le plus grand profit de la France très présente sur les côtes de la grande mer.

2 Vers les unités italienne et allemande

La cause italienne a beaucoup progressé depuis l'échec cinglant de 1849. En effet, en 1852, le roi Victor-Emmanuel II a nommé, à la présidence du Conseil, Cavour qui ambitionne de libérer la péninsule des Autrichiens et de créer une fédération italienne sous la direction de son roi. Dans ce but, il fait du Piémont un État fort (accroissement des ressources, développement de l'économie et des transports, réorganisation de l'armée). Par ailleurs, la capitale du Piémont,

Turin, devient le centre d'accueil de tous les patriotes persécutés. Ce faisant, les ralliements au principe de l'unité par la maison de Savoie se multiplient (Gioberti, Manin, de nombreux mazziniens). En 1857, le président du Conseil piémontais encourage la création de la Société nationale dont le programme se résume en une formule simple: « Indépendance, Unité, Maison de Savoie » et dont les ramifications secrètes s'étendent à toute l'Italie. Mais, contrairement à Charles-Albert qui estimait que l'Italie pourrait se faire d'elle-même, Cavour est persuadé que le soutien étranger est indispensable. C'est pourquoi les Piémontais ont participé à la guerre de Crimée aux côtés des Français et des Anglais. Napoléon III est d'ailleurs décidé à agir en faveur de l'Italie, pays qui lui est cher et où il compte de nombreux parents et amis. La tentative d'assassinat d'Orsini à son égard, le 14 janvier 1858, précipite son intervention. En effet, il est ému lorsque, peu avant de monter sur l'échafaud, le conspirateur italien l'exhorte à libérer sa patrie. Le 21 juillet suivant, Napoléon III et Cavour se rencontrent secrètement à Plombières. Ils s'accordent pour chasser les Autrichiens de la péninsule, pour réorganiser celle-ci en quatre États dont un royaume de Haute-Italie (le Piémont-Sardaigne agrandi de tous les territoires voisins), pour réunir l'ensemble sous la présidence honorifique du pape et pour que la France reçoive la Savoie et Nice en récompense de son aide. Un traité d'alliance est conclu en janvier 1859. Mais pour qu'il soit exécutoire, il importe que l'Autriche agresse le petit royaume italien. Les provocations de Cavour produisent l'effet voulu. Napoléon III tient ses engagements et déclare la guerre à l'Autriche.

Le conflit est court et se résume essentiellement à deux grandes batailles. Le 4 juin 1859, Magenta permet aux Franco-Piémontais de refouler les Autrichiens du Piémont. Le 24, Solferino leur livre la Lombardie et semble préluder à la conquête de la Vénétie. Mais l'empereur des Français offre alors la paix. Les raisons de ce dénouement rapide sont multiples. L'armée autrichienne s'est réfugiée dans ses places fortes d'où elle ne peut être délogée. Les troupes françaises sont très éprouvées. Napoléon III, que le spectacle du champ de bataille de Solferino a ébranlé (plus de 40 000 morts et blessés; c'est après ce combat que le Suisse, Henri Dunant, décide de fonder la Croix Rouge) préfère les préserver. Il s'inquiète du mouvement révolutionnaire qui agite toute l'Italie centrale depuis le début de la guerre et craint de s'aliéner les catholiques français car les États pontificaux sont menacés. Enfin, la Prusse a mobilisé et a massé des troupes sur le Rhin alors que la France est incapable de soutenir une guerre sur deux fronts. François-Joseph, qui ne veut pas devoir son salut aux Prussiens, accepte les conditions françaises. La paix est signée à Zurich le 10 novembre 1859. Le Piémont reçoit la Lombardie, mais pas la Vénétie. Napoléon III renonce donc à lui réclamer la Savoie et Nice. Une confédération des États italiens, présidée par le pape, est prévue. Mais la paix est aussitôt caduque. En effet, des assemblées constituantes proclament le rattachement au Piémont de la Toscane, de Modène, de Parme et de la Romagne pontificale qui se sont révoltés contre leurs souverains respectifs. Moyennant la cession de la Savoie et de Nice, Napoléon III soutient le mouvement. Les annexions sont entérinées par des plébiscites. En avril 1860, la Sicile se soulève à son tour contre son roi. Encouragé par Cavour, le général Garibaldi, patriote et républicain, organise une expédition de mille volontaires, les Chemises rouges, pour aller soutenir les insurgés. En deux mois, il se rend maître de l'île, passe sur le continent et, le 7 septembre, entre à Naples où il envisage de proclamer la République avant d'occuper Rome. Inquiet, Cavour conçoit alors un plan audacieux : faire traverser à l'armée piémontaise les Marches et l'Ombrie pontificales, entrer à Naples, pour détourner sur Victor-Emmanuel la popularité de Garibaldi, et annexer ce qui peut l'être. Napoléon III lui donne son accord à condition qu'il agisse vite pour placer l'Europe devant le fait accompli. Le succès est complet. Les Piémontais écrasent l'armée pontificale à Castelfidardo le 18 septembre 1860 puis entrent à Naples le 26 octobre, après que Garibaldi se soit incliné pour éviter un combat fratricide. La Sicile, Naples, les Marches et l'Ombrie votent à leur tour leur annexion au Piémont. En mars 1861, un parlement italien, réuni à Turin, proclame Victor-Emmanuel « roi d'Italie par la grâce de Dieu et par la volonté de la Nation ». Alors que Cavour, usé, meurt en juin, le petit royaume de Piémont, peuplé seulement de 5 millions d'habitants à la veille de la guerre en 1859, s'est transformé, deux ans plus tard, en un royaume d'Italie de 22 millions d'habitants. L'unité nationale n'en est pas pour autant faite **(carte 3)**.

Lorsque Garibaldi et ses Chemises rouges essaient de s'emparer du reste des États pontificaux, Napoléon III demande à Turin d'intervenir. L'armée de Victor-Emmanuel les arrête à la bataille de l'Aspromonte, en août 1862. Mais l'empereur des Français souhaite se désengager progressivement des affaires italiennes. La convention de septembre 1864 prévoit que les troupes françaises seront évacuées de Rome sous deux ans, contre l'engagement de Victor-Emmanuel de défendre le territoire pontifical. Pour prouver qu'il renonce à la Ville éternelle, le roi d'Italie fait de Florence sa capitale et tourne ses regards vers la Vénétie qu'il souhaiterait conquérir.

Après sa reculade d'Olmütz, la Prusse connaît dix ans de repli politique, mais elle prépare sa revanche. Elle bénéficie d'un dynamisme démographique et d'une croissance économique spectaculaires. Grâce à la Ruhr, à la Saxe et à la Silésie, elle dispose des 4/5e du potentiel industriel de toute l'Allemagne. Elle tire un grand profit du *Zollverein* (qui comprend presque tous les territoires allemands à partir de 1854) dont elle parvient à interdire l'entrée à l'Autriche. Après la publication de l'*Histoire de la politique prussienne* de Droysen, qui rappelle la mission historique de Berlin, une société nationale, le *Nationalverein*, commence, à partir de 1859, à faire campagne pour l'unité allemande en faveur de la Prusse. Sous l'impulsion du ministre de la guerre, Roon, celle-ci essaie de renforcer son armée (service militaire de trois ans…).

En septembre 1862, devant les résistances des parlementaires libéraux et progressistes, le nouveau roi, Guillaume Ier, appelle l'énergique Bismarck au poste de chancelier. Dès son premier discours ministériel devant les députés, ce dernier trace la ligne de conduite qu'il entend suivre : « Ce n'est pas par des discours et des votes que les grandes questions de notre temps seront résolues, comme on l'a cru à tort en 1848 et en 1849, mais par le fer et par le sang. » Pour atteindre son objectif premier, qui est de chasser l'Autriche de l'Allemagne, il impose la réforme militaire en se passant de l'accord des parlementaires et s'assure la bienveillance de Napoléon III (traité commercial entre la France et le *Zollverein*) ainsi que celle d'Alexandre II (soutien à la répression russe lors de la révolte polonaise en 1863). L'affaire des duchés lui fournit le prétexte dont il a besoin. À l'occasion d'un désaccord entre la Diète de la Confédération germanique et le Danemark, les duchés de Schleswig, de Holstein et de Lauenbourg, qui avaient été confiés au souverain danois en 1815, sont placés sous gouvernement prussien et autrichien (convention de Gastein, le 14 août 1865). Après avoir conclu une alliance offensive avec l'Italie, en avril 1866, grâce aux

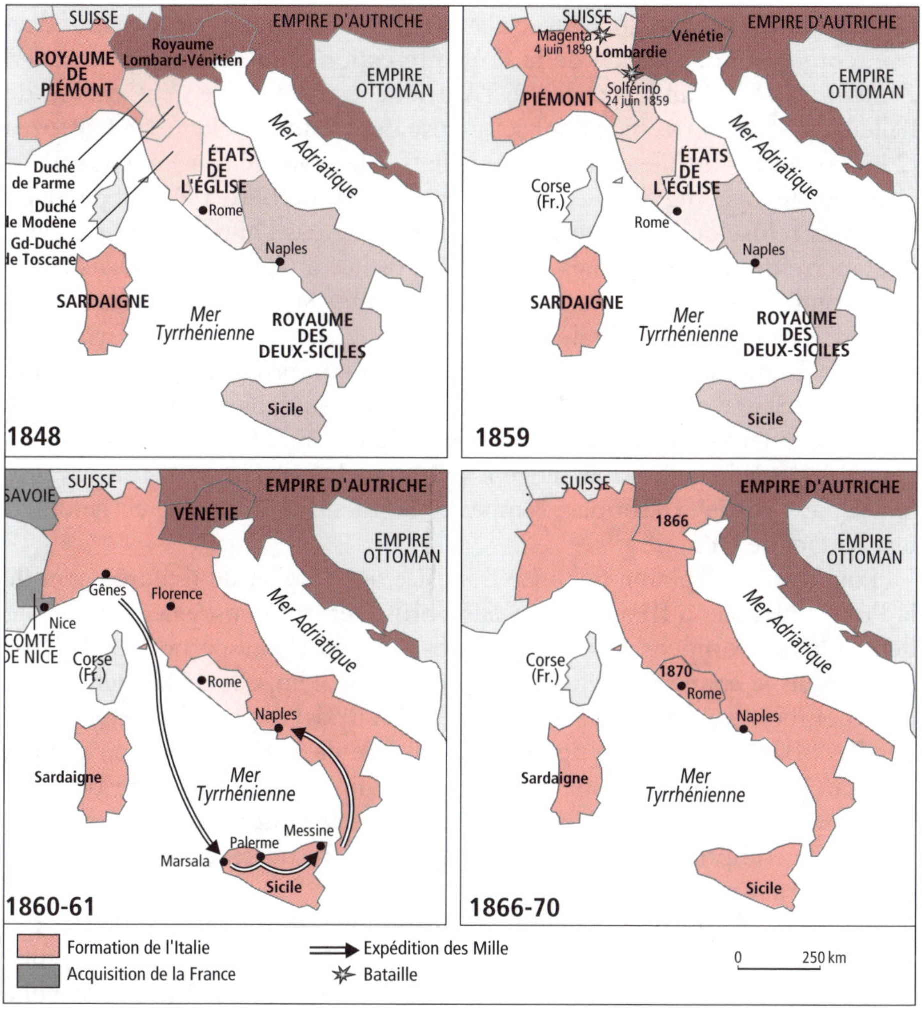

Carte 3. La formation de l'unité italienne

bons offices de Napoléon III, Bismarck s'attaque à l'Autriche. Prétextant les défaillances de l'administration de Vienne en Holstein, il demande l'exclusion de l'empire autrichien de la Confédération puis, devant le refus de la Diète, il fait envahir le duché le 7 juin. S'ensuit une guerre opposant la Prusse et l'Italie à l'Autriche et ses alliés de la Confédération. Contre toute attente, trois semaines suffisent à la Prusse pour écraser l'armée fédérale puis les Autrichiens soutenus par les Saxons, à Sadowa en Bohême, le 3 juillet 1866.

Avec la paix de Prague signée le 23 août suivant, la Prusse annexe les trois duchés danois, le Hanovre, le Nassau, la Hesse-Cassel et Francfort, et forme désormais un État d'un seul tenant de la France à la Russie. La Confédération germanique est dissoute au profit d'une confédération de l'Allemagne du Nord, composée de 22 États situés au Nord du Main. La présidence en est confiée au roi de Prusse et la chancellerie à Bismarck. En dehors de la Confédération, les États du Sud (Hesse-Darmstadt, Bade, Wurtemberg et Bavière) passent une alliance militaire avec elle et continuent à faire partie d'un *Zollverein* réorganisé sous l'égide de la Prusse (création d'un Parlement douanier, *Zollparlament*). Grande perdante, l'Autriche est définitivement exclue de l'Allemagne. En outre, bien que victorieuse des troupes italiennes à Custozza (24 juin) et près de l'île de Lissa (20 juillet), elle renonce à la Vénétie qui est annexée au royaume d'Italie, après plébiscite, en octobre 1866. Cependant, Bismarck refuse de l'amputer davantage pour ne pas l'humilier et l'acculer à une guerre de revanche, mais aussi pour l'inciter à rester neutre dans le cas d'un conflit contre la France. Affaiblie et contestée par les peuples de son Empire, l'Autriche doit également consentir aux Hongrois un partage du pouvoir. L'empire d'Autriche-Hongrie naît du compromis de 1867. Celui-ci sacrifie les Slaves au nom de l'équilibre entre les Autrichiens, qui dominent la Cisleithanie (Autriche, Galicie, Moravie, Bohème, Bukovine, Slovénie, Tyrol, Dalmatie), et les Magyars, qui dirigent la Transleithanie (Hongrie, Transylvanie, Slovaquie, Croatie). Désormais, l'empereur règne sur ce deuxième ensemble en tant que roi de Hongrie.

Pour apaiser l'opinion publique française qui s'émeut du renforcement de la Prusse, Napoléon III, qui prend aussi brusquement conscience du danger, demande des compensations territoriales à Bismarck, en particulier en Rhénanie. Mais le chancelier refuse d'accorder ce qu'il appelle dédaigneusement des « pourboires ». Lorsque l'empereur des Français propose d'acheter, au roi des Pays-Bas, le Luxembourg, qui a fait partie de la Confédération germanique et où les Prussiens ont encore une garnison, la guerre entre Berlin et Paris paraît imminente. Finalement, une conférence internationale permet de trouver un compromis en mai 1867 : le grand-duché devient un État indépendant et perpétuellement neutre.

La question romaine revient alors au premier plan. Après le départ des derniers soldats français de Rome, fin 1866, certains Italiens voient, dans une conquête de la Ville éternelle, un dérivatif aux difficultés que traverse le jeune royaume : crise financière, humiliation provoquée par les défaites militaires récentes, contestation de la piémontisation en Toscane et, plus encore, dans le Sud (agitation endémique due à la *mafia* sicilienne et à la *camorra* napolitaine, aux partisans de l'ancien royaume des Deux-Siciles et au clergé). En octobre 1867, Garibaldi soutenu par une grande partie de l'opinion, lance ses troupes de volontaires sur Rome. Jugeant que son honneur envers le pape est en jeu, Napoléon III envoie alors une division qui, le 3 novembre 1867, écrase les Garibaldiens à Mentana, aux portes de la Ville éternelle, puis qui s'installe à Civita Vecchia. L'indignation est immense dans toute l'Italie : « Mentana a tué Magenta. » La France devient le principal obstacle à l'achèvement de l'unité italienne. Parallèlement, Bismarck, en butte au particularisme de l'Allemagne du Sud, se dit qu'une guerre contre l'ennemi héréditaire français achèverait l'unification et cimenterait l'unité.

3 La guerre de 1870 et ses conséquences

L'affaire de la succession d'Espagne est à l'origine de la guerre entre la France et l'Allemagne. Après avoir chassé la reine Isabelle, le gouvernement provisoire de Madrid, en quête d'un nouveau souverain, propose la couronne au prince Léopold de Hohenzollern, cousin du roi de Prusse. Bismarck donne son accord, voyant là le moyen de s'assurer un allié de revers contre la France. Le prince accepte. La nouvelle parvient à Paris le 3 juillet 1870 et y provoque une explosion de prussophobie. Il s'ensuit une grave crise diplomatique dont les Français sortent vainqueurs puisque Léopold finit par renoncer. Bismarck songe à démissionner. C'est alors que les bonapartistes autoritaires font rebondir la crise pour déclencher une guerre qui leur permettrait de reprendre le pouvoir perdu l'année précédente au profit des libéraux ou, à défaut, pour humilier les Prussiens en leur infligeant une nouvelle reculade. Ils obtiennent que Napoléon III exige des garanties de la part de la Prusse pour qu'une telle menace ne se reproduise plus. Le 13 juillet, Guillaume Ier oppose un refus poli mais ferme à l'ambassadeur français venu lui en faire la demande à Ems où il est en cure. Averti par son roi (dépêche d'Ems), Bismarck exploite aussitôt la situation en publiant une version qui grossit l'incident et qui dresse les Français et les Allemands les uns contre les autres. Le 19 juillet, Paris déclare la guerre à Berlin.

Face à la Prusse, qui est unanimement considérée comme la victime et qui reçoit le soutien de toute l'Allemagne, la France est isolée. L'Angleterre lui est hostile depuis qu'elle a appris par Bismarck ses visées sur la Belgique. Le tsar lui reproche de ne pas avoir soutenu sa politique répressive en Pologne. Quant à l'Autriche et à l'Italie, dont Napoléon III était persuadé de l'appui, elles restent dans un prudent attentisme. D'abord confiants dans une armée sortie victorieuse des conflits précédents et présentée par les dirigeants du Second Empire comme invincible, les Français s'ouvrent peu à peu à la réalité. Aux

500 000 soldats que peut immédiatement aligner la Prusse, seul des grands pays européens à pratiquer la conscription sans restriction, et ses alliés allemands, l'Empire français, qui n'a pas réussi à réformer son recrutement (échec du projet de loi Niel en 1868) oppose moitié moins d'hommes. Disposant d'une logistique et d'un armement très inférieurs (en particulier ses canons en bronze plus faibles en résistance, cadence, portée et précision que les canons prussiens en acier), l'armée de Napoléon III est en outre commandée par des officiers dont la plupart ne savent rien de la guerre savante, contrairement à leurs homologues prussiens qui l'ont expérimentée à Sadowa. Elle va enfin insuffisamment tirer profit de son seul avantage potentiel, l'allant légendaire de la troupe, en raison de la stratégie défensive que l'état-major va adopter et qui va se révéler désastreuse pour le moral. Les défaites s'enchaînent rapidement.

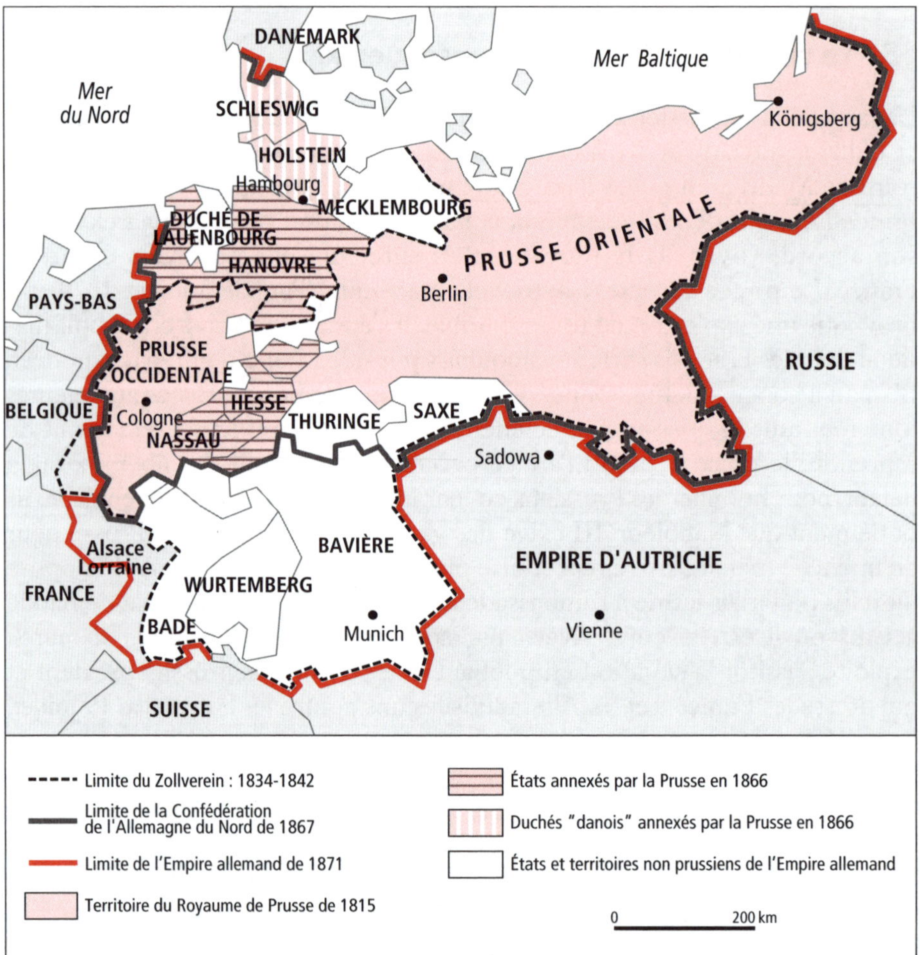

Source : d'après M. Tacel, *Restaurations, révolutions, nationalités, 1815-1870*, Paris, Armand Colin, 1997 (réédition)

Carte 4. L'unité de l'Allemagne

Le 6 août, celle de Frœschwiller livre l'Alsace aux Allemands et celle de Forbach, la Lorraine. Le 18, le maréchal Bazaine, commandant en chef depuis peu, se laisse enfermer dans Metz avec toute son armée. Sur la fausse nouvelle qu'il est parvenu à se débloquer et qu'il se porte vers le Nord, Napoléon III et Mac-Mahon marchent à sa rencontre avec 130 000 hommes. Ils sont pris au piège dans la cuvette de Sedan. Le 1er septembre, la défaite est consommée. Pour éviter un massacre, Napoléon III signe la capitulation le lendemain. Le 4, les Parisiens, qui ont appris la nouvelle, renversent le régime impérial.

La République qui lui succède ne parvient pas à redresser la situation et doit accepter les conditions très dures que lui impose l'Allemagne au traité de Francfort (10 mai 1871). Elle perd le Nord de la Lorraine avec Metz et toute l'Alsace, sauf Belfort qui a livré une résistance héroïque. Elle doit verser une indemnité de 5 milliards de francs, subir, jusqu'à paiement complet, l'occupation de son territoire et accorder la clause de la nation la plus favorisée à l'Allemagne. Cette dernière profite de la guerre pour réaliser son unité en faveur de la Prusse. Dès novembre 1870, les États du Sud du Main adhèrent en effet à la Confédération d'Allemagne du Nord qui prend, le 10 décembre, le nom d'empire allemand *(Deutsches Reich)* (**carte 4**). Guillaume Ier reçoit la couronne impériale par acclamation des princes, le 18 janvier 1871, dans la galerie des glaces du château de Versailles. De son côté, le 20 septembre 1870, le royaume d'Italie a profité du départ des troupes françaises de la Ville éternelle pour s'en emparer. Un plébiscite consacre l'annexion et Rome devient officiellement capitale de l'Italie en juin 1871, alors que le pape se considère désormais prisonnier. À l'exception du Trentin, de Trieste et de l'Istrie, qui appartiennent encore à l'empire austro-hongrois, l'unité italienne est réalisée. Quant à la Russie, elle profite de la défaite française pour obtenir, en mars 1871, la dénonciation du traité de Paris qui neutralisait la mer Noire. C'est une nouvelle Europe qui accouche donc de la guerre de 1870. Elle n'a plus rien à voir avec celle de 1815. Sedan a tué Vienne.

BIOGRAPHIES

Cavour (comte Camillo Benso di, 1810-1861). Noble piémontais de langue et de culture française, il est d'abord officier, voyage à travers l'Europe, puis s'occupe de l'exploitation de ses propriétés qu'il convertit à l'agriculture moderne. Il s'intéresse aussi à l'enseignement, aux chemins de fer, à l'industrie et, plus largement, à l'économie politique qu'il qualifie de « science de l'amour de la patrie ». Il fonde le journal *Il Risorgimento* en 1847 pour servir la cause de l'indépendance italienne. Député en 1848, puis ministre en 1850, il devient président du Conseil en novembre 1852 et domine dès lors la politique du Piémont jusqu'à sa mort. Il modernise le royaume, lui assure le soutien de la France en le faisant participer à la guerre de Crimée puis l'agrandit de la Lombardie au terme d'une guerre contre l'Autriche, en 1859. Il lui ajoute par la suite le Sud de la péninsule et fait proclamer le royaume d'Italie, en mars 1861. Paradoxalement, cet acteur essentiel de l'unité italienne meurt en juin suivant sans avoir jamais visité la plupart des grandes villes de la péninsule.

Bismarck (comte puis prince Otto von, 1815-1898). Issu de la noblesse du Brandebourg, il reçoit la dure éducation d'un fils de junker puis étudie le droit à Göttingen et à Berlin. Il passe brièvement dans l'administration avant de se consacrer au domaine familial. Élu député-suppléant au Landtag de Prusse en 1847, il entre en politique à la mort du titulaire. Il se signale rapidement par ses opinions ultra-conservatrices. À partir de 1851, il représente son roi à la Diète de Francfort et s'y oppose violemment à l'Autriche. Il est nommé ambassadeur à Saint-Pétersbourg en mai 1859 puis à Paris en avril 1862. Au mois de septembre suivant, il est appelé au poste de chancelier pour résoudre la crise politique que traverse la Prusse. À la fois rusé, opportuniste et sans scrupules, le « chancelier de fer » impose la réforme militaire au Parlement et réalise l'unité allemande au profit de son pays par deux guerres, contre l'Autriche en 1866 puis contre la France en 1870. Chancelier fédéral depuis 1867, il est alors nommé chancelier d'Empire en 1871.

DÉBATS

Dans une communication intitulée « 1848, 1830, 1789. Comment naissent les révolutions » (*Actes du Congrès historique du Centenaire de la Révolution de 1848*, Paris, PUF, 1948), Ernest Labrousse a montré que les mouvements insurrectionnels du XIXe siècle n'ont généralement pas une cause unique, mais résultent de crises multiformes où la conjoncture économique occupe une grande place. De son côté, René Rémond a distingué quatre types de mouvements (*Introduction à l'histoire de notre temps*, vol. 2 : *Le XIXe siècle, 1815-1914*, Paris, éd. du Seuil, 1974). Aux révolutions des années 1820-1830 de caractère essentiellement libéral, succèdent celles de 1848-1849, dont les revendications sont plutôt démocratiques, puis celles du second XIXe siècle à tonalité sociale dominante. Quant aux mouvements nationaux qui traversent tout le siècle, ils s'associent ou entrent en conflit avec ces trois courants selon des modalités parfois complexes.
Pour sa part, Stéphane Audoin-Rouzeau s'est intéressé à l'opinion publique française durant la guerre franco-allemande (*1870. La France dans la guerre*, Armand Colin, 1989). Il a souligné combien il importait d'en suivre l'évolution au jour le jour en distinguant d'ailleurs les différents groupes sociaux. Alors que les partisans de la paix sont, à l'origine, majoritaires (masses paysannes, milieux d'affaires, rentiers...), une minorité agissante (bonapartistes autoritaires, presse et peuple de la capitale...) joue un rôle déterminant dans le déclenchement du conflit. Il faut ensuite la certitude de la défaite, en janvier 1871, pour que s'évanouisse la résolution combattante. Ces épreuves partagées par les Français renforcent leur sentiment d'appartenance à une patrie commune.

BIBLIOGRAPHIE

(*cf.* chapitre I)

MÉTHODE

Lire et commenter une carte

La carte historique est une représentation graphique simplifiée et conventionnelle du monde ou d'une partie du monde à un moment ou sur une période du passé. Il importe d'abord de s'intéresser à sa provenance (s'agit-il d'une source historique ou d'un document contemporain ?).
Il faut ensuite l'identifier par son titre qui indique son sujet, délimiter l'espace spatio-temporel représenté puis définir le type cartographique auquel elle appartient : carte thématique (politique, économique, démographique...) ou

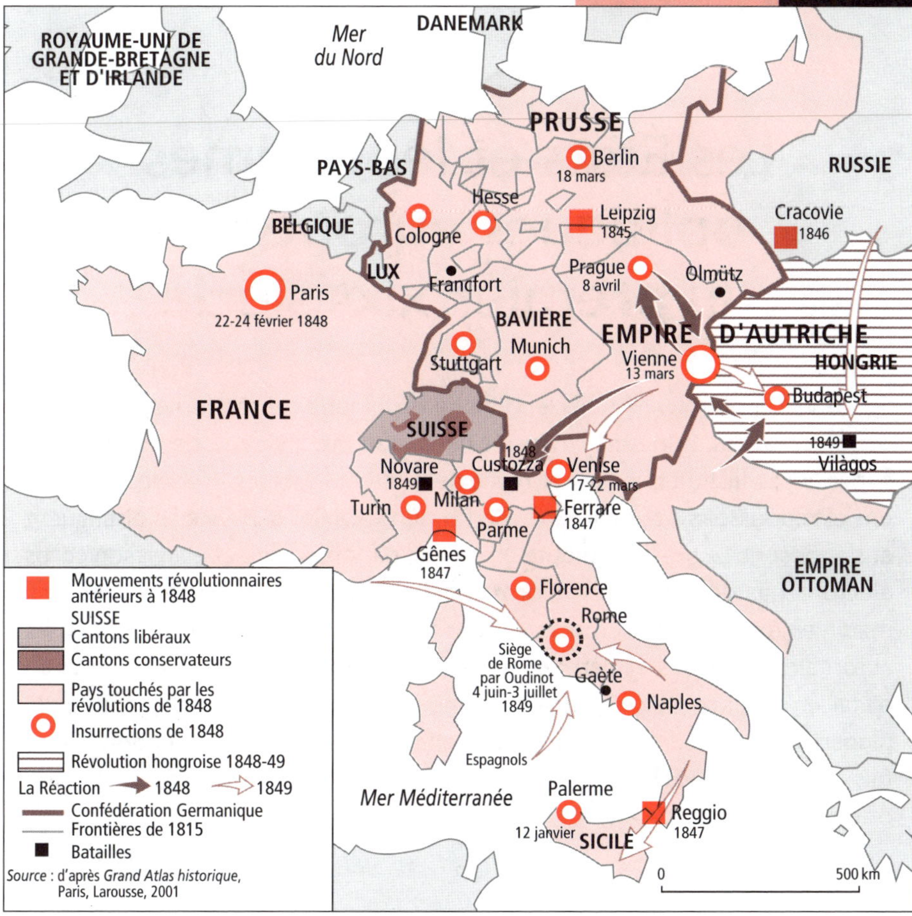

Révolutions et réactions dans l'Europe de la fin des années 1840

de synthèse. Une brève lecture technique de la carte (orientation, échelle et légende) est indispensable. C'est alors seulement qu'il convient d'inventorier les informations en partant des plus générales pour aller vers les particulières. Il faut mettre en évidence les ensembles spatiaux que l'auteur a voulu distinguer puis relever leurs oppositions et leurs relations. La dernière étape est celle de l'interprétation. Elle consiste à expliquer ou, au moins, à proposer des hypothèses explicatives, à confronter si possible la carte avec d'autres documents (statistiques, texte, autre carte…) et, enfin, à dégager les principales conséquences historiques du phénomène observé.

ENTRAÎNEMENT

Commenter la carte qui précède en s'aidant du cours.

CHAPITRE 3

Les États et les régimes politiques européens du premier XIXe siècle

Au cours du premier XIXe siècle, l'État se développe, se modernise et accroît ses prérogatives, non sans limites et contestations. Il suscite de nombreuses expériences institutionnelles et revêt de multiples formes. Modèles pour les uns et repoussoirs pour les autres, le Royaume-Uni et la France se distinguent et s'opposent. Le premier adopte un régime parlementaire et élargit son corps électoral par deux grandes réformes qui lui permettent d'éviter les heurts, mais n'en font pas une démocratie pour autant. La seconde alterne les phases autoritaires, libérales et démocratiques et subit trois révolutions et un coup d'État en l'espace de cinquante-cinq ans. Un mouvement général conduit la plupart des pays européens à adopter des constitutions, à l'exception toutefois des deux grands États situés aux marges orientales du continent : l'empire ottoman et l'empire russe.

1. Variété, affirmation et contestation des États

I L'État dans tous ses états

Défini par les philosophes et par les juristes, en particulier au XVIIIe siècle, l'État est une institution abstraite, siège des pouvoirs publics. Il apparaît quand les habitants d'un territoire décident de confier leur gouvernement et leur sécurité à une autorité commune et souveraine. L'État élabore le droit (pouvoir législatif), le promulgue (pouvoir exécutif) et sanctionne ceux qui ne l'appliquent pas (pouvoir judiciaire). En 1815, l'État structure depuis longtemps déjà toutes les sociétés européennes. Il continue néanmoins de faire débat comme en témoignent, par exemple, les réflexions du premier philosophe de l'époque, Hegel (*Principes de la philosophie du droit,* en 1821). Tous ne le conçoivent pas de la même manière et il prend des formes variées.

L'État peut comprendre une seule nation (France, Portugal, Danemark), mais il peut aussi en regrouper plusieurs (Empire d'Autriche, Empire russe, Empire ottoman). Si divers États se partagent certaines nationalités (Empire d'Autriche, Empire russe et royaume de Prusse pour les Polonais), la période voit se développer les États-nations (Italie et Allemagne). Par ailleurs, à l'État unitaire, où s'impose le principe de l'unité de la souveraineté (la France en est l'expression la plus aboutie), s'opposent l'État fédéral et l'État confédéral. Alors que la fédération regroupe des collectivités territoriales (États fédérés), qui acceptent de remettre leurs pouvoirs essentiels à une entité reconnue comme supérieure (État fédéral), la confédération reste une association d'États pleinement souverains et qui se contentent de déléguer quelques compétences à des organes communs. Celle-ci a tendance à s'effacer devant celle-là, comme l'atteste l'évolution des deux grandes confédérations issues du congrès de Vienne : la Confédération germanique et la Confédération helvétique. Simple union d'États associés pour la diplomatie et pour la défense *(Staatenbund)*, la première se transforme en une Confédération d'Allemagne du Nord (1867) puis en un Deuxième Reich (1871) qui sont de véritables États fédéraux *(Bundestaaten)*. Quant à la seconde, au lendemain de la guerre du *Sonderbund*, de la Constitution de 1848, puis des mesures des années 1860, elle ne conserve plus guère de confédéral que le nom : nationalité et droits civiques identiques pour la population de tous les cantons, gouvernement commun (Conseil fédéral et législatif bicaméral). Si l'État unitaire peut être centralisé comme en France où toutes les grandes décisions sont prises dans la capitale et sont appliquées à l'échelon local par des agents du pouvoir central (préfets dans les départements, sous-préfets dans les arrondissements, maires dans les communes), il peut aussi faire le choix de la décentralisation. Ainsi, le gouvernement du Royaume-Uni délègue le pouvoir local aux notables (grands propriétaires fonciers et secondairement officiers supérieurs, patrons de l'industrie, du négoce et de la banque, *clergymen*) qui exercent bénévolement les fonctions de *lord-lieutenant* (commandant de la milice dans chaque comté), de *high sheriff* (exécuteur des sentences) et de *justices of peace* (juges de paix chargés des causes judiciaires secondaires et de l'administration de base). C'est le *self-government.*

Tous les États n'ont pas non plus le même régime, c'est-à-dire les mêmes institutions. La forme de ces dernières, comme leur mode de désignation, leurs compétences et les relations qu'elles entretiennent entre elles et avec la population varient dans des proportions considérables. En dépit de quelques républiques – comme la Suisse et Saint-Marin tout au long de la période, Cracovie, de 1815 à son annexion par l'Autriche en 1846, les îles Ioniennes jusqu'à leur rattachement à la Grèce en 1863, Francfort jusqu'à l'annexion prussienne de 1866, Brême, Lubeck et Hambourg jusqu'en 1871, auxquelles il faut ajouter les républiques éphémères, nées de l'explosion de 1848 en France, en Italie et en Allemagne – ce sont les monarchies (empires, royaumes, principautés) qui sont les mieux représentées dans l'Europe du premier XIXe siècle. Plongeant le plus souvent leurs racines dans un lointain passé, elles rassurent et incarnent la continuité de l'État, mais elles passent aussi pour préserver les peuples des luttes partisanes et des péripéties quotidiennes. Cela explique que les nouveaux États choisissent généralement cette forme de gouvernement (Belgique, Grèce, Italie, Allemagne). Quand une famille nationale ne s'impose pas d'elle-même pour régner en raison de son prestige ou de sa puissance, ils n'hésitent d'ailleurs pas à faire appel à un prince étranger. Celui-ci est souvent d'origine germanique, car l'Allemagne morcelée offre alors de nombreux prétendants : les Saxe-Cobourg donnent Léopold à la Belgique (1831), les Wittelsbach, Othon à la Grèce (1832), les Hohenzollern-Sigmaringen, Charles à la Roumanie (1866)...

Un autre partage bien plus important se fait entre les régimes. Il oppose les régimes autoritaires aux régimes constitutionnels. Dans les premiers, le pouvoir central ne reçoit aucun frein. Le droit divin conforte le plus souvent sa souveraineté. Dans les seconds, au contraire, une constitution définit clairement les pouvoirs institués. Fréquemment, elle les sépare et limite leurs prérogatives. La plupart des régimes constitutionnels du premier XIXe siècle sont libéraux. Comme le prône Benjamin Constant dans son *Cours de politique constitutionnelle* (1816-1820), ils accordent une grande place aux libertés fondamentales – de pensée, d'opinion, de presse, de mouvement, d'association – et au principe représentatif. Le pouvoir législatif est dévolu en totalité ou en partie à une assemblée (monocamérisme) ou, plutôt, à deux assemblées (bicamérisme), pour que le risque que l'une d'entre elles ne devienne trop puissante soit limité. Quand le gouvernement est issu de la majorité parlementaire et quand il peut être renversé par l'assemblée, s'il n'a plus sa confiance (responsabilité ministérielle), le régime est parlementaire, idéal de la plupart des libéraux. Ces régimes consacrent le principe de la souveraineté nationale : l'exercice des droits politiques est conçu comme une fonction, un service public dont la nation investit les citoyens qui paient suffisamment d'impôts. Électeurs et élus doivent disposer de temps pour s'informer et exercer leurs responsabilités, être cultivés pour le faire convenablement et être fortunés, car ces fonctions, y compris le mandat parlementaire, sont gratuites. On peut aussi distinguer un pays légal (les citoyens actifs, ceux qui jouissent des droits politiques) et un pays réel (les citoyens actifs, mais aussi les citoyens passifs qui ne bénéficient que de l'égalité juridique et fiscale). L'exclusion du droit de vote n'est cependant pas définitive comme le montre la célèbre formule de Guizot à destination des citoyens passifs : « Enrichissez-vous par le travail et par l'épargne... » et vous accéderez à l'électorat ! En régime libéral, le scrutin uninominal et majoritaire est préféré au scrutin de liste et proportionnel car il permet généralement de dégager de nettes majorités, mais, surtout, parce qu'il donne l'occasion aux notables, nobles et bourgeois, d'exercer leur influence dans le cadre d'une circonscription réduite où ils connaissent pratiquement tous les électeurs. Conçu par une bourgeoisie qui estime être la seule à avoir la volonté de défendre la liberté et l'aptitude pour le faire, ce régime accorde donc à celle-ci le partage du droit de vote et des fonctions politiques avec l'aristocratie.

Mais le régime constitutionnel peut aussi être démocratique. Contrairement à la voie libérale, la voie démocratique est parfois plébiscitaire et antiparlementaire. Cependant, elle accorde le plus souvent une grande place au Parlement. En démocratie, le droit de vote est considéré comme un droit naturel, inhérent à la citoyenneté. La souveraineté n'est plus seulement nationale, elle est populaire. Tout citoyen en est dépositaire d'une fraction. Si la démocratie directe, inspirée de Jean-Jacques Rousseau, c'est-à-dire le pouvoir du peuple sans médiation de représentants, reste du domaine de l'utopie, la démocratie indirecte a déjà été expérimentée de façon éphémère dans la France de 1792-1793 et s'impose aux États-Unis dans les années 1830. Elle peut s'accommoder de la monarchie, à partir du moment où le souverain règne sans gouverner, comme de la république, à condition que cette dernière ne soit pas aux mains d'une oligarchie. Elle implique en effet le recours au suffrage universel. Celui-ci est adopté dans plusieurs pays européens du premier XIXe siècle : la France et la Suisse en 1848, le Danemark en 1849, la Grèce en 1864, l'Allemagne en 1867, l'Espagne, pour peu de temps il est vrai, en 1869. Mais le suffrage n'est jamais parfaitement universel puisque, pour pouvoir voter, il faut en être digne pénalement mais aussi remplir des conditions de nationalité, d'âge, de résidence et de sexe. Malgré plusieurs réclamations féminines, particulièrement en 1848 et malgré le soutien d'un Pierre Leroux ou d'un John Stuart Mill, les femmes n'obtiennent nulle part le droit de vote. La misogynie, le sentiment à gauche que la femme demeure sous l'emprise de l'Église et à droite que sa place est au foyer et non dans la sphère publique et, *a fortiori*, sur la scène politique, justifient l'amputation de la moitié du corps électoral potentiel. En outre, la démocratie implique l'instauration d'une indemnité parlementaire qui doit permettre à des hommes des couches populaires d'exercer des mandats législatifs. C'est chose faite en France à partir de 1848 (l'indemnité ne sera supprimée que pendant quelques mois en 1852) et en Grèce à partir de 1864. En revanche, pas plus en démocratie qu'en régime libéral, il n'existe de partis au sens où nous l'entendons aujourd'hui, c'est-à-dire des organisations permanentes, disciplinées, ramifiées pour encadrer les militants et les électeurs et pour soutenir les candidats. Les partis du premier XIXe siècle sont simplement des groupes d'opinions et d'intérêts et des structures d'accueil d'élus : clubs, cercles mondains, salons, comités de rédaction des journaux…

2 La croissance du rôle de l'État

L'État se donne de nouveaux moyens pour assurer ses missions traditionnelles que sont la définition des règles de vie en société, le maintien de l'ordre public intérieur, la sécurité extérieure et la défense des intérêts de la collectivité sur la scène internationale. Il rationalise le droit, qui légitime son autorité, et étend son champ d'application. La législation napoléonienne et ses cinq codes de base *(Code civil, Code pénal, Code du commerce, Code de procédure civile, Code de procédure pénale)* sont copiés par de nombreux pays européens. L'État réglemente l'exercice de professions à risque alors en plein essor comme le métier d'ingénieur ou les professions médicales. En outre, il développe l'armée, la police, la justice et l'école, ce qui lui permet de conforter son emprise sur le territoire qu'il gouverne et d'en accroître la cohésion, mais aussi de réduire le rôle de l'aristocratie, du clergé et de corps intermédiaires qui faisaient jusque-là écran entre ses agents et la population. Cela lui permet également de briser les particularismes et d'encourager le conformisme de l'esprit public. L'armée est l'objet de soins particuliers. Disposant d'un matériel de plus en plus perfectionné (fusils à aiguille se chargeant par la culasse, comme le Dreyse en Allemagne ou le Chassepot en France) et dont elle a le monopole, elle procure à l'État une incontestable supériorité sur les forces de contestation. Partout, ses effectifs s'accroissent. Le principe de la conscription s'impose. Si quelques États, comme le Royaume-Uni, ne l'appliquent pas (mais les Anglais pratiquent la presse) et s'il est loin de signifier l'universalité du service (usage du tirage au sort et du remplacement car tous les hommes en âge de servir ne sont généralement pas nécessaires, exemptions diverses : ecclésiastiques), il constitue désormais un élément essentiel de la domination étatique dans la plus grande partie de l'Europe. L'État se préoccupe de plus en plus d'une instruction qu'il a longtemps abandonnée à l'Église. Il cherche à l'étendre et entend désormais contrôler les programmes et surveiller la compétence des enseignants : existence de l'Université en France depuis 1806-1808, loi Casati en Piémont (1859) puis en Italie (1861), loi Forster au Royaume-Uni (1870)…

À ces rôles traditionnels, l'État ajoute de nouvelles missions. L'expansion industrielle et commerciale l'incite à unifier les marchés intérieurs et à développer les moyens d'échanges. Il lui arrive aussi de prendre en charge des infrastructures, de plus en plus lourdes et coûteuses, qui découragent l'initiative privée parce qu'elles ne sont pas rentables (chemins de fer en Italie). Par ailleurs, des penseurs estiment que l'État doit protéger la santé des ouvriers, garantir leur sécurité et améliorer leurs conditions de travail et qu'il doit aider les malheureux lors des crises économiques. Les socialistes coopérateurs, comme Louis Blanc (*De l'Organisation du travail*, en 1838), réclament, par exemple, la création d'ateliers sociaux financés par des fonds publics. Même s'il le fait encore timidement, l'État commence à légiférer en ce domaine, ainsi lors des premiers mois de la Deuxième République française.

Par contrecoup, les effectifs des salariés de l'État gonflent, tant au niveau central qu'au niveau local. La France est particulièrement précoce en la matière, avec déjà plus de 100 000 employés de l'État en 1815. Elle maintient ensuite son avance puisque le chiffre est 2,5 fois plus élevé à la fin de notre période. Les termes de « bureaucrate » et de « fonctionnaire » s'imposent. Un embryon de statut de la fonction publique est adopté. En outre, une loi de 1853 crée un fonds commun de retraite pour les fonctionnaires. Le modèle français est copié à l'étranger, par exemple en Russie. Pour financer cette croissance et cette modernisation, les impôts augmentent et leur recouvrement est amélioré, entre autres par le développement de la statistique (premier bureau en Suède dès 1746) et par les recensements périodiques de population (de plus en plus nombreux et précis au cours de la période). L'emprise de l'État s'en trouve renforcée.

3 Les limites de la puissance étatique

La croissance de l'État reste très inégale. Forte dans les pays centralisés comme la France ou de tradition autoritaire comme la Russie, elle est plus lente et plus limitée dans les pays libéraux comme le Royaume-Uni, fédéraux telle la Suisse ou multinationaux comme l'empire d'Autriche. Dans ces derniers, l'État qui, par souci d'efficacité, tente d'imposer la langue de la nation dominante comme langue commune, se heurte aux résistances des nationalités minoritaires. Même en France, les idiomes, les patois, les langues régionales l'emportent encore en maints endroits sur la langue nationale (Alsace, Bretagne, Corse). S'ils augmentent constamment, les budgets publics demeurent faibles. Attachés à l'orthodoxie budgétaire, les États imposent peu les contribuables (pas d'impôt sur le revenu sauf en Angleterre à partir de 1842, modicité des droits de succession) et réduisent donc leurs dépenses au minimum. Si le nombre d'employés de l'État s'accroît, il est également significatif que la plupart des cabinets gouvernementaux du premier XIXe siècle comptent moins de dix ministres et que ces derniers se contentent de quelques collaborateurs chacun.

Le renforcement de l'État se heurte généralement à l'opposition des Églises car il leur fait perdre une partie de leurs prérogatives d'Ancien Régime. Il est aussi contesté par la pensée contre-révolutionnaire (Louis de Bonald, Joseph de Maistre), ennemie de la centralisation et du despotisme et dont l'idéal est constitué par un pouvoir royal respectueux des libertés des sujets, désireux de s'appuyer sur une multitude de corps intermédiaires et favorable à l'épanouissement de communautés autonomes. Quant aux libéraux, dont le premier XIXe siècle constitue l'âge d'or, ils réprouvent aussi la puissance étatique. Dans la tradition d'Adam Smith, la plupart d'entre eux considèrent que l'État doit se contenter de garantir les règles du jeu politique et économique (État gendarme). Foncièrement individualiste, la philosophie politique libérale place l'individu avant la raison d'État et les exigences de la collectivité.

De nombreux régimes sont renversés ou, au moins, ébranlés par des assassinats : ceux du duc de Berry, en 1820 ; du président grec, Capo d'Istria, en 1831 ; du ministre du pape, Pellegrino Rossi, en 1848 ; du duc de Parme, Charles III, en 1854 ; du prince du Monténégro, Danilo Ier, en 1860 ; du roi de Serbie, Michel Obrenovic, en 1868 ; du général espagnol, Prim, en 1870 ; ou par des insurrections politiques (mouvements du début des années 1820, révolutions des années 1830, printemps des peuples). L'État lui-même se heurte fréquemment au refus de la conscription ou de la pression fiscale. La Deuxième République française affronte ainsi les révoltes contre « l'impôt des 45 centimes », qu'elle a instauré. S'il est encore rarement remis en cause dans les faits, l'État est condamné par des idéologies révolutionnaires. L'anarchisme, qui y voit l'oppression de l'homme par l'homme, propose de lui substituer pacifiquement la libre association des gens (associationnisme de Max Stirner ou fédéralisme de Joseph Proudhon), ou prône sa destruction complète et rapide à l'instar de Mikhaïl Bakounine qui fonde, en 1864, l'Alliance des révolutionnaires socialistes et rédige, en 1868-1869, le *Catéchisme d'un révolutionnaire* avec son compatriote nihiliste Sergueï Netchaïev. De son côté, le « socialisme scientifique » de Karl Marx et de Friedrich Engels (*Manifeste du parti communiste*, 1848) annonce l'inéluctabilité d'une révolution dont sortiront, après une phase de dictature du prolétariat, le dépérissement de l'État puis l'instauration du communisme.

2. Deux évolutions politiques particulières : le Royaume-Uni et la France

I L'avènement de la monarchie parlementaire britannique

Le Royaume-Uni de Grande-Bretagne et d'Irlande se compose de l'Angleterre, du Pays de Galles, de l'Écosse et de l'Irlande réunis respectivement à la Couronne anglaise au XIIIe siècle, en 1707 et en 1801. Dans cet État sans constitution écrite, la loi commune *(Common law)*, qui repose sur la coutume et sur quelques grands textes (principalement la *Magna Carta* de 1215, l'*Habeas Corpus* de 1679 et le *Bill of Rights* de 1689), établit une tradition de protection des libertés fondamentales et d'équilibre des pouvoirs. Le souverain gouverne avec un cabinet de ministres qu'il choisit lui-même. Le Parlement, qui comprend deux Chambres depuis le XIVe siècle, la Chambre des lords et la Chambre des communes (de *Commons*, communautés), vote la loi et l'impôt, mais ne peut renverser un cabinet qui ne reflète pas toujours son orientation politique. S'il est libéral, le régime n'est donc pas encore parlementaire. Un projet de loi *(bill)* voté par les Communes devient loi *(act)* quand il a été approuvé par les lords et promulgué par le roi. Outre ses attributions législatives, la Chambre des lords sert de juridiction suprême d'appel. Cette chambre haute réunit des prélats anglicans (lords spirituels), des nobles laïques et héréditaires (lords temporels) et peut être complétée par des personnalités nommées par le roi. La Chambre des communes compte des députés *(Members of Parliament : MP)* des bourgs, des comtés et des universités élus pour sept ans. Si le souverain peut la dissoudre, il doit aussitôt en réunir une nouvelle. Le régime électoral, très complexe, n'est pas plus démocratique qu'équitable. Il favorise l'Angleterre, les campagnes et l'aristocratie foncière des *landlords*. Datant du Moyen Âge, la répartition des sièges ne tient pas compte de l'évolution démographique. Des villes industrielles comme Birmingham, Manchester, Leeds ou Sheffield n'élisent aucun député alors que les bourgs de poche et les bourgs pourris, encore moins peuplés, sont sur-représentés. Avec seulement sept électeurs, Old Sarum élit ainsi deux députés ! Les *landlords* considèrent les sièges comme des biens patrimoniaux. Ils achètent les voix par de l'argent, des libations ou des promesses diverses et les électeurs, qui n'ont pas choisi leurs candidats, sont victimes de représailles car le vote est public. Encouragé par le scrutin majoritaire à un seul tour et par la tradition du vote utile, le système politique britannique est bipartisan. Deux partis (*tory* et *whig*) se partagent les suffrages. Ce sont, en fait, des factions dominées par quelques grandes familles que séparent davantage des oppositions de personnes que des programmes, même si les *tories* défendent plutôt l'ordre établi, la prérogative royale et l'anglicanisme alors que les *whigs* sont plus réformateurs, attachés aux prérogatives des Communes et sensibles aux revendications des minorités religieuses.

Malgré ses imperfections, le système politique n'est pas fondamentalement remis en cause. Rien ne le montre mieux que le quasi-consensus autour de la Couronne alors que se succèdent sur le trône George III (1760-1820), qui sombre rapidement dans la folie, puis ses fils George IV (1820-1830), dont l'inconduite est notoire, et Guillaume IV (1830-1837), qui est un médiocre politique. Le pays connaît pourtant de multiples difficultés à la fin des guerres napoléoniennes. La disette et le chômage provoquent une agitation sociale à laquelle s'ajoutent de nombreuses revendications. Les radicaux, comme William Cobbett, réclament le suffrage universel ; les protestants dissidents et les catholiques, des droits égaux à ceux des anglicans. La vieille garde *tory* (Liverpool, Castlereagh, Wellington), qui gouverne alors le pays, répond par la fermeté : maintien de la restriction des libertés imposée pendant les guerres contre Napoléon, adoption des *Corn Laws*, massacre de Saint-Peters… L'accession au pouvoir de « nouveaux *tories* », décidés, tel Canning, à accorder quelques réformes pour désamorcer les tensions et l'évolution de certains « vieux *tories* », comme Wellington, permettent d'éviter une crise majeure. Les grandes libertés sont rétablies ; le protectionnisme est assoupli ; les lois d'exception à l'égard des dissidents sont abolies en 1828. Quant aux Irlandais, catholiques à 85 %, qui s'estiment colonisés par les Britanniques, car gouvernés depuis Londres par un secrétaire d'État, qui ne possèdent pas le sol de leur île et doivent payer la dîme à l'Église anglicane et qui commencent à s'agiter à l'instigation de l'avocat David O'Connell, ils sont partiellement émancipés en 1829. Alors qu'une campagne réformiste se développe dans le cadre du mouvement européen de 1830, et que les *whigs* emportent les élections pour la première fois depuis cinquante ans, le chef de ce parti, le comte Grey, parvient à imposer, au roi et à ses collègues de la Chambre des lords, une grande réforme électorale. Le *Great Reform Act* de juin 1832 redistribue plus équitablement les sièges aux Communes en supprimant des bourgs pourris, en réduisant la représentation des bourgs de poche et en attribuant des sièges ainsi libérés aux villes industrielles. Il élargit le corps électoral à la bourgeoisie (on passe de moins de 440 000 à plus de 800 000 électeurs), sans pour autant remettre en cause le pouvoir de l'aristocratie foncière. Si seulement 14 % des hommes adultes votent, la proportion est plus forte qu'en France à la même époque. La même année, les *Standing orders* précisent les règles de la procédure à la Chambre des communes. En 1834-1835, le roi, qui a cherché à imposer un cabinet contre la volonté des Communes, finit par céder et choisit son premier ministre au sein de la majorité. Au même moment, le *Municipal Reform Act* ouvre l'accès du pouvoir municipal à la classe moyenne.

Avec la nièce de George III et de Guillaume IV, Victoria, qui monte sur le trône à 18 ans, commence, en 1837, un long règne qui prendra fin en 1901. Chef de l'Église anglicane, elle incarne la continuité de l'État, l'unité du royaume et de l'Empire ainsi que les valeurs britanniques. Elle donne à ses sujets l'exemple de l'épouse et de la mère modèles après son mariage en 1840 avec son cousin, Albert de Saxe-Cobourg, et la naissance de ses neuf enfants, même si elle a tendance à s'enfermer dans son veuvage à partir de 1861. Si elle peut user de son influence sur les hommes politiques, la reine accepte de régner sans gouverner. Grâce à elle, la pratique parlementaire du pouvoir s'impose. En effet, Victoria choisit ses premiers ministres en accord avec les Communes. Les *whigs* gouvernent ainsi jusqu'en 1841. Après le passage aux affaires du *tory* Peel, ils se maintiennent au pouvoir de 1846 à 1874, sauf durant de courtes périodes (1852, 1858-1859, 1867-1868), avec, principalement, Russell, Palmerston et Gladstone. Les deux formations commencent à se structurer. Leurs parlementaires prennent ainsi l'habitude de se concerter dans des clubs (Carlton club pour les *tories* à partir de 1831 et Reform club pour les *whigs* depuis 1836). Par ailleurs, en substituant progressivement les termes « conservateur » et « libéral » à ceux de *tory* et de *whig*, les deux partis témoignent de leur souci de se moderniser. Néanmoins, leurs politiques respectives sont encore peu différenciées comme le montre leur attitude face aux grands problèmes du moment.

La politique économique entraîne une scission dans chacun d'eux entre les protectionnistes et les libre-échangistes. C'est finalement la coalition des *tories* libre-échangistes (les *peelites*) et de leurs homologues *whigs* (autour de Russell), qui permet l'abolition des *Corn Laws*, en 1846, et de l'Acte de Navigation, en 1849. Les *tories* et l'immense majorité des *whigs* opposent une commune hostilité au mouvement chartiste. Rédigée, en 1837-1838, par des artisans londoniens radicaux, la Charte du peuple (qui donne son nom au Chartisme) réclame le suffrage universel masculin, le scrutin secret *(ballot)*, la suppression du cens d'éligibilité, l'indemnité parlementaire, l'égalité des circonscriptions électorales et le renouvellement annuel des Communes. Alors que le texte recueille plus de 2 millions de signatures, les deux partis s'entendent pour le rejeter. Une nouvelle pétition, signée par 3,3 millions de personnes en 1842, n'a pas plus de succès. Le mouvement se durcit alors à l'instigation du journaliste O'Connor, mais le front des deux partis amène son échec définitif en 1848. Les mêmes causes produisent les mêmes effets en Irlande : arrestation d'O'Connell qui organisait des rassemblements monstres pour obtenir l'autonomie puis écrasement de l'insurrection indépendantiste de la Jeune Irlande en 1848. Néanmoins, un courant réformateur émerge au sein du parti libéral autour d'un *peelite* rallié, William Gladstone, et un autre dans le parti conservateur avec Benjamin Disraeli, écrivain dandy venu du radicalisme. Après la mort de Palmerston, premier ministre de 1855 à 1858 et de 1859 à 1865, hostile à toute démocratisation du régime et surtout préoccupé par la politique extérieure, Gladstone propose une réforme électorale. Celle-ci provoque la chute du cabinet auquel il appartient, mais Disraeli parvient à la faire voter et en étend même la portée dans l'espoir de s'attirer les faveurs des nouveaux électeurs. La réforme de mars 1867 prolonge celle de 1832 selon les deux mêmes axes : remaniement des circonscriptions et élargissement du corps électoral. Ce dernier passe à près de 2 500 000 électeurs et, pour la première fois, des non-propriétaires (en l'occurrence l'élite ouvrière) accèdent au droit de vote. Mais cela ne représente encore que le tiers des hommes adultes. En outre, si les Britanniques jouissent de la liberté des réunions publiques à partir de 1838 et d'une liberté complète de la presse depuis 1861, ils n'obtiennent le scrutin secret qu'en 1872. Surtout, la question irlandaise resurgit brutalement. Fondé en 1858, la Fraternité républicaine irlandaise (mouvement *Fenian*) s'affirme républicaine pour marquer sa rupture avec le modèle anglais et se propose de libérer l'Irlande par la force. Des attentats à répétition commencent à endeuiller l'Angleterre à partir de 1867.

2 Les monarchies censitaires françaises

En dépit de concessions à l'esprit d'Ancien Régime sur la forme, la Charte promulguée le 4 juin 1814 est un texte de monarchie constitutionnelle qui garantit les grandes libertés. Détenteur du pouvoir exécutif, le roi dirige la politique extérieure, signe les traités, déclare la guerre et négocie la paix. L'article 14 lui donne le droit de faire les règlements et ordonnances nécessaires pour l'exécution des lois et la sûreté de l'État. Il possède aussi une grande partie du pouvoir législatif puisqu'il a seul l'initiative des lois. Deux assemblées (la Chambre des pairs et la Chambre des députés des départements) votent cependant les lois et le budget et peuvent donner leur avis sur la politique du gouvernement une fois par an, au début de la session, en adoptant une adresse qui répond au discours du trône. Les ministres ne sont pas responsables politiquement devant elles. Ils ne dépendent que du roi qui les nomme et les révoque. Il ne s'agit donc pas d'un régime parlementaire. Du reste, aucune Chambre des députés n'ira au terme de son mandat, le roi n'hésitant pas à user de son droit de dissolution lorsqu'il juge les parlementaires trop frondeurs. Les pairs sont nommés par le monarque en nombre illimité et sont héréditaires. Quant aux députés, ils sont élus au suffrage censitaire pour cinq ans avec renouvellement d'un cinquième chaque année, doivent avoir au moins quarante ans et payer une contribution directe de

1 000 francs au minimum, ce qui circonscrit la lutte électorale aux grands propriétaires fonciers, aux négociants, aux industriels, aux hauts fonctionnaires et à quelques riches représentants des professions libérales. Les élus bénéficient de l'immunité parlementaire c'est-à-dire qu'ils ne peuvent être poursuivis ou arrêtés pendant les sessions, sauf si l'Assemblée elle-même l'autorise. Le roi désigne le bureau et choisit le président sur une liste de cinq noms proposés par la Chambre. Les électeurs doivent avoir au minimum 30 ans et payer un impôt annuel de 300 francs. Le corps électoral se limite donc à 100 000 électeurs environ, soit moins de 1,5 % des hommes adultes.

Après l'intermède des Cent-Jours, qui confirme d'ailleurs que le pli libéral est pris, puisque Napoléon Ier demande à Benjamin Constant de rédiger l'Acte additionnel aux Constitutions de l'Empire, la vie politique de la Restauration se met en place. Contrairement au Royaume-Uni, les clivages idéologiques de l'opinion publique française sont prononcés. Ils se traduisent par un multipartisme. Autour du comte d'Artois, le frère du roi Louis XVIII, les ultra-royalistes, qui s'appuient sur la société secrète des Chevaliers de la Foi, souhaitent un retour à l'Ancien Régime et n'admettent donc pas la Charte. Les libéraux ou indépendants (Benjamin Constant, le général La Fayette, le banquier Laffitte et d'autres) réclament une monarchie parlementaire. Les constitutionnels, parti intermédiaire entre les ultras et les libéraux (Richelieu, Molé, Lainé…) et leur aile intellectuelle, les doctrinaires (le philosophe Royer-Collard, l'historien Guizot), se satisfont pour leur part d'une Charte loyalement appliquée. Quant aux bonapartistes et aux républicains, ils en sont réduits à une opposition secrète.

Les élections d'août 1815 sont un triomphe pour les ultras. La « Chambre introuvable », comme la qualifie Louis XVIII, obtient, dès septembre, le renvoi du gouvernement Talleyrand-Fouché (un évêque apostat et un régicide, tous deux anciens serviteurs de Napoléon). Elle impose la suspension de la liberté individuelle, la répression des cris et écrits séditieux, l'organisation de tribunaux d'exception qui jugent sans appel, les Cours prévôtales, l'exécution de plusieurs officiers ralliés à Napoléon pendant les Cent-Jours dont le maréchal Ney, le bannissement des anciens régicides, l'épuration de la fonction publique. Mais, dès septembre 1816, le roi dissout une Chambre qui va trop loin à son goût et les nouvelles élections amènent au Palais-Bourbon une majorité de constitutionnels. Sous les gouvernements de Richelieu et de Decazes, plusieurs lois, qui prennent le contre-pied de la politique précédente, sont adoptées : la loi électorale de février 1817 (loi Lainé) fixe les élections au chef-lieu de département et remplace le scrutin majoritaire par le scrutin de liste, défavorisant ainsi les grands propriétaires ultras ; la loi militaire de mars 1818 (loi Gouvion-Saint-Cyr) n'accorde aucun privilège à la noblesse en matière de recrutement et d'avancement ; la loi sur la presse de mai 1819 (loi de Serre) substitue, au contrôle préventif, une simple déclaration, soumet les délits au seul jury populaire et non plus aux juges nommés par le pouvoir. Mais cette politique est rendue responsable de l'assassinat du duc de Berry, héritier de la dynastie, le 13 février 1820. Decazes doit quitter le pouvoir.

La loi du double vote de juin suivant qui permet aux électeurs les plus riches de voter deux fois assure de nouveau la majorité aux ultras. Désormais, un de leurs chefs, Villèle, ministre à partir de décembre 1820 puis président du Conseil en septembre 1822, devient la personnalité dominante de la vie politique française jusqu'en janvier 1828. La loi sur la presse de mars 1822 rétablit l'autorisation préalable, la censure, le jugement des délits de presse par les tribunaux correctionnels et crée le délit de tendance qui permet de poursuivre un journal pour l'esprit qui ressort de ses articles. Alors que les élections de février-mars 1824 confirment la prépondérance ultra (c'est la « Chambre retrouvée », en référence à la Chambre de 1815), l'opposition en est réduite à des complots qui échouent tous. La majorité se permet de voter la loi de septennalité qui supprime le renouvellement d'une partie de la Chambre chaque année et porte la durée du mandat parlementaire à sept ans. Après le décès de Louis XVIII, en septembre 1824, le comte d'Artois lui succède sous le nom de Charles X. Cet avènement renforce encore l'alliance du trône et de l'autel qui existait depuis le début de la Restauration. En avril 1825, la loi du sacrilège prévoit les travaux forcés pour les vols dans les églises et la peine de mort pour la profanation des hosties. Le mois suivant, le roi se fait sacrer à Reims avec toute la symbolique d'Ancien Régime. Après la loi dite du milliard des émigrés, qui permet l'indemnisation des anciens propriétaires de biens nationalisés par la Révolution, le gouvernement manifeste son désir de rétablir le droit d'aînesse et de renforcer les mesures contre la presse (loi dite de justice et d'amour). Mais la Chambre des pairs s'oppose aux deux projets (avril 1826 et avril 1827). Villèle modifie alors la majorité de la Chambre des pairs en y faisant nommer des députés gouvernementaux puis fait dissoudre la Chambre des députés. Cependant, aux élections législatives de novembre-décembre 1827, sa politique est désavouée. Il en prend acte en démissionnant. Après l'intermède du modéré Martignac, un ministère ultra est constitué, en août 1829, autour du prince Jules de Polignac. Une épreuve de force s'engage rapidement entre les libéraux et ce « ministère de défi », surnommé « Coblence, Waterloo, 1815 » (Polignac symbolise l'émigration à Coblence pendant la Révolution et ses collègues, Bourmont et La Bourdonnaye, respectivement la trahison à la veille d'une bataille décisive pour la France et les excès de la Terreur blanche). En mai 1830, le roi dissout la Chambre des députés qui est hostile à son gouvernement (adresse de défiance des 221). L'expédition d'Alger ne suffit pas à lui gagner le pays légal. Les élections des 23 juin et 3 juillet confortent l'opposition. Le 25 juillet, Charles X signe quatre ordonnances réactionnaires en prétendant s'appuyer sur l'article 14 de la Charte (restriction du régime de la presse, nouvelle dissolution, réduction du corps électoral pour en éliminer la bourgeoisie libérale, organisation de nouvelles élections). Répondant à une protestation de la presse rédigée par Adolphe Thiers, étudiants, ouvriers, bourgeois et vétérans de l'Empire hérissent la capitale de barricades. En trois journées, « les Trois Glorieuses » (27, 28 et 29 juillet 1830), le régime est balayé et Charles X s'enfuit à l'étranger.

Beaucoup des insurgés espèrent la République, mais Thiers et la majorité des parlementaires parviennent à imposer le duc d'Orléans. Celui-ci s'engage à adopter le drapeau tricolore, à respecter les grands acquis de 1789 et à accepter la révision de la Charte dans un sens libéral (suppression de la référence au droit divin, fin du catholicisme comme religion d'État, interdiction pour le roi de gouverner par ordonnances). Après avoir prêté serment le 9 août, il est proclamé roi des Français sous le nom de Louis-Philippe Ier. Naît la monarchie de Juillet, un régime ambigu. Appelé au trône par la représentation nationale et par le peuple, le « roi des barricades » ne reçoit qu'une souveraineté partielle que lui délègue la nation. Il se voit reconnaître l'hérédité monarchique, mais doit prêter serment à la Charte. Il partage l'initiative des lois avec les Chambres. Très vite, s'impose le principe selon lequel un gouvernement doit bénéficier à la fois de la confiance du roi et des Chambres (théorie de la double confiance). Les députés, dont le mandat est ramené de sept à cinq ans, et qui reçoivent le droit de désigner eux-mêmes leur président, consacrent le caractère libéral et bourgeois du régime en votant plusieurs lois organiques en 1831 : abaissement du cens et de l'âge minimum pour être électeur (200 francs et 25 ans) et éligible (500 francs et 30 ans), ce qui accroît légèrement le corps électoral (170 000 électeurs, soit à peine plus de 2 % des hommes adultes) élection des conseils municipaux, défense du régime confiée à une garde nationale bourgeoise, suppression de l'hérédité de la pairie. Ce régime est à la mesure d'un roi-citoyen vivant comme un bourgeois. Il se promène dans les rues avec son parapluie, salue les boutiquiers en ôtant son chapeau et reçoit aux Tuileries sans faste ni cérémonie.

Attachés à la monarchie de Juillet, les orléanistes se divisent entre un parti du Mouvement et un parti de la Résistance. Le premier, dont le chef est Laffitte, souhaite des réformes et gouverne le pays pendant les premiers mois du régime. Le second, qui est dirigé d'abord par Casimir Perier puis par Molé, Thiers et Guizot, considère la Charte révisée comme une fin et arrive aux affaires en mars 1831 pour ne plus les quitter jusqu'en 1848. Il réprime les soulèvements populaires de Lyon et de Paris en 1831, 1832 et 1834, les complots des légitimistes (duchesse de Berry en 1832), des bonapartistes (Louis-Napoléon Bonaparte en 1836 et en 1840) et des républicains (sociétés secrètes d'Armand Barbès et d'Auguste Blanqui), les tentatives d'assassinat du roi (machine infernale de Fieschi en 1835) et les caricaturistes comme Daumier ou Philipon (Louis-Philippe représenté sous la forme d'une poire). Les « lois de septembre » 1835 censurent les dessins et font un délit de la profession de foi républicaine et de l'offense au roi. Après la tentative du roi de gouverner personnellement, au lendemain de la mort de Casimir Perier (mai 1832), en particulier lors du ministère Molé (1837-1839), Thiers essaie d'adapter, en France, le modèle de la monarchie anglaise (« le roi règne mais ne gouverne pas ») de février à octobre 1840. C'est finalement une voie médiane qui l'emporte, avec Guizot. D'abord ministre des Affaires étrangères puis président du Conseil à partir de 1847, celui-ci estime que le roi, comme les Chambres, doivent jouer un rôle (« le trône n'est pas un fauteuil vide »). Mais, pour mener à bien sa politique (la paix à l'extérieur et l'ordre à l'intérieur, garants de la prospérité du pays et de la satisfaction de la bourgeoisie qu'il appelle « la classe moyenne »), il lui faut une majorité docile. Il n'hésite pas à dissoudre la Chambre en 1842 et en 1846, favorise l'élection des députés fonctionnaires et corrompt une partie de leurs collègues par des décorations, des nominations et des avantages divers. Alors que le régime connaît des difficultés (mort accidentelle du duc d'Orléans, l'aîné et le plus populaire des fils du roi, début de la plus grave crise économique du siècle en 1846, scandales au sommet de l'État en 1847), une campagne de banquets, qui contourne l'interdiction des réunions politiques, se développe. Elle réclame la réforme électorale avec l'abaissement du cens et l'extension de la notion de capacités, et la réforme parlementaire en exigeant l'incompatibilité de certaines fonctions publiques avec le mandat électif. Mais Guizot s'obstine à les refuser. Suite à l'interdiction du banquet parisien, qui doit clore la campagne, et à une fusillade qui fait seize morts dans la foule des adversaires de Guizot, éclate la révolution de février 1848 (du 22 au 24). La monarchie de Juillet est renversée et les Orléans doivent s'exiler.

3 Les essais démocratiques de la France

Contrairement à 1830, les républicains ne se font pas voler leur victoire. Le 24 février 1848, la Deuxième République est proclamée. Un gouvernement provisoire est constitué. Il comprend des républicains modérés (le président Dupont de l'Eure, déjà parlementaire sous la Révolution, le poète Lamartine, le savant Arago, les avocats Marie, Crémieux, Garnier-Pagès), des radicaux (l'avocat Ledru-Rollin, les journalistes Armand Marrast et Flocon) et des socialistes (l'historien Louis Blanc et l'ouvrier Albert). Alors que de grands élans fraternels se déroulent à travers le pays (plantation d'arbres de la liberté bénis par le clergé), la démocratisation politique semble recueillir l'adhésion générale. Après les États-Unis, la France est le deuxième grand pays à adopter le suffrage universel, le 2 mars **(doc. 2)**. Désormais, sont électeurs tous les hommes de 21 ans au moins, domiciliés depuis 6 mois. Le corps électoral passe sans transition de 250 000 personnes à 9,4 millions. En outre, la peine de mort en matière politique est supprimée (26 février), la liberté de la presse et celle des réunions publiques sont reconnues et le principe de l'abolition de l'esclavage est adopté (4 mars).

Par contre, le peuple et les socialistes ne parviennent pas à imposer la démocratie sociale. Ils n'obtiennent ni l'adoption du drapeau rouge, ni la création d'un ministère du Travail et doivent se contenter d'une commission du gouvernement pour les travailleurs et d'ateliers nationaux. Lorsque l'Assemblée constituante, élue en avril et composée d'une majorité de républicains modérés, s'en

Document 2. L'ouvrier renonce au fusil pour le bulletin de vote

prend à ces derniers sur le motif qu'ils coûtent cher et entretiennent l'agitation, le peuple de Paris se soulève. Au terme de quatre jours d'affrontements, du 23 au 26 juin, le général Cavaignac rétablit l'ordre. L'insurrection, qui fait environ 1000 morts du côté des forces de l'ordre et plus de 4000 parmi les insurgés, détermine l'évolution conservatrice du régime. Tout en consacrant la souveraineté populaire exprimée par le suffrage universel, la Constitution adoptée le 4 novembre 1848 ne reconnaît pas plus le droit au travail que le droit à l'assistance ou celui à l'instruction. Le pouvoir législatif est confié à une chambre permanente et unique, l'Assemblée législative, qui est désignée pour trois ans et qui ne peut être dissoute par l'exécutif. Celui-ci appartient à un président de la République élu pour 4 ans, non immédiatement rééligible mais irrévocable pendant son mandat, sauf en cas de haute trahison. Ces deux pouvoirs d'égale légitimité (ils émanent tous les deux du suffrage universel direct) sont donc strictement séparés. En cas de conflit entre eux, le régime risque de se trouver dans une impasse. Grâce à la légende napoléonienne, Louis-Napoléon Bonaparte est très facilement élu président le 10 décembre 1848. Il nomme un gouvernement où les conservateurs dominent. L'Assemblée législative, élue en mai 1849, est de même coloration. Dans cette République du paradoxe, tous les pouvoirs sont désormais aux mains d'ennemis du régime (bonapartistes, orléanistes, légitimistes). Un ensemble de mesures réactionnaires est adopté, en particulier après l'échec de la manifestation populaire du 13 juin 1849, qui contraint Ledru-Rollin à s'exiler. La loi du 31 mai 1850 écarte du droit de vote « la vile multitude » dénoncée par Thiers. Outre les condamnés politiques, tous ceux qui ne peuvent justifier de trois années de domicile dans le même canton perdent le droit de suffrage, ce qui diminue le corps électoral d'un tiers. Très vite, cependant, un conflit éclate entre le président et l'Assemblée. Après avoir formé un gouvernement de fidèles non représentatif de la majorité, Louis-Napoléon Bonaparte réclame la révision constitutionnelle pour pouvoir se faire réélire. L'Assemblée refuse de la lui accorder en juillet 1851. Le président présente alors une proposition d'abrogation de la loi du 31 mai qui est, à son tour, rejetée. Sous le prétexte de rétablir le suffrage universel dans sa plénitude, il organise un coup d'État, le 2 décembre 1851. Si les républicains essaient de résister à Paris comme en province, ils sont finalement vaincus. Les 21 et 22 décembre, l'action du président est approuvée par un plébiscite triomphal qui s'explique par le climat de terreur qui ne permet pas à l'opposition de s'exprimer, par la haine d'une partie de l'électorat pour l'Assemblée, par la popularité du chef de l'État, mais aussi par la peur de l'anarchie et des rouges savamment orchestrée par la propagande officielle. La Deuxième République ne prend pas formellement fin, mais elle change radicalement de nature.

Avec la Constitution du 14 janvier 1852, le président s'inspire de son oncle Napoléon Ier et de la Constitution du Consulat (1799). Le texte, court (58 articles), reconnaît, confirme et garantit les grands principes de 1789. Le pouvoir exécutif est confié pour dix ans au prince Louis-Napoléon Bonaparte qui pourra se représenter au terme de son mandat ou recommander son successeur au suffrage des Français. Ses pouvoirs sont accrus par rapport à ceux de 1848, puisqu'il a, seul, l'initiative des lois. Tous les personnages de l'État depuis les plus hauts responsables jusqu'aux plus humbles fonctionnaires doivent lui prêter un serment de fidélité. Il ne reconnaît lui-même qu'une autorité supérieure à la sienne, celle du peuple qui l'élit au suffrage universel et qu'il peut consulter à tout moment par plébiscite. Il nomme et révoque à sa guise les ministres, qui ne sont pas solidaires entre eux et ne sont responsables que devant lui. Ils sont ses instruments comme le sont également les trois assemblées du régime, le Sénat, le Conseil d'État et le Corps législatif. Le Sénat, qui est le gardien d'une Constitution qu'il peut modifier par sénatus-consulte, avec accord du président, comprend de 80 à 150 « illustrations » inamovibles, membres de droit (cardinaux, maréchaux, amiraux) ou personnalités nommées par le chef de l'État. Le Conseil d'État réunit de 40 à 50 techniciens du droit que le président désigne et qu'il peut révoquer à tout moment. Il met en forme les projets de lois voulus par le chef de l'État et contrôle l'application des lois en tant que tribunal du contentieux administratif. Quant au Corps législatif, il discute et vote les projets de lois et l'impôt. Mais il perd le droit d'émettre un avis sur la politique du gouvernement (droit d'adresse), ne dispose que d'un droit d'amendement restreint, doit voter le budget en bloc et ne peut pas proposer de lois. Les 261 députés qui en font partie sont élus au suffrage universel, comme, d'ailleurs, les membres des conseils généraux, des conseils d'arrondissement et des conseils municipaux, mais le gouvernement se donne les moyens de gagner les élections. Alors que plus de 6000 opposants politiques sont déportés en Algérie ou en Guyane et que beaucoup d'autres sont internés, placés en résidence surveillée ou exilés, le président prend une série de décrets, dont celui sur la presse le 17 février 1852. Celui-ci replace la presse sous la juridiction des tribunaux correctionnels. Outre l'autorisation préalable, le cautionnement et le timbre déjà utilisés par le passé, il instaure les avertissements, ingénieux système qui incite les journalistes à s'autocensurer (le premier avertissement a valeur de rappel à l'ordre, le deuxième entraîne une suspension provisoire du journal, le troisième sa suppression). Le scrutin proportionnel de liste, en vigueur de 1848 à 1851, est abandonné au profit du scrutin majoritaire et d'un savant découpage des circonscriptions qui permet de noyer les foyers réputés hostiles, en particulier les villes et leurs faubourgs populaires, dans des espaces ruraux supposés favorables. Les agents de l'État (préfets, sous-préfets, maires) reçoivent des pouvoirs importants et font ouvertement campagne pour les candidats officiels choisis par le gouvernement. Dans ces conditions, ces derniers n'ont pas de mal à l'emporter quasiment partout.

Par ailleurs, ce régime ultra-présidentiel et démocratique mais aussi antiparlementaire et autoritaire prend rapidement une tournure monarchique. Le chef de l'État se fait appeler prince-président puis, après le sénatus-consulte du 7 novembre et le plébiscite du 21, le 2 décembre 1852, le Second Empire est établi à son profit. Il devient Napoléon III (par déférence pour le fils de Napoléon Ier, le duc de Reichstadt, même s'il n'a pas régné). Après son mariage, en janvier 1853, avec une jeune noble espagnole, Eugénie de Montijo, puis la naissance d'un héritier, le prince impérial en mars 1856, l'avenir de sa dynastie semble assuré. La contestation du régime se limite à quelques manifestations lors de funérailles d'opposants, aux discussions de l'Académie française et des salons ou, encore, à la diffusion clandestine des œuvres des proscrits comme *Les Châtiments* d'Hugo. Avec le seul « groupe des Cinq » (les républicains Ollivier, Darimon, Hénon, Picard et Jules Favre), le Corps législatif, élu en 1857-1858, ne compte guère plus d'opposants que celui de la première législature. Si une loi dite de sûreté générale, qui autorise à emprisonner ou à déporter sans jugement tout suspect, est votée en février 1858, au lendemain de l'attentat d'Orsini, elle n'est pas appliquée et le pouvoir se sent suffisamment fort pour amnistier, en août 1859, les proscrits de 1851-1852.

Conseillé par le président du Corps législatif, Morny, Napoléon III croit le moment venu de libéraliser son régime. En agissant ainsi, il compte aussi trouver de nouveaux appuis car une partie de sa majorité parlementaire devient frondeuse en raison de sa politique italienne (les cléricaux favorables au pape) et de sa politique économique (les protectionnistes hostiles au traité commercial avec l'Angleterre). Le décret du 24 novembre 1860 rétablit le droit d'adresse, permet à certains ministres sans portefeuille de venir défendre les projets du gouvernement devant les chambres, autorise la publication de l'intégralité des débats parlementaires dans *le Moniteur*. En décembre 1861, les pouvoirs budgétaires du Corps législatif sont accrus. Après les élections de mai-juin 1863, qui voient le renforcement de l'opposition, un tiers parti émerge entre les bonapartistes autoritaires et les adversaires irréductibles du régime. Ses chefs sont l'orléaniste Thiers, qui réclame les « libertés nécessaires » dans un discours prononcé en janvier 1864, et le républicain Ollivier, qui accepte, quelques semaines plus tard, de rapporter au nom du gouvernement le projet de loi légalisant les coalitions ouvrières. Malgré la mort de Morny, en mars 1865, la libéralisation se poursuit. La lettre du 19 janvier 1867 remplace l'adresse par le droit d'interpellation et donne la possibilité à tous les ministres de venir défendre leur politique devant les Chambres. Bientôt, la tribune du Palais-Bourbon, démontée au lendemain du coup d'État, est rétablie. En 1868, une loi sur la presse supprime l'autorisation préalable et les avertissements ; une autre libéralise les réunions publiques (régime de la simple déclaration pour la plupart d'entre elles et autorisation des réunions politiques pendant les campagnes électorales). Comme les élections de mai-juin 1869 grossissent le tiers parti et que celui-ci réclame de nouvelles réformes (demande d'interpellation des 116), Napoléon III se résout à se séparer de son principal ministre Rouher, symbole de l'Empire autoritaire.

Le sénatus-consulte du 8 septembre 1869 permet au Corps législatif d'élire son bureau et de partager l'initiative des lois avec l'empereur. Désormais, les parlementaires peuvent devenir ministres et sont collectivement responsables. Le ministère du 2 janvier 1870, constitué autour d'Émile Ollivier, élimine les bonapartistes autoritaires de l'administration (le préfet de la Seine, Haussmann), renonce à la pratique de la candidature officielle et organise une vaste consultation sur de grandes questions (liberté de l'enseignement, décentralisation). Par un plébiscite organisé le 8 mai, les Français approuvent, à une écrasante majorité, l'Empire libéral dont la Constitution est promulguée le 21. Cependant, les premières défaites, lors de la guerre contre l'Allemagne, provoquent, le 9 août, le renversement du gouvernement Ollivier par le Corps législatif, puis, le 4 septembre, l'effondrement du régime. Après sa captivité consécutive à la capitulation de Sedan, Napoléon III est condamné à l'exil, comme Charles X et Louis-Philippe avant lui. La France entre progressivement en République. Sans qu'elle le sache encore, elle vient de vivre sa dernière expérience monarchique.

3. Essor des régimes constitutionnels et résistances autoritaires

I La mutation constitutionnelle de la majeure partie de l'Europe

Le Royaume-Uni et la France ne sont pas les seuls États européens à connaître une évolution libérale et une démocratisation de leurs institutions. En 1815, les Pays-Bas, la Suède, la Norvège et la Pologne possèdent déjà une constitution. Entre 1816 et 1820, le mouvement gagne le Sud de l'Allemagne. Dès sa création en 1831, le royaume de Belgique se dote d'une constitution. Après des guerres civiles, qui opposent libéraux et partisans de l'absolutisme, des régimes constitutionnels sont instaurés, dans les années 1830, en Espagne et au Portugal. Si la vie politique des deux pays peine à se stabiliser (nombreux *pronunciamientos*), la lutte pour le pouvoir se déroule désormais entre modérés et progressistes. Lors de l'ébranlement de 1848, plusieurs pays reçoivent à leur tour une constitution, ainsi le Piémont, dont le Statut *(Statuto)*, copié sur la Charte française, devient, en 1861 et moyennant quelques aménagements, la Constitution du royaume d'Italie. En 1848-1849, d'autres États, comme les Pays-Bas, la Suisse ou le Danemark, modifient leurs institutions dans un sens plus libéral. Après avoir expérimenté la République puis une monarchie libérale et censitaire, la Grèce opte finalement, en 1864, pour une monarchie parlementaire et démocratique. Quoiqu'à un degré moindre, ni la Prusse, ni l'Autriche n'échappent au mouvement (**doc. 3**).

Document 3. Les rois absolus forcés d'avaler la pilule de la constitution

Dans la Prusse de Frédéric-Guillaume III (1797-1840), il existe un Conseil d'État consultatif, mais ni Constitution, ni institution centrale représentative. En raison de difficultés financières, Frédéric-Guillaume IV se résigne, en avril 1847, à réunir un *Landtag* composé de délégués des assemblées provinciales. Cependant, mécontent de ses exigences, il le dissout rapidement. Les troubles berlinois de mars 1848 l'incitent à accepter la formation d'un gouvernement libéral et l'élection d'une assemblée nationale au suffrage universel. Dès octobre, il compose néanmoins un ministère de réaction. Le 5 décembre, il renvoie l'Assemblée et promulgue une Constitution qui, tout en accordant le pouvoir législatif à deux assemblées (Chambre des seigneurs ou *Herrenhaus*, nommée, et Chambre basse ou *Landtag*, élue au suffrage universel), lui réserve le droit de veto absolu, la dissolution et la possibilité de légiférer par ordonnance. Jugeant ce régime encore trop libéral, il instaure le système des classes avec suffrage à deux degrés de façon à assurer la prépondérance des électeurs les plus riches. La Constitution révisée entre en vigueur le 31 janvier 1850. En 1862, libéraux et progressistes, devenus majoritaires au *Landtag*, paralysent le pouvoir en refusant de voter la réforme militaire. Arrivé à la chancellerie à la faveur de cette crise, Bismarck se passe du concours de la Chambre basse au nom de la lacune constitutionnelle (rien dans la Constitution n'oblige le roi à céder aux députés). Sa politique d'unification divise bientôt les libéraux. La majorité d'entre eux accepte, par patriotisme, de faire le deuil des libertés parlementaires. En avril 1867, la Constitution de la Confédération d'Allemagne du Nord entre en vigueur. Le pouvoir exécutif appartient au roi de Prusse et à son chancelier, responsable uniquement devant lui. Le chef de l'État est le seul à avoir l'initiative des lois et à pouvoir convoquer et dissoudre le Parlement *(Reichstag)* élu au suffrage universel direct. Une deuxième assemblée, le Conseil fédéral *(Bundesrat)*, représente les États et peut mettre son veto sur les lois du Parlement. Légèrement retouché, le texte de 1867 devient la Constitution de l'Empire allemand en avril 1871. S'il est démocratique, le régime n'est pas parlementaire.

Dans l'empire d'Autriche, cohabitent des nationalités non constituées, comme les Roumains de Transylvanie, les Ruthènes ou les Slovaques, et d'autres tels les Autrichiens, les Hongrois, les Croates ou les Tchèques, qui bénéficient d'une représentation, les Diètes. Malgré les quelques prérogatives de ces dernières (remontrances, pétitions…) et la puissance des aristocraties locales, François Ier (dernier empereur du Saint-Empire romain germanique sous le nom de François II, 1792-1806, et empereur d'Autriche, 1804-1835) règne sans partage. Aidé par Metternich, il mène une politique autoritaire. Son fils et successeur, Ferdinand Ier, faible d'esprit, laisse en revanche le pouvoir à un conseil de régence. Au printemps 1848, la révolution viennoise lui impose une constitution provisoire et une assemblée constituante élue au suffrage universel. Cependant, il est contraint d'abdiquer en décembre suivant au profit de son neveu François-Joseph. L'Assemblée est dissoute et une Constitution unitaire et néo-absolutiste est promulguée en mars 1849. Dès que l'ordre est définitivement rétabli dans l'Empire, la Patente de décembre 1851 abroge même la Constitution. Les Diètes nationales ne sont plus convoquées. Le baron Bach, ministre de l'Intérieur tout-puissant à partir de 1852, met en place un mode de gouvernement autoritaire dont les piliers sont l'armée, la police, les fonctionnaires («les hussards de Bach») et le clergé (Concordat avec le pape en 1855) et qui se propose de germaniser les minorités. Après la défaite contre la France, François-Joseph est cependant contraint de lâcher du lest. Il décide de renoncer au système Bach et au néo-absolutisme. Encore indécis, il accorde d'abord le Diplôme du 20 octobre 1860, qui confie une partie du pouvoir législatif aux Diètes puis, sous la pression de son entourage et de la bourgeoisie autrichienne, il revient à un régime centralisateur par la Patente du 26 février 1861. Mais la fronde des minorités nationales et la défaite de 1866 contre la Prusse aboutissent finalement au compromis austro-hongrois de 1867. Dans ce régime dualiste, où les peuples de l'Empire se partagent entre une Cisleithanie sous domination autrichienne et une Transleithanie dirigée par la Hongrie, chaque ensemble dispose désormais de son propre gouvernement responsable. Le premier l'est devant la Chambre des seigneurs réservée à l'Autriche (archiducs, princes archevêques et quelques personnalités nommées par l'empereur) et la Chambre des députés de Cisleithanie (élue par les Diètes au suffrage censitaire indirect) ; le second devant la Chambre des magnats de Hongrie et la Diète hongroise. Les affaires communes sont traitées par un Ministère d'Empire composé de trois ministres (Affaires étrangères, Guerre et Finances nécessitées par la défense de l'Empire) et par des délégations des deux parlements qui se rencontrent une fois l'an, alternativement dans les deux capitales. Le régime est parlementaire, mais il n'est pas démocratique.

2 Le despotisme turc et ses réformes limitées

Le régime de l'empire ottoman est une monarchie absolue et théocratique. Le souverain est à la fois sultan (chef de guerre), khalife (successeur du prophète) et émir (commandeur des croyants). Un gouvernement l'assiste, dirigé par un premier ministre, le grand vizir, et un conseil privé, le Divan. Son autorité connaît cependant quelques limites. Le sultan doit respecter le Coran et la *charia*, la loi islamique qui régit la vie religieuse, mais aussi la vie politique, sociale et individuelle de ses sujets. Il doit aussi tenir compte de l'existence de multiples nationalités dans son Empire, de l'insoumission périodique de l'infanterie des janissaires et de certains pachas, de l'incompétence et de la corruption d'une partie de son administration. Enfin, les complots de sérail sont fréquents et se dénouent souvent par des meurtres. Aussi le pouvoir turc est-il qualifié de «despotisme tempéré par l'assassinat».

Conscient du retard pris sur les grandes puissances européennes et désireux d'éviter l'éclatement complet de son Empire, Mahmud II (1808-1839) entreprend plusieurs réformes. Après avoir supprimé le corps des janissaires et après avoir fait massacrer ou déporter ceux qui tentaient de résister (1826), il confie la réorganisation de son armée aux Prussiens et de sa marine aux Anglais (1835). En outre, il décide un premier recensement des populations de son Empire (1831), crée une poste publique (1834), un ministère de l'Intérieur et un autre des Affaires étrangères (1836), donne l'exemple de l'adoption du costume à l'européenne (1838). Sous la pression des Occidentaux et, particulièrement des Anglais attachés au maintien de l'Empire turc, les réformes s'accentuent sous son fils Abd-ul-Medjid (1839-1861). L'avènement du jeune sultan, puis les lendemains de la guerre de Crimée, en sont les deux temps forts. Dès 1839, l'ère des réformes *(Tanzimat)* est solennellement ouverte. Une banque est créée. L'administration et la justice sont réorganisées sur le modèle français : nouvelles circonscriptions *(vilâyet* ou *eyâlet, sandjak, kaza)* où les représentants de l'État sont assistés par des conseils de notables, rédaction d'un code civil et d'un code pénal... Le service militaire obligatoire est introduit. Le principe de l'égalité des chrétiens et des musulmans devant la loi et l'impôt est reconnu. Un Conseil d'État, comprenant des représentants des provinces, des métiers et des communautés non musulmanes, reçoit la charge de préparer les lois et le budget. Sous Abd-ul-Aziz (1861-1876), le rythme des transformations ralentit, mais l'enseignement est modernisé. Cependant, les traditions, les mœurs et les passions religieuses demeurent prépondérantes. Les réformes se heurtent à de nombreuses résistances (courant Vieux Turcs, majorité de la population musulmane, nombreux chrétiens déçus de perdre leurs anciens privilèges) et sont mal appliquées. Surtout, le sultan conserve l'essentiel de ses pouvoirs. En 1870, l'Empire est un malade qui semble immobile et incurable.

La Serbie, la Moldavie et la Valachie, principautés de l'Empire qui acquièrent un statut d'autonomie en 1829, confirmé en 1856, connaissent une évolution contrastée. Elles restent sous la suzeraineté d'une puissance autoritaire et n'ont pas de tradition politique, mais leurs jeunes dynasties princières, qui ont besoin du soutien de leurs compatriotes pour s'imposer, ne peuvent gouverner en despotes. Plusieurs expériences sont tentées. En Serbie, les Obrenovic et les Karadjordjevic se livrent à des luttes sanglantes et alternent sur le trône (de 1817 à 1842 puis à partir de 1858 pour les premiers, de 1842 à 1858 pour les seconds). La *Skoupchtina* (assemblée de plus de 4 000 membres) essaie d'en profiter pour obtenir une partie du pouvoir législatif, mais sans grand succès. En revanche, les règlements organiques de 1830 donnent aux principautés roumaines non seulement des princes à vie, mais aussi des assemblées législatives. Alexandre Couza, qui dirige les deux principautés à partir de 1859, se passe de l'Assemblée qui refuse ses réformes sociales. Cependant, après son abdication forcée en 1866, la Roumanie se dote d'une Constitution et d'un régime libéral.

3 L'autocratie russe et ses difficultés

Immense territoire de près de 19 millions de km² s'étendant de la Vistule au Pacifique, l'Empire russe se compose d'un peuple dominant, les grands Russes, et de nombreuses autres nationalités (Ukrainiens, Russes blancs, Finlandais, Baltes, Polonais, Allemands, Juifs, Géorgiens, Kazakhs, Tatars). Cet État multinational, multilingue et multiconfessionnel trouve son unité dans la fidélité à son souverain, le tsar, dont le nom, dérivé de « césar », signifie qu'il se pose en héritier des empereurs romains. Mais, sous l'habillage européen et policé dont le régime cherche à se vêtir depuis Pierre le Grand (1682-1725), se trouve un véritable despotisme oriental. Présenté comme le père de ses sujets, dont il est censé assurer la protection et le bien-être, le tsar se qualifie lui-même d'autocrate. Monarque de droit divin, il s'appuie sur la religion orthodoxe qu'il maintient sous une étroite tutelle par l'intermédiaire du procureur général du Saint-Synode. Au Sénat, qui existe depuis Pierre le Grand, Alexandre Ier (1801-1825) ajoute un Conseil d'État et un gouvernement comprenant neuf ministres, mais ces trois organes, dont il nomme et peut révoquer tous les membres, sont seulement chargés de le conseiller, de mettre en forme ses décisions et de les faire exécuter. Sa parole et ses décrets *(oukases)* ont force de loi. Ils sont appliqués dans les gouvernements et les districts de l'Empire par une administration nombreuse, au sommet de laquelle se trouvent des gouverneurs ainsi qu'une noblesse de fonction diplômée et hiérarchisée selon la Table des rangs (le *Tchin*), établie en 1722. Alors que la bourgeoisie est très réduite, les serfs dépendant des domaines de l'État ou de l'aristocratie foncière constituent l'essentiel de la population.

S'il a octroyé à ses sujets polonais une charte constitutionnelle en novembre 1815, Alexandre Ier ne se montre pas aussi libéral avec les Russes, malgré plusieurs projets de réformes. Se tournant de plus en plus vers la religion, il laisse son favori, le général Araktchéïev, gouverner le pays d'une main de fer et désigne, pour lui succéder, son frère Nicolas plutôt que l'autre, Constantin, pourtant plus âgé, mais jugé trop modéré. À la mort d'Alexandre, le 1er décembre 1825, Nicolas Ier est confronté à la révolte d'officiers et de nobles partisans du régime constitutionnel (les décabristes) qu'il réprime sévèrement. Ses tendances anti-progressistes sortent renforcées de cette épreuve. Durant son règne de trente ans, celui que ses partisans surnomment « le Tsar de fer » et les libéraux « Nicolas la Trique » fait de la Russie l'État le plus réactionnaire d'Europe. L'insurrection polonaise de 1831 est écrasée dans le sang et fait perdre son autonomie au royaume. Comme l'ensemble de l'Empire, la Pologne est russifiée. Nicolas Ier crée une grande chancellerie privée pour contrôler directement toutes les affaires intérieures ainsi qu'un corps d'inspecteurs (les *revizors*) pour surveiller les fonctionnaires locaux. Il organise la gendarmerie et fait déporter les opposants en Sibérie. Les ouvrages libéraux d'Europe occidentale n'ont plus le droit de pénétrer en Russie et les séjours à l'étranger des sujets du tsar sont strictement limités.

Les universités perdent leur autonomie et sont militarisées. Alors que la théologie et l'enseignement technique sont valorisés, plusieurs matières subversives sont supprimées (philosophie, histoire, économie politique). Le nombre d'étudiants est limité et les professeurs doivent soumettre à l'avance le plan de leurs cours.

Les milieux intellectuels de Saint-Pétersbourg, de Moscou et de l'exil, que l'on commence à appeler l'intelligentsia, s'accordent sur la nécessité d'une réforme, mais se divisent sur la forme qu'elle doit prendre. Les occidentalistes, comme Tchaadaïev et Bielinski, souhaitent que la Russie s'inspire de l'Occident et devienne un régime constitutionnel. Autour de Khomiakov et d'Aksakov, un courant slavophile est, au contraire, hostile à tout modèle d'importation et réclame un retour au régime patriarcal de la Russie médiévale, quand le tsar écoutait les conseils de la noblesse et du clergé orthodoxe. Sans adhérer à ces idées, Alexandre II, qui monte sur le trône en mars 1855, alors que l'Empire est en train de perdre la guerre de Crimée, est également convaincu que des réformes s'imposent. Pour moderniser l'économie et mettre fin aux troubles agraires, il abolit le servage en 1861. La même année, il donne un Conseil d'État et une université à la Pologne. Il assouplit la censure et libéralise l'enseignement. En 1864, il supprime les tribunaux de classe, rend la justice indépendante et égale pour tous et crée des assemblées de district (les *zemstvos*) qui se voient confier certaines responsabilités en matière de voirie, d'assistance, d'instruction et de police. Mais l'accueil mitigé réservé à ses réformes, la révolte polonaise de 1863-1864, la naissance du nihilisme, autour de Tchernychevski, et les premiers attentats dont il est l'objet en 1866-1867 ne l'incitent pas à aller plus loin. Si, en 1870, il accorde l'autonomie administrative aux villes avec l'élection de doumas municipales et des maires, il oppose un refus catégorique au zemstvo de Moscou qui lui réclame la convocation d'une douma nationale.

BIOGRAPHIES

Napoléon III (Louis-Napoléon Bonaparte, 1808-1873). Fils de Louis, roi de Hollande et d'Hortense de Beauharnais, il est élevé en Suisse après la chute de son oncle Napoléon Ier, puis participe à l'agitation des Carbonari en Italie. Lorsque le duc de Reichstadt meurt en 1832, il se pose en héritier des Bonaparte et tente vainement de renverser la monarchie de Juillet, à Strasbourg en 1836, puis à Boulogne en 1840. Condamné à la détention perpétuelle, il passe six ans au fort de Ham, puis s'évade et se réfugie en Angleterre. Il rentre en France après la révolution de février 1848, est élu représentant du peuple à la Constituante, puis président de la République. Son coup d'État du 2 décembre 1851 lui permet de se maintenir au pouvoir. Un an plus tard, il devient empereur. Gouvernant d'abord de façon autoritaire, il libéralise son régime dans les années 1860. Son règne est marqué par de nombreux succès économiques et coloniaux et par plusieurs lois sociales qui ne parviennent cependant pas à lui rallier les masses ouvrières. Après un grave revers au Mexique, l'Empire s'achève par la débâcle de Sedan en septembre 1870. Napoléon III meurt en exil en Angleterre.

Alexandre II (1818-1881). Fils du tsar Nicolas Ier, il lui succède au moment de la guerre de Crimée. La défaite lui fait prendre conscience du retard de son pays. Il se résout donc à abolir le servage en 1861 puis à réformer l'administration, la justice et l'instruction publique. Autocrate de cœur, il refuse d'aller plus loin. En revanche, il donne un vigoureux essor au réseau ferroviaire, achève la conquête du Caucase, fait progresser la pénétration russe en Asie centrale et annexe la province maritime en Extrême-Orient, tout en vendant l'Alaska aux États-Unis. En 1863, il réprime violemment l'insurrection polonaise ; en 1873, il conclut l'alliance des trois empereurs avec Guillaume Ier et François-Joseph, et, en 1877-1878, livre une guerre victorieuse à l'Empire ottoman, mais est frustré de cette victoire par l'Angleterre et par l'Allemagne. Après avoir échappé à de nombreux attentats, le « tsar émancipateur » trouve la mort les jambes broyées par une bombe le jour même où allait paraître un décret convoquant une assemblée consultative des zemstvos.

DÉBATS

La complexité des phénomènes institutionnels nécessite d'utiliser le vocabulaire spécifique avec circonspection comme les spécialistes d'histoire politique et de droit constitutionnel nous y encouragent (voir par exemple Dominique Chagnollaud, *Histoire constitutionnelle et politique de la France (1789-1958)*, Paris, Dalloz, Cours, 2002).
Il convient ainsi de réserver l'épithète « parlementaire » à des régimes qui posent clairement le principe de la responsabilité gouvernementale devant le Parlement. Le sénatus-consulte du 8 septembre 1869 et la Constitution du 21 mai 1870, qui évoquent des ministres responsables, sans préciser devant qui ils le sont (les Chambres ? L'empereur ?), ne font pas – selon Jean-Jacques Chevallier (*Histoire des institutions et des régimes politiques de la France de 1789 à 1958*, Paris, A. Colin, rééd. 2001) et René Rémond (*La Vie politique en France, t.* 2, *1848-1879*, Paris, A. Colin, 1969) – de l'Empire libéral un régime parlementaire. Ces auteurs préfèrent l'appeler « semi-parlementaire ». Ne reposant pas sur une constitution écrite, mais sur une tradition de lois fondamentales, le régime du Royaume-Uni n'est pas une monarchie constitutionnelle *stricto sensu*. La plupart des historiens ont néanmoins pris l'habitude de la qualifier ainsi, consacrant une nouvelle fois « l'exception britannique » !

BIBLIOGRAPHIE

- **Charles Seignobos, *Histoire politique de l'Europe contemporaine, 1814-1914*, Cluny, 1924, 2 vol.**
- **Jean Touchard, *Histoire des idées politiques*, t. 2, *Du XVIIIe siècle à nos jours*, Paris, PUF, Thémis, 1959 (multiples rééd.).**
- **Pierre Legendre, *Histoire de l'administration de 1750 à nos jours*, Paris, PUF, Thémis, 1968.**
- **Jacques Droz, *Histoire générale du socialisme*, t. 1, *Des Origines à 1875*, Paris, PUF, 1972.**
- **Paul Bénichou, *Le Temps des Prophètes. Doctrines à l'âge romantique*, Paris, Gallimard, 1977.**
- **Jean-Jacques Chevallier, *Histoire de la pensée politique*, t. 3, *La grande transition : 1789-1848*, Paris, Payot, 1984.**
- **Pascal Ory (dir.), *Nouvelle histoire des idées politiques*, Paris, Hachette, Pluriel, 1987.**
- **Philippe Lauvaux, *Le Parlementarisme*, Paris, PUF, 1987, rééd. 1997.**
- **Hilton L. Root, *La construction de l'État moderne en Europe : la France et l'Angleterre*, Paris, PUF, 1994.**
- **Serge Berstein (dir.), *La Démocratie libérale*, Paris, PUF, 1998.**
- **Pascal Perrineau et Dominique Reynié (dir.), *Dictionnaire du vote*, Paris, PUF, 2001.**

Document commenté

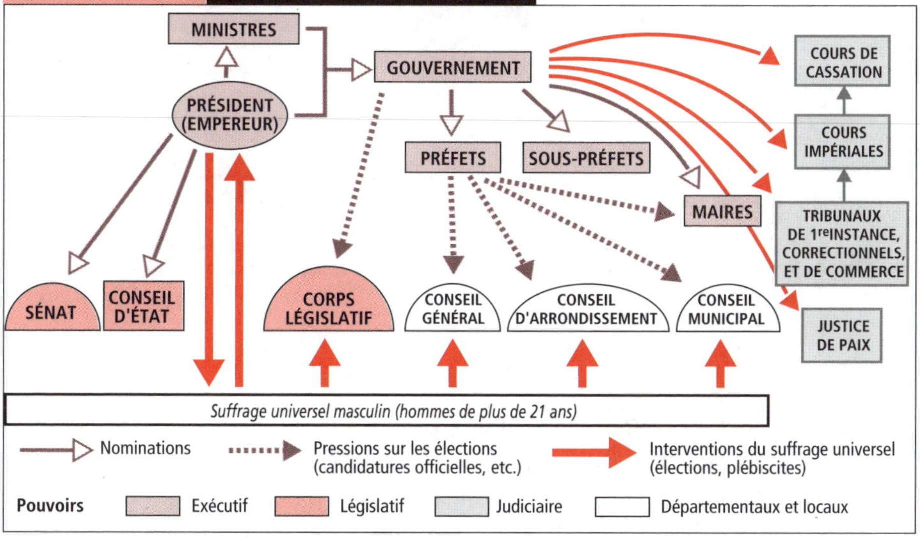

La Constitution française du 14 janvier 1852

MÉTHODE

Lire et commenter un organigramme

Un organigramme est un tableau schématique qui présente la structure d'une organisation complexe (constitution, entreprise) et qui met en évidence les relations entre les éléments qui le composent.

Il faut d'abord s'intéresser à son titre, qui indique sa nature, et à sa date, qui permet de le situer dans son contexte historique. En s'appuyant sur la légende qui en fournit généralement le mode d'emploi, il convient d'expliquer les symboles, les cartouches, les flèches et, le cas échéant, la signification des couleurs. La composition n'est jamais innocente. Il importe d'en dégager la logique en observant la hiérarchie des éléments (tailles, sens des flèches). La plupart des organigrammes se lisent verticalement ou bien encore en partant du centre pour aller vers la périphérie.

Le commentaire commence nécessairement par une introduction qui reprend les éléments analysés préalablement (présentation du sujet, du contexte, de la légende et proposition d'une grille de lecture). Tous les éléments doivent ensuite être commentés (définition des termes, fonctions) en allant du général au particulier, en établissant une hiérarchie en fonction de leur importance respective et en dégageant, entre eux, des liens de causalité et de dépendance.

La conclusion doit faire ressortir la logique d'ensemble et les faits saillants, évoquer l'évolution de la structure étudiée et, éventuellement, établir une comparaison avec d'autres organisations du même type.

ENTRAÎNEMENT

Commenter l'organigramme ci-dessus en s'aidant du cours.

CHAPITRE 4

L'économie occidentale à l'heure du capitalisme libéral

La révolution économique qui s'accomplit au cours du premier XIXe siècle est la plus importante depuis le néolithique. Théorisé par quelques penseurs, le capitalisme libéral apparaît alors et connaît son âge d'or. Bénéficiant d'une paix relative, de la croissance de la population, de l'émergence d'entrepreneurs dynamiques, de l'accumulation des innovations, du gonflement de la masse monétaire et du crédit et favorisé par l'adoption d'une législation soutenant les initiatives privées, il se tourne vers les activités les plus rémunératrices. Certains pays passent ainsi d'une économie agraire et artisanale, cloisonnée en entités quasi autonomes, à une économie dominée par l'industrie et reposant sur l'échange. Mais ces transformations ne se réalisent pas à un rythme uniforme. Elles se heurtent à des résistances et laissent encore à l'écart la plus grande partie de l'humanité.

1. Les agents et les facteurs du capitalisme libéral

I Les idées et les hommes

Si, contrairement à ceux de capital, capitaux et capitalistes, le terme capitalisme n'est pas utilisé avant notre période, un capitalisme commercial existe bien depuis le XIVe siècle. D'abord centré sur les échanges intra-européens (cités d'Italie du Nord et des Flandres, foires de Champagne), il s'est étendu au grand négoce maritime et au pillage des colonies. Avec les profits de la terre, il a permis une accumulation de capital dont certains ont su bénéficier. Lors de la morte-saison agricole, des marchands fabricants ont ainsi pris l'habitude de fournir des matières premières aux ruraux, avant de venir chercher les produits finis en échange d'une rémunération faible, puis de se charger de leur commercialisation. Ce système proto-industriel a rapidement pris une grande ampleur, particulièrement dans le secteur textile. En outre, une révolution mentale s'est accomplie : les initiatives individuelles et l'enrichissement ont été valorisés ; la recherche de nouvelles techniques a été privilégiée au détriment de la tradition. La Révolution de 1789 puis la création d'une Europe française ont affaibli, voire désagrégé les communautés rurales et artisanales, qui pouvaient restreindre la liberté et freiner les progrès économiques.

À commencé alors à s'élaborer la doctrine du libéralisme économique, prélude à l'émergence du capitalisme libéral. S'ils affirmaient que l'agriculture était source de toute richesse, les physiocrates français, autour de François Quesnay (*Tableau économique,* 1 758), s'élevaient contre le mercantilisme qui se contentait de gérer la pénurie. Ils réclamaient la fin des entraves économiques (« laisser faire et laisser passer »). Après les avoir fréquentés, l'Écossais Adam Smith a publié, en 1776, ses *Recherches sur la nature et les causes de la richesse des nations.* Il faisait de l'intérêt individuel et de la recherche du profit les moteurs de l'économie, mais estimait, contrairement aux physiocrates, que seuls la division du travail et le développement de l'industrie pouvaient les satisfaire. Fondamentalement optimiste, il pensait que le mécanisme des prix assurait l'équilibre entre l'offre et la demande à condition que la libre concurrence et que le libre-échange fussent assurés. Il croyait aussi en la convergence des intérêts individuels vers l'intérêt général. Son ouvrage s'est rapidement imposé comme la bible du capitalisme libéral et le manuel de la nouvelle science, destinée à en assurer le triomphe, l'économie politique. Au début du XIXe siècle, ses principaux continuateurs sont le Français Jean-Baptiste Say (*Traité d'économie politique,* en 1803, et *Cours complet d'économie politique pratique,* en 1828-1830), et les Anglais Robert Malthus (*Essai sur le principe de population,* en 1798, *Principes d'économie politique au point de vue de leur application pratique,* en 1820) et David Ricardo (*Principes de l'économie politique et de l'impôt,* en 1817). Ces deux derniers sont plus pessimistes car Malthus craint que la population n'augmente plus vite que les subsistances et souligne la possibilité de crises de surproduction liée aux excès de l'épargne et Ricardo relève des contradictions entre les intérêts particuliers et l'intérêt général. Mais tous s'accordent sur l'essentiel. Ils insistent sur la nécessité de faire triompher les grandes libertés économiques : celle de l'emploi, qui assure la mobilité des travailleurs et donne de la souplesse au marché du travail ; celle du commerce, qui stimule les échanges et permet aux régions et aux pays de se spécialiser en fonction de leurs potentialités ; et, première de toutes, celle d'entreprendre, qui favorise les initiatives professionnelles.

Les entrepreneurs occupent une place centrale dans le système naissant. Seuls ou à quelques-uns, ils développent leurs affaires autour des valeurs de travail, de rigueur et d'épargne. Si beaucoup font faillite, d'autres font prospérer leur entreprise et la transmettent à leur fils ou gendre, souvent un ancien employé repéré pour ses compétences. Soulignée par les théoriciens de l'école libérale, l'importance de leur rôle devient vite un lieu commun après les écrits du comte de Saint-Simon (*De l'industrie*, en 1817) et, en particulier, après sa parabole développée dans *L'Organisateur*, en 1819 : la France serait peu affectée par la disparition de ses princes du sang, de ses ministres, de ses généraux (comparés à des frelons oisifs), mais elle serait ruinée par celle de ses savants, de ses ingénieurs, de ses manufacturiers (véritables abeilles laborieuses). Saint-Simon pense donc qu'un pays devrait être gouverné par les agents économiques. Et, de fait, à partir des années 1830, dans les pays en voie d'industrialisation, ces derniers commencent à être associés au pouvoir. Les deux premiers ministères de Louis-Philippe ont ainsi à leur tête des banquiers, Laffitte et Casimir Perier. Sous le règne de Napoléon III, les saint-simoniens sont influents et de nombreux banquiers et industriels accèdent aux plus hauts postes de l'État : le banquier Achille Fould est ministre des Finances et le maître de forges Eugène Schneider est président du Corps législatif…

Grâce à l'augmentation de la population (entre 1750 et 1850, elle est d'un tiers pour l'ensemble de la planète et de 125 % pour la seule Europe), à sa plus grande mobilité et à ses revenus croissants, ces entrepreneurs disposent à la fois d'une main-d'œuvre plus importante et d'un marché plus vaste. Cependant, pour éviter une inflation de la masse salariale et pour pouvoir répondre à la demande, de nouveaux procédés de production et moyens de transport s'imposent.

2 La révolution des techniques et du machinisme

Au cours du XVIIIe siècle, la Grande-Bretagne a été le théâtre d'une série d'inventions et de perfectionnements mécaniques. Dus, le plus souvent, aux praticiens eux-mêmes, ces progrès ont rapidement été introduits dans le processus de production. Ils ont permis d'accroître les rendements et d'augmenter la productivité du travail dans les deux secteurs pionniers de la métallurgie et du textile. Dès le premier tiers du siècle, des maîtres de forges sont ainsi parvenus à substituer le coke, dérivé de la houille, au charbon de bois, pour réaliser la fonte du fer. En 1784, le puddlage et le forgeage au laminoir ont été mis au point. Des métiers à filer et à tisser, de plus en plus perfectionnés, ont été construits, dont la *Mule Jenny* de Samuel Crompton pour la filature du coton, en 1779. Utilisée à l'origine pour pomper l'eau des mines, la machine à vapeur a été perfectionnée, entre 1760 et 1785, par James Watt (le double effet). Cette innovation décisive s'est substituée à la force musculaire des hommes ou des animaux et permet d'actionner de nombreuses machines.

Par la suite, l'innovation technologique gagne d'autres secteurs et les Britanniques ne sont plus les seuls à faire preuve de créativité. L'invention de la pile électrique par l'Italien Volta, en 1800, ouvre d'immenses possibilités. L'industrie chimique naît de la production industrielle du chlore, à Javel, dans les années 1780. Suivent la fabrication de la soude par le procédé Leblanc, en 1790, celle du gaz d'éclairage, en 1792, l'invention de la photographie par le Français Niepce sous la Restauration, celle des engrais chimiques par l'Allemand Liebig, dans les années 1840, ou encore l'apparition des premiers colorants de synthèse, avec les travaux du Britannique Perkin sur l'aniline, en 1856. La machine à égrener le coton de Whitney (1793), la batteuse à vapeur de Meickle (1810) ou encore la moissonneuse de Mac Cormick (1824) permettent d'envisager la mécanisation de l'agriculture. La fabrication du sucre à partir de la betterave, mise au point par l'Allemand d'origine française Achard (1786), puis l'invention, sous le Premier Empire, de la conservation des aliments par la chaleur et des premières boîtes de conserve, par le Français Appert, sont à l'origine de l'industrie agro-alimentaire. De nouveaux progrès sont réalisés dans le domaine textile. En 1825, Roberts invente le métier à tisser *self-acting*. Barthélemy Thimonnier fait breveter sa première machine à coudre en 1830. La peigneuse mécanique date de 1845. L'usage des machines-outils se développe de façon spectaculaire, en particulier aux États-Unis. Des tours, des fraiseuses et des meules produisent des objets standardisés, ainsi les pièces de fusil dès 1815 ou les machines à coudre de Singer dans les années 1850. Inventé en 1839 par le Britannique James Nasmyth et le Français François Bourdon, le marteau-pilon permet de forger des pièces de grande taille, mais il est déjà concurrencé, dans les années 1860, par les premières presses hydrauliques. La métallurgie connaît alors une nouvelle vague de découvertes. Grâce au Français Sainte-Claire Deville, la production industrielle de l'aluminium, métal léger malléable et peu altérable, devient possible dès 1854. La technique de l'acier, alliage qui combine les avantages du fer et de la fonte (plasticité, élasticité, solidité), mais dont la fabrication est coûteuse et complexe, réalise des avancées décisives avec la mise au point, par Bessemer, en 1855, d'un convertisseur transformant rapidement la fonte en acier fondu, puis avec le four électrique inventé par Siemens et perfectionné par Martin, au début des années 1860. À partir de 1847, le béton armé ouvre de nouvelles perspectives à l'industrie du bâtiment. Quant à la dynamite inventée par le Suédois Alfred Nobel (1866), elle facilite le creusement des tunnels, des puits et des canaux ainsi que l'exploitation des minéraux.

Les transports évoluent également. L'Écossais Mac Adam invente un procédé d'empierrement des routes *(macadam)* qui se répand dans les années 1820. Le cylindrage, pratiqué à partir de 1834, améliore encore l'état des chaussées sur lesquelles circulent des diligences plus légères et plus maniables. Cependant, la traction hippomobile atteint ses limites et, du moins provisoirement, le transport routier aussi. En effet, les essais de voitures à vapeur du Français Cugnot, dans les années 1770-1771, n'ont pas été

Document 4. Un exemple de bateau à vapeur, *Le Washington*, 1864

concluants et les véhicules équipés de moteur à gaz des années 1860 ne sont encore que des prototypes. La vapeur s'adapte tout aussi mal aux ballons dirigeables. En revanche, elle s'impose progressivement sur l'eau. Dès 1807, Fulton lance un navire à vapeur et à roues à aubes sur l'Hudson puis, en 1819, un navire à propulsion mixte (voile et vapeur), le *Savannah,* traverse l'Atlantique (**doc. 4**). Si les *clippers*, ces voiliers à la fine carène, à l'étrave courbée et à l'énorme voilure, qui sortent des chantiers navals américains à partir de 1845, peuvent dépasser les 20 km/h et bénéficient des progrès de la connaissance des courants et des vents, la marine à voile a partie perdue. Les atouts des *steamers*, les navires à vapeur, sont trop nombreux : régularité, vitesse accrue grâce à l'hélice, inventée en 1832 par le Français Sauvage, capacité de transport supérieure, frais d'entretien et usure moindres en raison du développement des coques en fer à partir des années 1840. Mais c'est l'association de la vapeur et du rail qui est à l'origine de la plus importante révolution des transports du siècle : le chemin de fer. En 1814, l'Anglais Stephenson fait rouler une locomotive à vapeur tractant plusieurs wagons. Le Français Seguin construit les premiers ponts suspendus et tunnels ferroviaires et invente, en 1827, la chaudière tubulaire qui décuple la puissance motrice de la locomotive. En 1850, la locomotive *Crampton* atteint une vitesse de 120 km/h en pointe et réalise des moyennes autour de 60 km/h. Elle tracte 60 tonnes. Vingt ans plus tard, des trains transportent régulièrement plus de 200 tonnes. De son côté, la circulation de l'information devient quasiment instantanée avec l'expérimentation réussie du télégraphe électrique par l'Américain Morse, en 1844.

3 Cadre juridique et infrastructure financière

L'exploitation des nouvelles techniques et, plus généralement, le fonctionnement du nouveau système économique nécessitent des capitaux considérables que procurent la monétarisation croissante de l'économie et l'organisation progressive du crédit. La masse monétaire en circulation et la vitesse de circulation de la monnaie augmentent au cours du premier XIXe siècle. La monnaie métallique demeure le moyen de paiement le plus usuel. Les métaux précieux sont utilisés pour presque tous les règlements internationaux. Ils servent d'étalon monétaire. Certains pays, comme le Royaume-Uni, recourent au monométallisme or, d'autres, au monométallisme argent, tels les pays du Pacifique et de l'océan Indien, qui sont de gros producteurs de ce métal, d'autres (la plupart), au bimétallisme, en établissant un rapport légal entre les deux métaux (en France de 1 à 15,5 au profit de l'or depuis 1803). Si la production d'argent augmente modérément, celle de l'or bondit avec la découverte des gisements de Californie en 1848, du Canada en 1850, d'Australie en 1851, de Nouvelle-Zélande en 1852, des Montagnes Rocheuses à partir de 1859. De 1851 à 1870, on extrait presque autant d'or en valeur qu'au cours des 350 années précédentes. Le métal précieux s'accumule dans les pays d'Europe occidentale qui se font ainsi payer les excédents de leurs balances des comptes.

La monnaie fiduciaire est également en nette augmentation. La *Banque d'Angleterre* émet des billets depuis 1694, la *Banque de France* depuis 1800, la *Banque commerciale de Russie* depuis 1817, la *Banque royale de Prusse* depuis 1847… Ces instituts d'émission sont souvent des organismes à capitaux privés et à privilège, voire à monopole d'émission des billets ayant cours légal, comme en Angleterre à partir de 1844 ou en France depuis 1848. Le billet reste convertible en métal précieux aux guichets de la banque émettrice. L'encaisse métallique doit permettre de rembourser tout ou partie de la monnaie circulante en cas de crise de confiance. Cette prudence et ces garanties contribuent à la remarquable stabilité de la monnaie au cours du XIXe siècle, et particulièrement à celle de la livre sterling. En effet, en 1844, le Royaume-Uni adopte le principe de la couverture intégrale prôné par Ricardo. La monnaie britannique commence ainsi à être utilisée dans les transactions internationales. La confiance des usagers, en particulier au Royaume-Uni et aux États-Unis, permet le développement d'un nouveau type de paiement : la monnaie scripturale (chèques et virements) à partir des dépôts bancaires. Cela évite de manipuler des espèces, facilite les transferts de fonds et procure des disponibilités aux banques pour aider le commerce et l'industrie. Dès le mitan du siècle, la masse monétaire britannique est constituée à 25 % de pièces, à 20 % de billets et à 55 % de dépôts bancaires. Si une part de la monnaie est employée à la satisfaction des besoins immédiats et si une autre est thésaurisée et, de ce fait, stérilisée, une part croissante peut ainsi servir au développement économique.

Beaucoup d'entreprises du XIXe siècle demeurent familiales. Elles se contentent d'une mise de fonds modeste et s'autofinancent. Cependant, le développement du machinisme et de la concurrence exigent des capitaux importants, des investissements lourds et, donc, de nouvelles formes d'associations. Dans la société en nom collectif, choisie par la plupart des entreprises industrielles, commerciales ou bancaires, un nombre réduit d'associés mettent en commun leurs ressources et sont responsables sur leur fortune de façon illimitée, en cas de faillite. Dans la société en commandite (forme retenue par la société Schneider en 1837), les commanditaires fournissent tout ou partie du capital mais ne sont responsables que dans la limite du capital investi. Les commandités dirigent effectivement l'affaire, mais au prix d'une responsabilité illimitée. À ces sociétés de personnes, s'opposent les sociétés par actions, ou *joint stock companies*, dont le type le plus abouti est la société anonyme à responsabilité limitée. Elles font appel à l'épargne des particuliers et procurent donc les énormes ressources dont, par exemple, les compagnies de chemins de fer ont besoin. Le capital est divisé en actions vendues au public. Chaque détenteur d'actions est responsable des dettes de l'entreprise à la hauteur des sommes qu'il a engagées et reçoit régulièrement une partie des bénéfices (dividendes), lorsqu'il y en a. Il peut

Document 5. La corbeille de la Bourse de Paris à la fin de la monarchie de Juillet

négocier ses titres dans les bourses de valeurs dont les plus importantes se trouvent à Londres *(Stock Exchange)* et à Paris (**doc. 5**) et peut participer à l'assemblée générale annuelle qui élit les dirigeants (conseil d'administration) de la société. Les sociétés anonymes à responsabilité limitée ont la possibilité de lancer des emprunts, de proposer des obligations rapportant un intérêt fixe annuel ou d'augmenter leur capital en émettant de nouvelles actions. Elles sont libérées de l'autorisation gouvernementale en 1856 au Royaume-Uni, en 1867 en France, en 1868 en Prusse et en 1870 dans l'ensemble de l'Allemagne.

Le crédit bancaire procure aussi aux entreprises les sommes dont elles ont besoin pour commercialiser leurs produits (crédit à court terme) sous forme d'avances sur marchandises (escompte). Il peut également leur permettre d'acquérir du matériel (crédit à long terme). Jusqu'au milieu du XIXe siècle, l'infrastructure bancaire offre peu de possibilités aux entreprises. Outre les instituts d'émission, elle repose essentiellement sur les *Merchant Banks* de Londres et les maisons de la haute banque aux mains de grandes familles (les Baring, les Rothschild, les Lazard) qui utilisent leurs propres capitaux et s'occupent surtout du placement des emprunts d'État (crédit public) et du grand négoce. Les entreprises industrielles relèvent plutôt des banques locales. Mais celles-ci manquent de moyens, sauf au Royaume-Uni où les *Country Banks*, qui sont plus de 200, parviennent bien à transférer les capitaux des régions rurales pourvoyeuses aux régions industrielles demandeuses. Aussi, lorsque le gouvernement de ce pays autorise la formation de banques en sociétés anonymes par actions, avec les lois de 1826 et de 1833, les principales *Joint Stock Banks* qui se créent (*National and Provincial* en 1826, *London and Westminster* en 1834, *Midland* en 1836, *Lloyds* en 1865) ne commanditent pas d'affaires industrielles. Elles réservent leurs énormes fonds, obtenus par le drainage de l'épargne des particuliers et par la multiplication des succursales, aux prêts à très court terme. Avant les années 1850, la seule banque importante, qui donne la priorité aux activités industrielles, est la *Société générale de Belgique*, banque universelle fondée en 1822. En 1837, Laffitte crée la *Caisse générale du Commerce et de l'Industrie* pour permettre aux entrepreneurs français de s'équiper, mais sa tentative s'achève avec la crise des années 1846-1848. Soutenus par le prince-président, désireux de briser la puissance de la haute banque française jugée politiquement trop orléaniste et financièrement trop timorée, les frères Émile et Isaac Pereire fondent le *Crédit mobilier* en 1852. Cet établissement mixte pratique aussi bien les activités des banques traditionnelles (souscription des emprunts publics, crédit à court terme) que la spéculation immobilière, la participation à la fondation de sociétés ou le crédit à long terme et ne limite pas son action à la France (compagnies de chemins de fer en Espagne, en Autriche et en Russie, *Banque ottomane*). Il oblige la haute banque à s'adapter et à se porter davantage vers l'industrie. Moins spécialisées que leurs homologues britanniques, les banques françaises de dépôt constituées en sociétés anonymes, le *Crédit Lyonnais* (1863) et la *Société Générale* (1864) se lancent dans les investissements industriels mais sans grande réussite. Avant 1850, l'Allemagne dispose d'un réseau bancaire important, dont Francfort est l'une des places fortes, mais c'est après cette date que ses banques les plus puissantes apparaissent : *Darmstädter Bank*, en 1853, *Diskonto-Gesellschaft*, en 1856, *Deutsche Bank*, en 1870 et *Dresdner Bank*, en 1872. Banques à tout faire, les « 4 D » accompagnent le développement industriel du pays et sont d'une extrême hardiesse dans les avances qu'elles consentent aux entreprises. Le système bancaire américain présente de nombreuses similitudes avec ce modèle.

2. L'essor du capitalisme libéral

I Les transformations agricoles

Entre 1815 et 1870, l'agriculture reste la principale richesse économique. Sa modernisation, entamée au cours du XVIIIe siècle grâce à des agronomes et des grands propriétaires britanniques, hollandais puis français, se poursuit. Le capitalisme libéral et l'industrie apportent leurs moyens techniques aux campagnes (**doc. 6**) et étendent l'aire de commercialisation de leurs produits. Cependant, par un phénomène de va-et-vient, l'agriculture est aussi l'un des moteurs de l'industrialisation. Elle nourrit l'augmentation de la population, fournit à l'industrie une partie de ses travailleurs, libérés par la mécanisation des champs, lui apporte des capitaux et suscite des commandes. Si les progrès sont ici plus lents qu'ailleurs, ils n'en sont pas moins importants.

Document 6. Machine à battre les grains présentée lors de l'Exposition universelle de Londres en 1851

Les défrichements, le drainage des terres humides, l'irrigation des sols secs, le chaulage ou le marnage des terrains acides, la réduction des jachères permettent d'étendre les zones de cultures. Les surfaces agricoles s'accroissent. En France, où les Landes et la Sologne, longtemps marécageuses et insalubres, sont aménagées, les superficies ensemencées en céréales augmentent de plus d'un quart entre 1815 et 1870, tandis que les terres consacrées à la pomme de terre doublent. Les remembrements rationalisent l'exploitation du sol, même si la France reste plutôt à l'écart du mouvement du fait que la propriété, avec la Révolution, a été fortement morcelée. Commencé au XVe siècle, le phénomène britannique des enclosures, qui soustrait la terre aux pratiques communautaires pour permettre une agriculture plus rentable, s'achève dans les années 1820 et fait des émules sur le continent. S'inspirant de la pratique d'assolement du Norfolk (blé-navet-orge ou avoine-trèfle), les agriculteurs de l'Europe entière expérimentent des rotations de cultures de plus en plus complexes. L'introduction des plantes légumineuses (trèfle, luzerne, sainfoin), qui aèrent et reconstituent le sol, fait reculer la jachère et accroît les rendements. À ces engrais verts et au fumier animal utilisé plus largement, grâce à l'association de l'élevage aux cultures céréalières, s'ajoutent la poudre d'os importée d'Argentine dès 1830, le guano des îles péruviennes, les nitrates du Chili, les phosphates du Suffolk, dans les années 1840, la potasse de Stassfurt à partir de 1861, mais aussi les premiers engrais sortis des laboratoires chimiques comme les superphosphates mis au point par Liebig. L'outillage en fer (faux, herses, socs de charrues) se répand. Des machines complexes commencent à être expérimentées dans les champs de l'Europe du Nord-Ouest. Partout, entre 1815 et 1870, les rendements et les productions augmentent (de 15 à 20 quintaux par hectare pour le blé anglais, de 36,5 millions de quintaux à 80 pour la production française de blé). Si la céréaliculture reste la base de l'agriculture et si elle a tendance à monopoliser l'espace dans les Bassins de Londres et de Paris ou dans la plaine d'Ukraine, d'autres productions se développent comme la vigne ou les cultures maraîchères et fruitières. La polyculture vivrière régresse légèrement au profit d'une spécialisation due aux potentialités régionales. Ainsi, entre 1815 et 1870, les superficies consacrées à la vigne triplent en Languedoc. Par ailleurs, la progression de l'élevage est spectaculaire. Le développement des prairies artificielles supplée l'insuffisance de fourrage. La betterave permet de nourrir le bétail à l'étable. Les troupeaux bovins et ovins sont plus nombreux et les bêtes plus grosses et plus résistantes grâce à la sélection des races. Des fermes-écoles et des établissements d'enseignement agricole (Grignon en France, *Cirencester College* en Angleterre) apprennent les nouvelles techniques aux agriculteurs. Les sociétés d'agriculture et d'élevage et les comices ruraux diffusent aussi les progrès et organisent des concours pour les récompenser. Le cercle vicieux de l'agriculture traditionnelle est donc rompu. Les années 1850-1870 constituent un âge d'or pour les campagnes européennes qui produisent plus et mieux, commercialisent leurs produits à des prix élevés et ne subissent pas encore la concurrence des nouveaux pays agricoles. L'Europe ne fait appel aux produits des pays neufs que lors des mauvaises récoltes.

Aux États-Unis et, de moindre façon, dans les autres pays neufs tempérés (Canada, Argentine, Australie, Nouvelle-Zélande), une agriculture extensive et scientifique naît. Disposant de terres vierges et étendues mais manquant de main-d'œuvre pour les exploiter, les agriculteurs de ces pays décident de pratiquer un élevage très extensif (moutons de la Pampa argentine, d'Australie ou de Nouvelle-Zélande) ou de recourir aux machines (*Middle West* américain). En 1870, les États-Unis produisent déjà plus de 60 millions de quintaux de blé, mais avec un rendement de 8,4 quintaux par hectare seulement.

2 L'industrialisation

L'expression « révolution industrielle », employée par l'économiste Adolphe Blanqui dès 1837, traduit la brutalité et l'ampleur des transformations industrielles ainsi que la surprise qu'elles provoquent chez les contemporains. L'industrialisation s'accomplit grâce à deux sources d'énergie, la vapeur et le charbon, surnommé « le pain de l'industrie », et dans deux secteurs privilégiés : le textile et la métallurgie. Elle gagne ensuite d'autres domaines comme la chimie ou les transports. Le textile, première industrie de consommation de l'époque, en particulier grâce aux cotonnades bon marché, stimule les industries de construction mécanique et les industries chimiques dont il a besoin pour le blanchiment ou pour la teinture. Quant à la métallurgie, elle bénéficie de la « faim de métal » de la plupart des branches (machines, transport, bâtiment, quincaillerie, armement). L'industrialisation se caractérise d'abord par la mécanisation et, corrélativement, par un certain recul de l'artisanat et des formes proto-industrielles *(domestic system)* au profit de la concentration en usines *(factory system)* avec intégration des tâches, instauration d'une discipline sévère et paysages caractéristiques de hautes cheminées crachant une fumée noire et de bâtisses en briques, décrits par Charles Dickens dans *Hard Times* (1854). Elle s'accompagne d'une diversification des produits et de leur segmentation en différentes qualités pour s'adapter à la demande mais aussi pour la développer. Elle entraîne le regroupement des activités sur quelques sites privilégiés : le carreau des mines et la proximité des ports d'importation de matières premières pour réduire les coûts de transport ; les métropoles qui fournissent main-d'œuvre qualifiée et vaste marché de consommation. Elle provoque également la disparition des petites entreprises au profit des grandes, mais sans menacer la libre concurrence et avec des différences sectorielles considérables. Dans le textile, la concentration touche davantage la filature que le tissage où perdure le travail à domicile. Elle est maximale dans l'industrie sidérurgique. Des maîtres de forges, comme de Wendel en Lorraine, Schneider au Creusot ou Krupp à Essen, édifient de véritables complexes industriels réunissant plus de 10 000 ouvriers. En 1869, de Wendel assure

11 % de la production nationale de fer et d'acier et Schneider 10 %, alors qu'en 1840 les dix premières firmes sidérurgiques françaises en fabriquaient moins de 14 %. Au total, entre 1800 et 1870, la production industrielle mondiale s'accroît considérablement : celle de la houille est multipliée par 12, celle des cotonnades par 18 et celle de la fonte par 35. Mais cette hausse est due à un nombre très restreint de pays.

Premier à s'être lancé dans la course à l'industrialisation, le Royaume-Uni jouit, tout au long de la période, de la supériorité écrasante que lui procurent son avance technique, l'abondance de son charbon et de ses matières premières, les prix réduits de ses produits, sa tradition commerciale, le dynamisme de son marché intérieur ainsi que de vastes débouchés coloniaux. De fait, son décollage industriel se déroule de 1780 à 1840 en trois étapes. Durant les 25 premières années, les entrepreneurs du textile et de la métallurgie, stimulés par l'émergence d'une demande intérieure et par le commerce colonial, parient sur les techniques nouvelles et sur la mécanisation. Ils inondent les marchés d'articles de qualité moyenne vendus à des prix très bas et font de gros profits. Les guerres napoléoniennes et le Blocus continental entraînent une sérieuse récession. Cependant, le Royaume-Uni reprend son expansion industrielle entre 1815 et 1840 avec un taux de croissance annuel moyen de 3,5 %. Il élargit encore ses horizons, exporte cotonnades, lainages, filés, fontes et machines en quantités toujours plus grandes et reçoit alors le surnom d'« atelier du monde ». Au cours de cette période, les pays noirs du Centre et de l'Ouest de la Grande-Bretagne *(Black Countries)* prennent leur plein essor : Lowlands écossais, Northumberland, Yorkshire, Lancashire, Midlands et Sud du Pays de Galles. Au charbon, partout présent, s'ajoutent quelques spécificités locales : minerai de fer et sidérurgie au Pays de Galles et en Écosse, chantiers navals de la Clyde, du Northumberland et de Liverpool, industries mécaniques autour de Birmingham, travail de la laine dans le Yorkshire et industrie cotonnière dans le Lancashire (**carte 5**). Importé des États-Unis et, en fin de période, des Indes et d'Égypte par le port de Liverpool, le *king cotton* est travaillé dans les villes de l'intérieur (Manchester, Bolton, Oldham). De grosses entreprises se développent (*Crawshay* dans la métallurgie, *Whitworth* dans les constructions mécaniques, *Greg* dans les filés). Au milieu du siècle, l'industrie britannique atteint sa maturité. Elle extrait deux fois plus de charbon, fait fonctionner trois fois plus de machines à vapeur et produit plus de cotonnades, de fonte et d'acier que toutes les autres puissances réunies.

Sur le continent (**carte 5**), la révolution industrielle est plus tardive et demeure incomplète pour de multiples raisons : accroissement démographique plus faible, agricultures lentes à se transformer, marchés formés tardivement, liaison réduite avec l'outre-mer et, surtout, troubles politiques fréquents. Lorsqu'elle intervient, l'industrialisation se développe de façon transnationale avec la formation de vastes ensembles régionaux : Nord de la France-Wallonie-Rhénanie ou Alsace-Suisse-Allemagne du Sud. En effet, les hommes traversent fréquemment les frontières et contribuent ainsi à la diffusion des savoir-faire. Du reste, si le gouvernement de Londres interdit l'exportation des machines jusqu'en 1843, de nombreux entrepreneurs continentaux viennent visiter les usines britanniques (Krupp, de Wendel, Schneider). En sens inverse, des industriels, des ingénieurs et des ouvriers anglais traversent la Manche.

La Belgique, qui possède d'importantes ressources minières et qui a profité de son annexion à l'Empire napoléonien pour développer son industrie à l'abri du Blocus continental, bénéficie particulièrement du phénomène. Ainsi, à partir de 1817, John Cockerill installe, à Seraing, d'importants ateliers mécaniques puis un haut-fourneau au coke. Son groupe, qui devient l'un des plus puissants du monde dans les années 1840, fait des émules (Orban, *Société de la Vieille-Montagne*). La Belgique est alors, après le Royaume-Uni, le deuxième pays le plus industrialisé.

La France, qui possède, dès le début du siècle, quelques grandes manufactures (Oberkampf, Richard-Lenoir), prend son véritable essor industriel sous la monarchie de Juillet. Si l'industrie lainière demeure très dispersée dans les zones d'élevage du mouton (Flandre, Picardie, Normandie, Orléanais, Champagne, Languedoc, Causses), l'industrie cotonnière se concentre autour de trois grands pôles, normand avec Rouen, alsacien avec Mulhouse et flamand

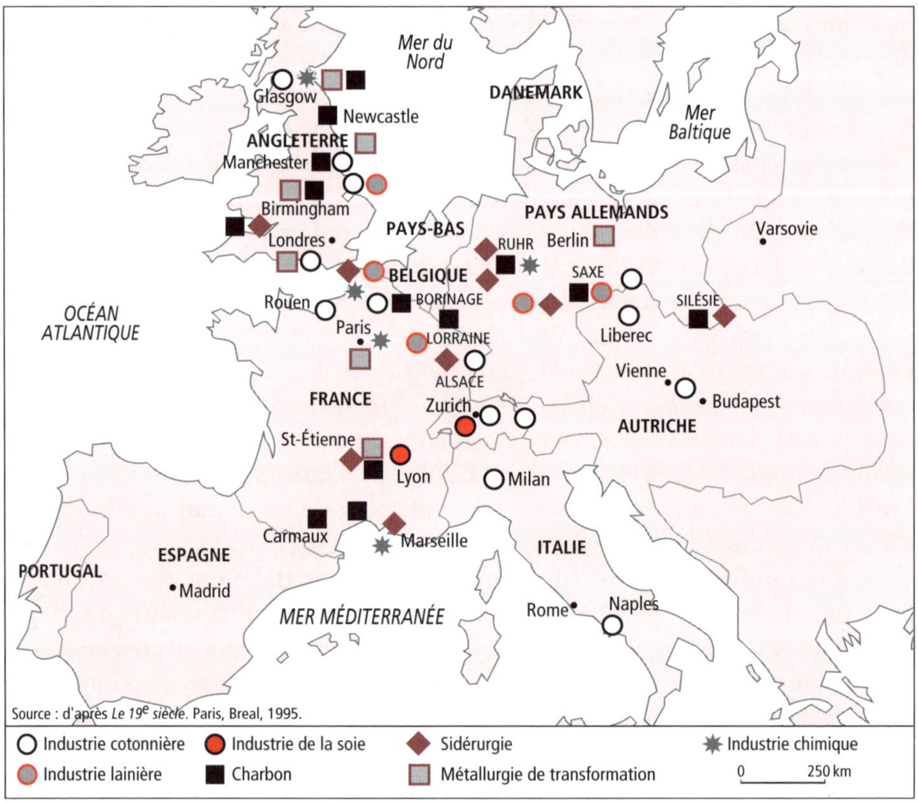

Carte 5. Les principaux foyers de l'Europe industrielle vers 1870

avec Lille, et celle de la soie, autour de Lyon. À côté de la métallurgie traditionnelle, localisée, pour l'essentiel, à proximité des forêts (la Haute-Marne reste le principal département sidérurgique jusqu'au milieu du siècle), s'ajoute une métallurgie moderne dans les bassins houillers : bordures du Massif central (Le Creusot, Saint-Étienne, Carmaux, Alès, Decazeville, Commentry), Nord (Anzin, Denain), avec son prolongement vers le Pas-de-Calais, exploité à partir des années 1850. Un autre point fort de la France est le secteur du luxe, très développé dans la capitale (l'orfèvre Christofle, l'ébéniste Beurdeley). Au total, en 1870, l'industrie française pèse entre le tiers et le quart de son homologue britannique. Si, en 1815, l'Allemagne dispose de foyers industriels en Rhénanie, en Saxe et en Silésie, d'ailleurs tous annexés par la Prusse au congrès de Vienne, elle s'industrialise plus tardivement que le Royaume-Uni, la Belgique et la France, mais aussi plus vite. À cet égard, l'unification progressive du marché allemand, à partir des années 1830, joue un rôle décisif. Le long du Rhin ou de son affluent, la Ruhr, se succèdent centres textiles (Krefeld, Elberfeld), complexes sidérurgiques (Essen avec Krupp, Duisburg) et, à partir des années 1860, pôles chimiques (Ludwigshafen avec *BASF*, Leverkusen avec *Bayer*). Plus isolée, Berlin dispose aussi d'une industrie puissante (les constructions mécaniques de Borsig). En 1870, l'Allemagne occupe le deuxième rang mondial pour des productions de pointe, comme l'acier ou les produits chimiques, et a même rattrapé le Royaume-Uni pour la puissance de ses machines à vapeur installées (900 000 chevaux).

À cette époque, la révolution industrielle gagne la Bohême, la Silésie russe, le Nord de l'Italie ou encore le Sud de la Suède. Hors d'Europe, seuls les États-Unis sont alors en cours d'industrialisation : textiles et constructions mécaniques de la Nouvelle-Angleterre, sidérurgie de la région de Pittsburgh, chantiers navals à Boston… Le « système industriel américain », comme l'appellent les contemporains, repose sur l'utilisation massive des machines et connaît une victoire symbolique, en 1855, lorsque le gouvernement britannique achète sa première machine-outil *yankee*. En 1870, les Américains sont les deuxièmes producteurs mondiaux de charbon, de fonte et de filés de cotons et occupent le quatrième rang pour l'acier.

3 Le développement des transports et du commerce

Jusqu'au début du XIXe siècle, les transports utilisent uniquement l'énergie humaine, animale ou éolienne (portage, voitures hippomobiles, bateaux halés, voiliers) et sont lents : en 1815, il faut trois semaines pour remonter le Rhin de Mayence à Strasbourg, au moins deux mois pour rallier l'Amérique depuis l'Angleterre, près de six pour se rendre de New York à San Francisco. Indispensable pour assurer les approvisionnements des usines, l'écoulement des produits finis et l'unification des marchés, l'amélioration des transports est l'une des caractéristiques majeures du siècle. Elle s'amorce en Angleterre avec le développement des voies navigables, le creusement de canaux, l'amélioration des routes. Dans les pays noirs, le réseau des canaux est presque achevé dès 1830 et celui des routes atteint déjà 50 000 kilomètres en 1850. Le mouvement gagne le reste de l'Europe en voie d'industrialisation : la France développe ses canaux dès la fin de la Restauration et entame, sous la monarchie de Juillet, un vaste programme de construction de chemins vicinaux pour désenclaver ses campagnes. Elle compte 40 000 km de routes en 1850. Les États-Unis sont également concernés et construisent, entre 1817 à 1825, le canal de l'Érié à l'Hudson qui relie le Mississippi et les Grands Lacs à la côte atlantique et, entre 1826 à 1833, le canal de l'Érié à l'Ohio. Mais ce mouvement de construction se ralentit dans les années 1850. Le roulage et le transport par les canaux commencent à décliner devant la concurrence du chemin de fer.

Depuis la construction de la première ligne reliant Manchester à Liverpool, en 1830, le monde est pris d'une *railway mania*. Malgré les réticences exprimées devant ses dangers supposés (la faculté de Médecine de Munich assure que l'usage de la vapeur provoque des maux de tête chez les voyageurs et les spectateurs), ce nouveau mode de transport s'impose. Cela s'explique par l'engouement de l'opinion à son égard et par l'intérêt qu'il représente, aux yeux des industriels, pour l'acheminement, plus rapide et moins coûteux que par les transports traditionnels, des matières premières vers les usines et des produits finis vers les consommateurs, et aussi par l'énorme marché qu'il implique pour la métallurgie : rails, matériel roulant… S'il nécessite une mobilisation de capitaux inédite dans l'histoire de l'humanité, le problème est résolu par le placement, dans le public, de titres de chemin de fer (actions et obligations) et par le rôle joué par les différents États. Au Royaume-Uni et aux États-Unis, si l'initiative est laissée à des compagnies privées – en Grande-Bretagne, 5 compagnies sur plus de 300 détiennent la moitié du réseau : *North Eastern*, *North Western*, *Great Eastern*, *Great Western*, *North British* – les pouvoirs publics se réservent un droit de regard et accordent quelques aides. En France, la loi de 1842 retient le principe de la concession temporaire à l'initiative privée sous contrôle public. L'État s'occupe de l'achat des terrains et de l'infrastructure (travaux d'art, construction des voies et des gares) et les compagnies (6 principales à partir des années 1850 : *Nord*, *Est*, *PLM*, *Orléans*, *Midi*, *Ouest*), de la superstructure (rails, matériel roulant et exploitation). En revanche, en Belgique et en Prusse, les lignes principales sont prises entièrement en charge par l'État. Le développement des réseaux est spectaculaire. En 1840, le monde ne compte encore que 7 200 km de voies. Dès 1850, ce chiffre a plus que quintuplé et quintuple encore au cours des vingt années suivantes, pour atteindre 210 000 km en 1870, avec les premières grandes percées alpines (tunnel du Semmering en 1854, celui du Mont-Cenis achevé en 1871) et le premier transcontinental américain qui met San Francisco à une semaine de New York (1869).

La navigation à vapeur écourte également les trajets et les rend plus réguliers. Dès 1819, le *Savannah* traverse l'Atlantique en 27 jours. Si la voile représente encore 84 % du tonnage en 1870 et résiste bien sur les parcours difficiles (passage du Cap Horn), la vapeur s'impose sur les trajets les plus fréquentés (Calais-Douvres) et détient le monopole du trafic passager. Parallèlement, le transport maritime se structure. Les bateaux n'attendent plus que leur clientèle ou que leur cargaison soient suffisantes pour larguer les amarres. Des compagnies sont créées, comme le *Royal Mail* (1840), la *Cunard* (1840), la *Peninsular and Oriental* (1842), la *Hamburg-Amerika* (1847), les *Messageries maritimes* (1851), la *Compagnie générale maritime* (1855), qui devient la *Transatlantique* en 1861, la *Norddeutscher Lloyd* (1857). Les grands ports de Londres, Liverpool, Le Havre, Marseille ou Hambourg sont aménagés. Initiative de Ferdinand de Lesseps soutenue par Napoléon III, le canal de Suez, long de 162 km entre Méditerranée et mer Rouge, permet, dès 1869, de relier l'Europe occidentale à l'Asie sans faire le détour par le Cap de Bonne-Espérance. Il réduit le temps de parcours entre Liverpool et Bombay de plus de 40 %. À la même époque, 8 jours suffisent désormais pour traverser l'Atlantique.

Le transport des informations progresse également de façon spectaculaire. L'usage du timbre-poste, qui met le coût de la lettre postale à la charge de l'expéditeur, est introduit en Angleterre en 1840 et, en France, en 1849. Il permet de quadrupler le volume du courrier en une trentaine d'années. Le télégraphe électrique, d'abord réservé aux services officiels, s'ouvre progressivement au public. Dès 1851, un câble sous-marin relie les deux rives de la Manche. En 1866, un autre traverse l'Atlantique Nord. Il faut quelques minutes pour qu'une information, partie de la côte Est des États-Unis, parvienne à Londres ou à Paris.

En 1815, le commerce intérieur est limité et routinier. Dans les magasins, qui n'existent que dans les villes, les produits s'entassent sans aucun agencement et le marchandage est de règle. Les campagnes sont approvisionnées irrégulièrement par des colporteurs ambulants. Les principales transactions se font lors des foires qui se tiennent quelquefois par an et ne durent pas plus de quinze jours. Seules quelques-unes rayonnent au-delà de leur région (Beaucaire en France, Leipzig en Allemagne, Medina del Campo en Espagne, Nijni-Novgorod en Russie). L'industrialisation, le développement des transports, le gonflement de la demande diversifient et accroissent l'offre et la demande, révolutionnent l'organisation et les techniques commerciales, étendent et structurent les marchés. Les années 1840 imposent ainsi la figure du commis voyageur. Dans les métropoles, de grands magasins sont créés qui proposent une gamme variée de produits, affichent des prix fixes, s'imposent des marges bénéficiaires réduites qu'ils compensent par un important volume de ventes et instaurent la reprise de l'article en cas d'insatisfaction du client. Après la fondation du *Bon Marché* par Aristide Boucicaut, inventeur du système (1852), les créations se multiplient : *Louvre* (1855), *Printemps* (1865), *Samaritaine* (1869) à Paris, *Harrods* (1852) à Londres, *Macy's* (1858) à New York. Leur essor est lié à celui des transports urbains qui élargit leur aire de chalandise. L'omnibus est fonctionnel à Nantes dès 1826, puis le devient très rapidement dans la plupart des autres grandes villes. Les tramways hippomobiles se développent en Amérique du Nord à la suite de celui mis en place à New York, en 1832. Un métropolitain est construit à Londres dès 1863 et à New York en 1868. Par ailleurs, des épiceries et des bazars s'ouvrent en grand nombre dans les bourgs.

Le commerce international se développe également. Dans un monde protectionniste depuis plusieurs siècles, la fin du système napoléonien et les difficultés qui accompagnent le retour à une économie de paix, à partir de 1815, incitent tous les États à élever encore leurs droits de douane sur les produits industriels et les denrées alimentaires, voire à instaurer des prohibitions (*Corn Laws* britanniques). Ainsi, tout en mettant en place une union douanière (*Zollverein*, en 1834) qui supprime les barrières entre les États signataires, l'Allemagne renforce les droits à ses frontières extérieures, sous l'influence de l'économiste Friedrich List. Auteur du *Système national d'économie politique* (1841), ce dernier pense, comme son collègue américain Henry Carey (*Harmonie des intérêts* de 1850), que le protectionnisme est nécessaire pour permettre à de jeunes industries nationales de croître. Cependant, dès la fin des années 1830, le manufacturier Richard Cobden et ses collègues de Manchester militent en faveur du libre-échange. À leurs yeux, celui-ci doit mettre fin aux disettes et rendre le pain meilleur marché. Il deviendra alors possible de baisser les salaires ouvriers et, donc, de rendre les prix industriels plus compétitifs et d'augmenter les ventes. Les nouveaux rapports instaurés entre les États favoriseront la paix mondiale. Ces arguments, développés dans des campagnes de presse et des réunions publiques, ainsi que le mouvement chartiste et la famine irlandaise, incitent le Premier ministre, Robert Peel, à abroger les *Corn Laws* en 1846. Jusqu'en 1853, les Britanniques abolissent la plupart des autres entraves au commerce, dont l'Acte de Navigation en 1849. À l'instigation de Cobden et de Chevalier, le Royaume-Uni et la France signent, en janvier 1860, un traité commercial qui réduit les droits de douane entre les deux pays. En quelques années, une vingtaine de puissances (Belgique, Italie, *Zollverein*, Autriche) les imitent. En s'accordant réciproquement la clause de la nation la plus favorisée, ils uniformisent, au niveau le plus bas, les différents tarifs nationaux. Parallèlement, les activités des bourses de commerce se développent. Lors des Expositions universelles, dont la première se déroule à Londres, au Crystal Palace, en 1851, l'industrie se donne en spectacle devant un nombre croissant de curieux (celle de Paris, en 1867, attire près de 10 millions de visiteurs). Dans ces conditions, le commerce mondial croît à un rythme inconnu jusque-là : 5 % par an en moyenne entre 1850 et 1870. Il est dominé par le Royaume-Uni qui, à lui seul, en 1860, assure plus du quart des échanges commerciaux de la planète, soit autant que l'ensemble des autres pays européens réunis (dont 11 % pour la France et 9 % pour les États allemands) et beaucoup plus que les États-Unis (9 %). Si les États européens continuent à commercer aux trois quarts entre eux, les pays neufs s'intègrent progressivement au marché international et les colonies sont de plus en plus exploitées. L'économie vivrière régresse au profit d'une économie d'exportation, même si l'ampleur du phénomène diffère beaucoup d'un pays à l'autre. La structure du commerce des États montre leur spécialisation croissante en fonction de leurs rapports de force et de leurs potentialités. Ainsi, le Royaume-Uni, qui a délibérément sacrifié son agriculture au profit des activités industrielles plus rémunératrices, importe à 89 % des matières premières et des produits alimentaires, et exporte pour 85 % de produits manufacturés. La structure des commerces français, belge et suisse ressemble à ce modèle, à quelques variantes près : la France exporte plus de produits haut de gamme et moins de productions en grande série et à bas prix ; la Belgique et la Suisse ont des taux d'ouverture plus élevés mais échangent des volumes très inférieurs. Le commerce allemand et, à un degré moindre, celui des États-Unis, s'en rapprochent aussi progressivement. En revanche, tous les autres pays fournissent une majorité de produits agricoles et miniers et achètent plutôt des produits manufacturés. Seuls le Royaume-Uni et la France investissent massivement, et de plus en plus, à l'étranger (700 millions de livres en 1870 pour le premier, soit un triplement par rapport à 1850, 440 millions de livres en 1870 pour la France, soit le quintuple par rapport à 1850).

3. Les limites du système

I Les rythmes contrastés de la croissance

Le premier XIXe siècle est une période de grande croissance économique. Le *trend* séculaire (c'est-à-dire la tendance générale) de la production est nettement à la hausse. Au cours du XVIIIe siècle, les industries britannique et française progressaient à un rythme moyen de 0,8 % par an, amenant un doublement du produit en 90 ans environ. Désormais, leur rythme de croissance est de trois à quatre fois supérieur et vingt ans leur suffisent pour doubler leur produit. En raison des gains de productivité et de la diversification de l'offre, le *trend* des prix est, quant à lui, à la baisse. Néanmoins, des mouvements plus complexes se dessinent derrière ces tendances séculaires.

Entre 1815 et 1850, le monde traverse plutôt une phase dépressive avec une baisse des prix, des profits et des salaires. La période débute par la chute de la production de métal précieux en raison de l'émancipation des colonies hispano-portugaises d'Amérique et par la reconversion de l'économie de guerre en économie de paix. Elle se caractérise par un chômage endémique et des mouvements révolutionnaires. À l'inverse, la période 1850-1873, qui commence par la découverte de mines d'or en Californie et en Australie et par le gonflement du stock de monnaie, est plutôt une période de hausse des prix, des salaires et des profits. Les entrepreneurs obtiennent plus facilement crédit et les initiatives se multiplient. Dans ce climat favorable, les échanges se libéralisent et les troubles socio-politiques se font plus rares. Cependant, les premiers signes d'un retournement apparaissent lors des dernières années de la période. L'élan donné par le textile, la métallurgie et les chemins de fer commence à se ralentir.

Ces phases se découpent elles-mêmes en cycles dont les moments cruciaux sont les crises identifiées, dès 1862, par l'économiste français Clément Juglar, dans son ouvrage, *Des crises commerciales et de leur retour périodique en France, en Angleterre et aux États-Unis.* Les crises d'Ancien Régime n'avaient aucune périodicité. Elles étaient dues à des catastrophes climatiques qui entraînaient de mauvaises récoltes, la hausse des prix des denrées de première nécessité et la disette. Par contrecoup, les achats de biens manufacturés diminuaient et le marasme devenait industriel, commercial et bancaire. À l'inverse, la crise capitaliste est cyclique. Elle a pour origine la surproduction industrielle ou la spéculation financière nées de l'expansion et provoque des faillites et des poussées de chômage. Puis l'économie s'assainit et l'offre s'ajuste à la demande, avant que le système ne s'emballe à nouveau. Sur une durée de six à onze ans se succèdent ainsi croissance, crise, dépression, reprise. Cependant, les crises de 1816-1819, 1825-1827, 1836-1839 et 1845-1848 sont encore mixtes.

La dernière d'entre elles, qui est aussi la plus grave du siècle, débute comme une crise d'ancien type. La maladie de la pomme de terre provoque des disettes dans toute l'Europe du Nord et même une famine en Irlande. De mauvaises récoltes de céréales aggravent encore la situation. La crise agricole vide les caisses des États qui doivent acheter au prix fort des grains à l'étranger. Les stocks de l'industrie ne s'écoulent plus du fait des difficultés financières des campagnes. Simultanément, l'argent fait défaut aux compagnies de chemin de fer. Or, elles ont ouvert de grands chantiers et ont sous-estimé le coût des travaux. Contraintes de rendre leur argent aux clients paniqués, les banques arrivent au bout de leurs disponibilités et arrêtent les crédits. Les faillites s'enchaînent et le chômage atteint des proportions inouïes (plus du tiers des ouvriers de la métallurgie et du cinquième des mineurs en France). Résultant d'une grave insuffisance de crédit, la crise de 1857 est sans doute la première à pouvoir être qualifiée de purement capitaliste. Celle de 1866 est consécutive à la guerre de Sécession américaine et à la famine de coton qui en a résulté car les Américains assuraient 90 % de la production mondiale. Partie du textile, la crise gagne la plupart des activités industrielles, l'immobilier, le secteur bancaire. Le *Crédit mobilier* des frères Pereire fait ainsi faillite en 1867.

2 Les contestations

Tout au long du premier XIXe siècle, le monde connaît de nombreuses révoltes à caractère économique. Certaines continuent à être provoquées par les insuffisances dues au système de production traditionnel : révoltes des serfs russes, pillages de convois de grains en période de disette. Des fureurs paysannes et ouvrières résultent aussi de la transition difficile entre l'ancien et le nouveau monde. La disparition progressive des usages communautaires et des droits pluriséculaires (vaine pâture, glanage, ramassage de bois de chauffage dans les forêts communales) au profit de pratiques individualistes (enclosures) entraînent de nombreux désordres ruraux : bris de clôture, violence contre les notables ou les agents de l'autorité. En France, la politique de l'administration des Eaux et Forêts et l'application du *Code forestier* de 1827 suscitent la colère des paysans et des mouvements sporadiques pendant vingt ans. Accusant la mécanisation d'être responsable du chômage, les ouvriers anglais commencent à briser des machines dès la fin du XVIIIe siècle. Ce *luddisme* britannique se généralise dans les années 1810 puis retombe avant de gagner le continent (soulèvement des travailleurs de Silésie en 1844). D'autres mouvements contestataires s'inscrivent dans le cadre du capitalisme libéral et remettent en cause les nouvelles conditions qu'il impose aux masses laborieuses (salaires, durée du travail, tâches abrutissantes et dangereuses). Les dernières années du Second Empire voient ainsi se multiplier les grèves dont certaines se terminent tragiquement (13 morts à La Ricamarie et 17 à Aubin en 1869).

En cherchant à refondre le système économique et social sur des bases plus justes, les premiers socialistes (le Britannique Robert Owen, les Français Charles Fourier, Louis Blanc, Étienne Cabet et Pierre-Joseph Proudhon) relaient et favorisent la contestation. Cependant, ils demeurent pacifiques et touchent peu les masses, Proudhon excepté. À la plupart de ces théoriciens, qu'ils qualifient d'utopistes, et à Proudhon, qu'ils accusent de négliger le développement de la grande industrie, Karl Marx et Friedrich Engels opposent leur « socialisme scientifique », défini dans le *Manifeste du parti communiste* (1848) et approfondi dans *Le Capital* (1er tome en 1867). Selon eux, le capitalisme aliène une partie de la valeur du travail ouvrier (la plus-value) en maintenant de bas salaires et en rivant le prolétaire à sa condition. Ses contradictions internes, tels l'attachement du patronat à sa liberté, qui empêche de donner une direction ferme à un capitalisme de plus en plus complexe et la prolétarisation des petits propriétaires, qui ne leur permet plus d'acheter les produits proposés et qui provoque des crises de surproduction, le conduiront à sa perte. S'ils sont solidaires, les ouvriers n'auront pas de mal à l'abattre et à prendre le contrôle des moyens de production. Après une phase transitoire de dictature du prolétariat, un monde égalitaire, où chacun travaillera pour tous et recevra selon ses besoins, verra le jour (communisme). L'influence du marxisme commence à se faire sentir dans l'agitation des années 1869-1870.

Certains théoriciens du capitalisme libéral, comme le Suisse Simonde de Sismondi (*Nouveaux principes d'économie politique*, en 1819), ou l'Anglais John Stuart Mill (*Principes d'économie politique* de 1848 et *L'utilitarisme*, en 1868), sont conscients des inégalités engendrées par le système et proposent d'y remédier en permettant à l'État d'intervenir et en intéressant davantage les ouvriers aux résultats de leur entreprise. De leur côté, une partie des classes dominantes (aristocraties nostalgiques de l'ancien monde, chrétiens sociaux) dénoncent l'inhumanité du travail dans les mines et dans les usines, l'argent-roi, les spéculations en tout genre ou encore les chevaliers d'industrie qui montent des sociétés fantômes pour escroquer les naïfs.

3 Le maintien de structures traditionnelles

En marge de l'agriculture scientifique et intensive de l'Europe occidentale, de la culture et de l'élevage extensifs et modernes des pays neufs et des plantations équatoriales et tropicales (café, coton, sucre), de très grandes zones de la planète continuent à pratiquer une polyculture traditionnelle et vivrière et restent à l'écart de la nouvelle économie. En outre, la révolution agricole ne concerne qu'une partie de l'Occident. L'utilisation des nouvelles charrues, de la vapeur pour le labourage et le battage et des engrais se limite aux exploitations les plus modernes et les plus grandes. Dans la plupart des campagnes, les paysans se montrent réfractaires au progrès, l'outillage et les méthodes n'ont guère évolué depuis le Moyen Âge et les rendements restent médiocres.

En 1870, la production industrielle de la majeure partie des pays demeure l'œuvre d'artisans (système *koustari* en Russie). Cependant, dans la dizaine de pays qui sont alors industrialisés ou en voie d'industrialisation, le travail à domicile reste aussi très répandu, y compris en Angleterre (couteliers de Sheffield, tisserands de Preston, potiers du Trent), car il permet aux patrons de pratiquer de très bas salaires et de pallier l'irrégularité des commandes plus facilement qu'en usine où les licenciements peuvent générer des troubles. Le phénomène est particulièrement net dans les pays qui, comme la France, disposent d'une main-d'œuvre rurale abondante. La mécanisation de certains secteurs (textile) en est retardée. D'autres branches se prêtent mal à la grande industrie (confection et luxe où la créativité et la minutie jouent un rôle primordial). La taille de la plupart des entreprises est encore très réduite : au Royaume-Uni, celles du coton et de la sidérurgie, secteurs de pointe du pays le plus avancé, ont, en moyenne et respectivement, seulement 184 et 218 salariés. Partout, l'entreprise familiale et l'autofinancement demeurent prépondérants. Les fondations de sociétés anonymes se cantonnent le plus souvent aux secteurs qui exigent des capitaux considérables : transports maritime et ferroviaire, sidérurgie, chimie, grands magasins. En 1870, la France compte toujours moins de 5 % de sociétés anonymes. Les marchés boursiers ne se sont d'ailleurs pas réellement démocratisés, excepté au Royaume-Uni et, dans une moindre mesure, aux États-Unis. Ailleurs, seuls les titres d'État se diffusent dans un large public.

Malgré les progrès accomplis dans le transport de marchandises et dans la circulation des informations, les aspects traditionnels du commerce demeurent prédominants et les marchés opaques. Une grande partie de la planète reste inconnue et inaccessible (centre des continents africain et asiatique). En outre, si le libre-échange se développe à partir des années 1860, plusieurs pays, comme la Russie ou les États-Unis, y demeurent réfractaires. Les contemporains en discutent les effets et la crise traversée par l'industrie cotonnière à la suite de la guerre de Sécession semble le remettre en cause.

BIOGRAPHIES

Les Rothschild. Descendant de petits commerçants et prêteurs sur gages juifs de Francfort-sur-le-Main, Amschel-Meyer (1744-1812), gère les biens du landgrave de Hesse-Cassel puis fonde une société bancaire avec ses cinq fils. L'aîné, Amschel (1773-1855), reste à Francfort, Nathan (1777-1836) s'installe à Londres, James (1792-1868) à Paris, Salomon (1774-1855) à Vienne et Charles (1788-1855) à Naples. Les 5 frères restent en contact étroit et édifient, en quelques années, le plus puissant réseau de la haute banque internationale. Après avoir financé la coalition contre le Premier Empire, ils deviennent les banquiers de la Sainte-Alliance et défendent la paix. Ils s'intéressent aux emprunts d'État, aux arbitrages entre devises et au grand négoce puis aux mines, à la sidérurgie et aux chemins de fer. Anoblis par l'empereur d'Autriche en 1817 et devenus barons en 1822, ils s'enracinent dans leurs pays respectifs et y fondent des dynasties. Lionel (1808-1879), fils de Nathan, est le premier israélite à entrer au Parlement britannique (1847). Alphonse (1827-1905), fils de James, devient régent de la Banque de France en 1855.

Les Schneider. D'une modeste famille de paysans lorrains, Antoine Schneider accède à la notabilité sous la Révolution. Ses fils, Adolphe (1802-1845) et Eugène (1805-1875), sont d'abord associés aux affaires de la banque Seillière puis sont commandités, en 1836, pour la reprise de l'entreprise métallurgique du Creusot, alors moribonde. Dès 1838, ils font sortir de leurs ateliers la première locomotive française puis ouvrent, en 1839, des chantiers de constructions navales à Chalon-sur-Saône. En 1845, l'entreprise qui possède 50 fours à puddler et 5 trains de laminoirs, emploie déjà 3 000 ouvriers. Adolphe est alors député. Après sa mort prématurée, Eugène lui succède dans ses mandats politiques et devient seul maître du Creusot. Régent de la Banque de France, vice-président du PLM, président du Comité des Forges fondé en 1864, mais aussi ministre de l'Agriculture et du Commerce en 1851, vice-président du Corps législatif à partir de 1852 puis président de cette assemblée de 1867 à 1870, il est l'une des plus grandes figures industrielles et politiques de son temps.

DÉBATS

Dans le premier tiers du XXe siècle, l'économiste russe Kondratieff et son homologue français Simiand ont identifié les mouvements économiques de longue durée et en ont proposé une explication monétaire (phase B de baisse des prix et de dépression de 1815 à 1850, phase A de hausse des prix et de prospérité de 1850 à 1873). D'autres, comme l'Autrichien Joseph Schumpeter, ont au contraire souligné le rôle déterminant, pour la croissance, de l'innovation technologique et des initiatives des entrepreneurs.

Dans un ouvrage devenu classique (*Les Étapes de la croissance économique,* 1960), l'économiste américain, Walter Rostow, a présenté l'industrialisation comme un « décollage » *(take off)* de 20 à 30 ans pendant lequel la croissance s'est accélérée et est devenue irréversible. Pour ce libéral, comme pour les économistes d'inspiration marxiste, le phénomène s'est reproduit quasiment à l'identique dans les différents pays avec un simple décalage dans le temps. À l'opposé, Gerschenkron a cherché à montrer les spécificités nationales de l'industrialisation.

Dans une récente synthèse (*L'échelle du monde. Essai sur l'industrialisation de l'Occident*, Gallimard, 1997), Patrick Verley place l'industrialisation dans le plus long terme (il part du milieu du XVIIIe siècle), réévalue l'importance de la demande par rapport à l'offre (à l'encontre de l'historiographie dominante de Fernand Braudel à François Crouzet en passant par David Landes) et voit deux processus de croissance se succéder : un premier au cours duquel la division du travail et l'expansion des marchés sont déterminants (« croissance smithienne » parce que théorisée par Adam Smith) puis un second, où l'innovation et le rôle du chef d'entreprise prennent le pas (« croissance schumpeterienne »).

BIBLIOGRAPHIE

- **Michel Auge-Laribe, *La Révolution agricole*, Paris, Albin Michel, L'évolution de l'humanité, 1955.**
- **Jean-Alain Lesourd et Claude Gérard, *Histoire économique XIXe et XXe siècles*, 2 vol., Paris, Armand Colin, U, 1963.**
- **Jean-Pierre Rioux, *La Révolution industrielle 1780-1880*, Paris, Seuil, Points Histoire, 1971.**
- **David S. Landes, *L'Europe technicienne ou le Prométhée libéré. Révolution technique et libre essor industriel de 1750 à nos jours*, Paris, Gallimard, 1975 pour la traduction.**
- **Jean Bouvier, *Initiation au vocabulaire et aux mécanismes économiques contemporains (XIXe-XXe siècle)*, Paris, CDU-SEDES, 1977.**
- **Pierre Léon (dir.), *Histoire économique et sociale du monde*, t. 3, Louis Bergeron (dir.), *Inerties et révolutions 1730-1840*, t. 4, Gilbert Garrier (dir.), *La Domination du capitalisme 1840-1914*, Paris, Armand Colin, 1977-1978.**
- **Jean-Charles Asselain, *Histoire économique. De la révolution industrielle à la Première Guerre mondiale*, Paris, Dalloz, 1985.**
- **Jean-Michel Gaillard et André Lespagnol, *Les Mutations économiques et sociales au XIXe siècle (1780-1880)*, Paris, Nathan, 1986.**
- **Pascal Griset, *Les Révolutions de la communication, XIXe-XXe siècle*, Paris, Hachette, 1991.**
- **Patrick Verley, *L'Échelle du monde : essai sur l'industrialisation de l'Occident*, Paris, Gallimard, 1997.**
- **Patrick Verley, *La Révolution industrielle*, Paris, Gallimard, Folio Histoire, 1997.**
- **François Crouzet, *Histoire de l'économie européenne, 1000-2000*, Paris, Albin Michel, 2000.**

La production (en millions de tonnes) de houille, de fonte et d'acier de quatre grandes puissances					
		Royaume-Uni	France	Allemagne	États-Unis
1800	Houille	10	1	1	0
	Fonte	0,2	<*	<*	0
	Acier	0	0	0	0
1820	Houille	12	1,1	1,5	0
	Fonte	0,4	0,1	<*	0,2
	Acier	0	0	0	0
1840	Houille	30	3	3,4	2,1
	Fonte	1,4	0,3	0,1	0,2
	Acier	0,6	0,2	0,1	0
1860	Houille	80	8	17	13
	Fonte	3,8	0,9	0,5	0,9
	Acier	1,5	0,5	0,3	0
<* : production inférieure à 100 000 tonnes.					

Source : d'après P. Bairoch, « Niveaux de développement », *Annales ESC*, 1965.

I MÉTHODE

Lire et commenter des statistiques

Les statistiques sont des données numériques qui servent à quantifier et à analyser des phénomènes pour lesquels une étude exhaustive de tous les facteurs est impossible en raison de leur nombre trop important ou de leur trop grande complexité. Elles sont souvent présentées sous forme de tableaux.

Après avoir défini la nature du fait étudié (généralement donné par le titre), il est indispensable de s'interroger : sur la fiabilité des **données** à partir de la source (il peut en effet s'agir de simples estimations ou de chiffres avérés) ; sur les **dates** (dont l'espacement peut ne pas être régulier) ; sur les **unités** employées en valeurs absolues (milliers, millions), ou en valeurs relatives (pourcentages, taux, indices).

Il peut être utile de réaliser quelques opérations élémentaires pour faciliter le commentaire : on peut calculer, par exemple, un taux d'accroissement (en pourcentage) en appliquant la formule [(b – a) / a] x 100 avec b représentant la valeur de la dernière date de la période considérée et a, la valeur de la première date. On peut aussi construire une courbe d'évolution (l'utilisation d'une échelle semi-logarithmique montre mieux les phénomènes de croissance qu'une échelle arithmétique).

Le commentaire lui-même comprendra classiquement une introduction (présentation du document), un développement (description et explication des faits en allant du général au particulier) et une conclusion (principaux résultats et conséquences).

II ENTRAÎNEMENT

Commenter le tableau statistique qui précède en s'aidant du cours.

CHAPITRE 5

Populations et sociétés occidentales

Le premier XIXe siècle connaît une forte croissance démographique, en particulier en Europe. Des migrations d'une ampleur inconnue depuis le haut Moyen Âge gonflent les villes du Vieux Continent et peuplent l'Amérique du Nord. Les sociétés occidentales se transforment selon des voies diverses et à des rythmes différents. Les aristocraties traditionnelles restent prédominantes, mais des reclassements s'opèrent. Les bourgeoisies se font conquérantes et des classes moyennes commencent à émerger. De nouvelles perspectives s'ouvrent pour les dominés avec l'abolition du servage et de l'esclavage. En revanche, et malgré quelques avancées, les femmes demeurent sous l'empire des hommes. Enfin, l'apparition d'un prolétariat d'usine et la paupérisation d'une partie des urbains provoquent de nouvelles tensions. La « question sociale » occupe les esprits et suscite quelques réformes.

1. Croissances et mobilités

I L'accroissement de la population

De 1815 à 1870, la population mondiale augmente de près d'un tiers, en passant de 970 à 1285 millions d'habitants. Tous les continents participent à cette progression dans des proportions très différentes. L'Asie reste de loin la plus peuplée, mais la croissance y est peu spectaculaire (de 650 millions d'habitants à 785), ce qui explique le recul de sa part dans la population mondiale (de 67 % à 61,1 %). L'Afrique connaît également un déclin relatif (de 92 millions d'habitants et 9,5 % de l'humanité en 1815 à 102 millions et 8 % en 1870). À l'inverse, la population de l'Europe progresse. De 197 millions d'habitants en 1815, elle passe à 307 en 1870. Elle représente, à cette date, près du quart du total (23,9 %) contre le cinquième cinquante-cinq ans plus tôt (20,3 %). En réalité, l'accroissement du nombre d'Européens est encore plus ample que ces chiffres ne le laissent paraître. Durant cette période, d'importants flux migratoires du Vieux Continent sont en effet venus nourrir l'Amérique du Nord, l'Amérique latine et l'Océanie où les populations passent respectivement de 8 à 44 millions (de 0,8 % à 3,4 % de l'humanité), de 21 à 44 millions(de 2,2 % à 3,4 %) et de 2 à 3 millions (0,2 % en 1870 comme en 1815).

Cet essor de la population européenne s'explique par le fait que le Vieux Continent est le premier à entrer en transition démographique (**doc. 7**). La natalité se maintient longtemps à des niveaux élevés alors que la mortalité recule rapidement et nettement en raison d'une conjonction de facteurs favorables. À l'exception de la guerre franco-allemande de 1870-1871 (250 000 morts), aucun conflit majeur n'ensanglante l'Europe, contrairement aux autres continents comme l'Asie, avec la Chine où la rébellion Taiping fait plus de 20 millions de victimes (1850-1864), et l'Amérique où la guerre de Sécession aux États-Unis provoque 620 000 morts (1861-1865). Si la maladie de la pomme de terre de 1846 coûte à l'Irlande un million de décès et, corrélativement, un déficit de près de 400 000 naissances et si la faim tue encore plusieurs milliers de Finlandais en 1867-1868, ce sont les dernières famines occidentales, alors que l'Inde, par exemple, en subit

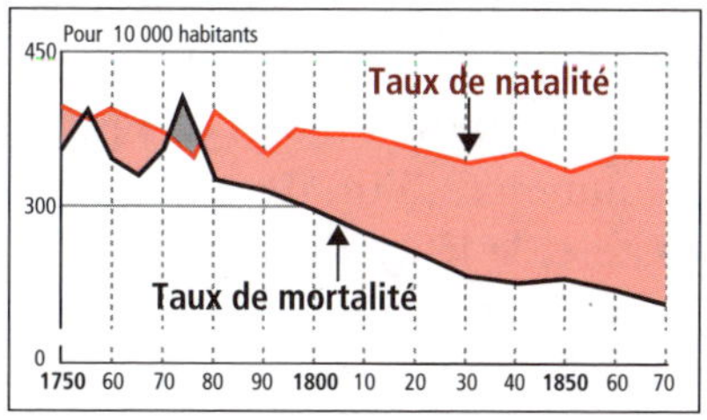

Document 7. Schéma des phases de l'évolution démographique en Europe

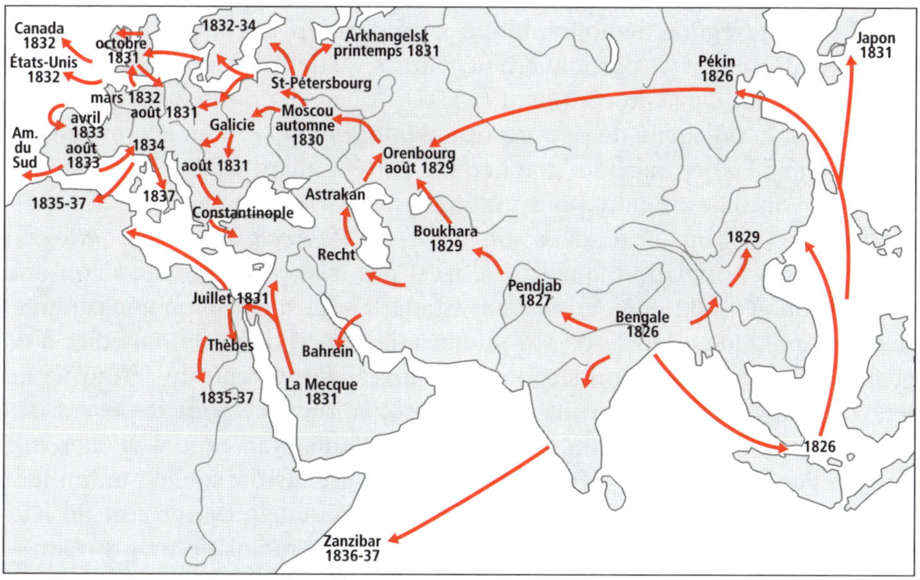

Carte 6. La première invasion cholérique en Europe

(Source : Patrice Bourdelais et Jean-Yves Raulot, *Histoire du choléra en France*, Paris, Payot, 1987, p. 20)

une dizaine au cours de la période. En effet, l'alimentation des Européens devient globalement plus riche, plus abondante et plus régulière grâce aux progrès de l'agriculture et des transports. Le continent connaît son lot de grandes épidémies traditionnelles (typhus, syphilis) dont certaines, comme la grippe et, surtout, la tuberculose, véritable mal du siècle, sont responsables d'une importante mortalité. D'autres réapparaissent, tel le choléra qui, depuis le Bengale, sa niche écologique, arrive au gré des déplacements commerciaux et militaires et frappe à de nombreuses reprises à partir de 1831 (plus de 100 000 morts en France en 1832 et autant en 1848-1849 ; **carte 6**). Néanmoins, l'Europe est, là encore, plus épargnée que l'Asie et l'Afrique. La peste et la lèpre disparaissent progressivement. Mise au point par Jenner en 1796, l'inoculation de la vaccine, qui immunise l'homme contre la variole, se répand rapidement et permet d'éradiquer presque complètement ce mal. Les progrès de la médecine sont d'ailleurs spectaculaires, grâce à la méthode d'auscultation de Laennec, apparue dès le début du siècle, à la révolution de la chirurgie (avec l'anesthésie dans les années 1840), à l'antisepsie vingt ans plus tard et à la création d'hôpitaux modernes comme Lariboisière, inauguré à Paris en 1854. Les nécessités de l'hygiène corporelle sont mieux expliquées et mieux comprises. Des règles sanitaires plus rigoureuses commencent à s'imposer : adduction d'eau, aménagement des égouts, contrôle des inhumations…

Cependant, la chronologie et l'intensité de l'essor démographique européen diffèrent selon les régions, les États et les milieux sociaux. La plupart des pays de l'Europe méditerranéenne et orientale entament leur transition démographique vers 1850, quand ceux de l'Europe du Nord-Ouest sont au milieu d'un processus qui a commencé, pour eux, un siècle plus tôt, la Russie et la France constituant deux cas extrêmes. La première, qui n'a pas encore quitté l'ancien régime démographique, avec des taux de natalité (50,5 ‰) et de mortalité (36,5 ‰) particulièrement forts, détient le taux de croissance naturelle le plus élevé du continent (14 ‰). À l'inverse, la France, qui se singularise par la précocité de sa transition démographique, a un accroissement dérisoire (3,5 ‰) en raison d'une natalité extrêmement faible (26,5 ‰). Les Français n'ont pas attendu, pour pratiquer la restriction volontaire des naissances, que Malthus note, dans son *Essai sur le principe de la population* en 1798, que « la population, quand elle n'est pas freinée, augmente selon une progression géométrique » et « les subsistances, seulement selon une progression arithmétique ». Du reste, si l'auteur anglais préconise de remédier à ce problème en décourageant surtout les pauvres de se reproduire, car ils ne peuvent subvenir aux besoins de leur progéniture, ce sont les élites des Lumières qui commencent à faire moins d'enfants pour ne pas aliéner leur liberté. Par la suite, les ménages en cours d'ascension sociale entendent conserver ou élever leur niveau de vie en limitant la dimension de leur famille. La mère, qui travaille en usine, dispose de moins de temps pour se consacrer à ses enfants. Le citadin est moins perméable aux messages religieux prônant qu'il faut croître et se multiplier pour la gloire de Dieu. Ces façons de penser et les moyens de les mettre en œuvre (mariage tardif voire célibat, allaitement prolongé, pratiques contraceptives) gagnent progressivement les autres pays de l'Europe du Nord-Ouest. Les avortements par drogues, bains chauds, exercices violents, chutes volontaires ou chirurgie se multiplient et obligent les gouvernements à adopter une législation criminelle (Grande-Bretagne en 1803, France et Belgique en 1810). Celle-ci se montre particulièrement sévère à l'égard des avorteuses (« faiseuses d'anges ») qui encourent la prison à perpétuité, voire la peine de mort en cas de décès de la femme enceinte.

L'espérance de vie à la naissance s'allonge pour dépasser 40 ans, en 1870, dans la plupart des pays d'Europe occidentale, contre à peine plus de 30 dans ceux de l'Europe méditerranéenne et orientale et moins encore en Asie et en Afrique. Cependant, les écarts peuvent aller du simple au double entre l'homme du peuple et celui des couches supérieures de la société dont l'activité professionnelle est moins éprouvante, qui est mieux nourri et qui est moins touché par les guerres et les épidémies. À York, en 1840, l'espérance de vie à la naissance d'un chômeur est de moins de 24 ans, celle d'un commerçant, de plus de 30 ans, et celle d'un aristocrate, de plus de 48 ans.

Au total, le poids relatif des populations européennes se modifie au cours de la période. En 1815, la Russie d'Europe compte 47 millions d'habitants, la France, 29,5, les États allemands, 25,5, l'Empire d'Autriche, 24,5, l'ensemble des États italiens et le Royaume-Uni, 19 chacun. En 1871, la Russie d'Europe occupe toujours le premier rang avec 75 millions d'habitants. La France, avec à peine plus de 36 millions d'habitants, est dépassée par l'Allemagne (41 millions) et talonnée par l'Autriche-Hongrie (35), cependant que son avance sur le Royaume-Uni (31,5) et sur l'Italie (27) se réduit. Les Français, qui constituaient près de 17 % des Européens à la veille de la Révolution, en représentent moins de 15 % en 1815 et moins de 12 % en 1871. Au faible croît naturel s'ajoute la perte de l'Alsace-Lorraine et de ses 1,5 millions d'habitants que ne compense pas l'annexion, en 1860, de la Savoie, de Nice et de leurs 670 000 habitants.

2 Fortes densités rurales et départ des campagnes

Parce que l'urbanisation présente l'attrait de la nouveauté et semble s'inscrire dans le sens de l'histoire, que l'homme des campagnes a laissé peu de témoignages et que le récit du passé s'écrit essentiellement dans les villes, on a tendance à oublier que le premier XIXe siècle reste très largement rural et paysan. La structure de la population active mondiale en témoigne pourtant avec force. Vers 1800, 79 % des actifs travaillent dans le secteur primaire, 10 % dans le secondaire et 11 % dans le tertiaire. En 1870, le primaire comprend encore 75 % des actifs contre 12 % pour le secondaire et 13 % pour le tertiaire. Le phénomène s'explique en grande partie par le nombre toujours réduit de puissances industrielles. Cependant, la population rurale demeure également prépondérante au sein de ces dernières car les industriels voient de multiples avantages dans le maintien du travail à domicile (conservation des habitudes, moindre immobilisation du capital, coûts salariaux inférieurs, risques plus réduits d'explosion sociale). En 1851, les ruraux représentent 85 % de la population aux États-Unis, 74,5 % en France, 64 % en Allemagne, mais déjà plus que 52 % au Royaume-Uni. Dans ce dernier pays excepté, cette population décline proportionnellement, mais continue à augmenter en valeur absolue. De nombreuses campagnes atteignent alors l'apogée historique de leur démographie. Dans certaines, la surpopulation prend des proportions inquiétantes, comme dans les comtés du Sud-Ouest et du Nord-Est de l'Irlande, où la densité dépasse parfois les 100 hab./km^2.

Jusque-là, les départs massifs des campagnes se sont limités au Royaume-Uni, où le mouvement des enclosures a chassé la petite paysannerie. En outre, des ruraux de régions pauvres ont déjà l'habitude de quitter leurs villages une partie de l'année pour aller travailler dans les grandes villes (maçons creusois à Paris, ramoneurs savoyards à Lyon, artisans cantalous à Barcelone…). Ces migrations saisonnières se doublent désormais de départs définitifs, liés à une agriculture archaïque, ne fournissant plus assez de travail, voire de nourriture, à une population plus nombreuse. S'ajoutent l'attrait d'un travail régulier et rémunéré, offert par une industrie et un commerce en plein essor, mais aussi l'espoir d'une vie plus libre, plus facile et moins monotone que celle du village où le contrôle social est omniprésent (la famille, les voisins, le prêtre) et où les activités récréatives demeurent rares. Ces nouveaux migrants sont en général de jeunes célibataires non qualifiés et dont la situation est précaire (journaliers, valets de ferme). Il s'agit parfois aussi de familles, voire de villages entiers qui prennent la route, attirés par la réussite d'un compatriote, par les lumières de la ville ou par un lointain mirage (la terre et l'or des pays neufs). Si les départs restent globalement limités en raison d'une conjoncture favorable à l'agriculture, en maints endroits (Irlande, Poméranie, Massif Central), ils commencent à prendre le caractère d'un véritable exode rural.

3 Poussée urbaine et émigration

En Europe, le développement des villes, en stagnation depuis la fin du XVIIIe siècle, reprend avec vigueur dans la première moitié du XIXe siècle, avec l'arrivée de ruraux et grâce à un solde naturel des citadins nettement positif. En prenant, comme critère de la population urbaine, le plancher des 5 000 habitants, le taux d'urbanisation du continent, qui n'était que de 11,5 % en 1815, passe à 16,5 % en 1850 et à 20,5 % en 1870. Cet essor profite à la quasi-totalité des villes, exception faite de petits centres qui s'assoupissent lentement parce qu'ils ne s'industrialisent pas et qu'ils restent à l'écart des circuits commerciaux, comme, en France, Bayeux, Brioude ou Manosque. À l'inverse, la population et le nombre des grandes villes augmentent fortement (50 cités européennes de plus de 100 000 habitants en 1850, contre 20 cinquante ans plus tôt). En raison du développement des appareils d'État et des services, les capitales connaissent une croissance particulièrement vive. Entre 1800 et 1850, Londres, première ville mondiale, passe de 950 000 habitants à 2 380 000, Paris de 550 000 à 1 055 000, Berlin, de 172 000 à 437 000. Cependant, ce sont les centres miniers, les villes industrielles et les nœuds de transport qui gonflent le plus. De ce fait, l'urbanisation concerne essentiellement la partie nord-ouest de l'Europe. Grâce à son port, Liverpool, qui n'est que la vingt-sixième ville européenne en 1800 avec 85 000 habitants, accède au septième rang en 1850 avec 420 000 habitants. Des cités nouvelles voient le jour : à mi-chemin de gisements de minerai de fer et de charbon, Middlesbrough, 154 habitants en 1831, en compte déjà 20 000 trente ans plus tard. Grâce à la métallurgie et à la rubanerie, Saint-Étienne multiplie sa population par six entre 1801 et 1870 pour atteindre près de 100 000 habitants. De leur côté, les villes des États-Unis, qui étaient beaucoup moins peuplées que leurs homologues européennes, ont généralement des taux de croissance supérieurs à elles (6 % par an en moyenne à partir de 1830). Lorsque Chicago obtient le statut de ville, en 1833, elle a moins de 500 habitants. En 1870, elle en rassemble déjà plus de 150 000. Cependant, à cette date, le seul pays à compter plus d'urbains que de ruraux est le Royaume-Uni.

Dans un premier temps, les villes ont du mal à s'adapter à cette forte poussée. Les déplacements se faisant le plus souvent à pied, elles conservent une superficie réduite et l'entassement des populations atteint des proportions gigantesques. En 1851, Londres et Paris comptent ainsi plus de 300 hab./ha, avec même des pointes à 1 500 hab./ha au centre de la capitale française. Ce n'est pas par la verticalité que les villes résolvent ce problème crucial. En effet, les techniques ne permettent pas encore de construire de hauts immeubles (diffusion très lente de l'ascenseur mis au point par l'Américain Otis en 1853, débuts timides des charpentes métalliques). En revanche, le cadre urbain s'étend. C'est ainsi que les métropoles européennes se dilatent au-delà de leurs enceintes fortifiées et absorbent les villages environnants : Londres, tout au long de la période, Berlin en 1841 et en 1861, Vienne en 1857, Anvers en 1859, Paris qui double sa superficie et passe de 12 à 20 arrondissements en 1860… En Amérique du Nord, où, Québec excepté, les villes n'ont pas de fortifications, le phénomène prend une grande ampleur. Un urbanisme rationnel (plans orthogonaux) se développe, d'autant plus facilement que le bâti est plus réduit, et les villes américaines sont à la pointe des travaux d'assainissement, comme Philadelphie pour l'adduction d'eau. Cependant, le Vieux Continent n'est pas en reste. La modernisation de Londres est considérable avec le percement de *Regent Street* dans les années 1810, l'adoption du tout-à-l'égout, du macadam et de l'éclairage au gaz, la multiplication des squares… Paris aussi subit d'importantes transformations sous le règne de Napoléon Ier et, plus encore, sous celui de Napoléon III avec le préfet Haussmann (1853-1870). Ce dernier, qui bénéficie du soutien inconditionnel de son souverain, donne la priorité à la commodité, à la circulation et à l'hygiène. Il élabore un système urbanistique complet reposant sur trois réseaux : celui des hommes et des marchandises, avec des voies larges et rectilignes, de grandes croisées, des gares de chemin de fer ; celui de l'air, avec des avenues bordées d'arbres, des squares, des jardins (parc Monceau, buttes Chaumont) et des « poumons verts » (bois de Vincennes et de Boulogne) ; celui des fluides, avec l'adduction d'eau potable et l'évacuation des eaux usées. Son œuvre inspire plusieurs autres villes françaises (Lyon, Marseille) et étrangères (Barcelone…). Cependant, ces travaux coûteux restent le plus souvent limités aux beaux quartiers. Dans la ville d'autrefois, des gens de toutes conditions cohabitaient dans les mêmes immeubles, en dépit de l'apparition précoce d'une certaine ségrégation géographique (à Paris, par exemple, le faubourg Saint-Germain aristocratique s'opposait aux faubourgs artisanaux Saint-Marcel et Saint-Antoine). Sans jamais devenir absolue, celle-ci se développe avec la reconversion des centres et, plus largement, avec la spécialisation des espaces (fonctions de direction et services en position centrale, industries à la périphérie). À Londres, le centre politique *(Westminster)* voisine avec le centre des affaires *(City)*, cependant que les quartiers de l'Ouest deviennent de plus en plus luxueux *(West End)* et que ceux du Sud, avec leurs manufactures *(Southwark)*, et ceux de l'Est, avec le port et les entrepôts *(East End)*, se prolétarisent. Ces transformations, qui deviennent possibles grâce au développement des transports urbains, suscitent néanmoins des résistances. D'un côté, l'installation des riches dans des banlieues réservées, comme Edgbaston à Birmingham, demeure exceptionnelle. De l'autre, les pauvres quittent souvent les centres de mauvais gré, même s'ils sont logés dans des conditions précaires, comme c'est le cas dans les garnis et les *common lodging houses* où ils s'entassent par dizaines. En effet, ils sont parfois contraints de transiter dans des abris de fortune, tels ceux de la « Petite Pologne » à Paris, avant de se retrouver dans des habitats tout aussi insalubres ou dans de véritables « casernes », situées dans des quartiers mal desservis et dépourvus de commerces. Dans les villes minières ou spécifiquement industrielles, commencent à s'aligner des maisons de briques accolées les unes aux autres, exiguës et toutes identiques.

Mais la ville déçoit parfois les espoirs du migrant, qui décide alors de se diriger vers des horizons plus lointains. Si l'on exclut le cas particulier du Royaume-Uni (plus de 1 550 000 Irlandais installés en Grande-Bretagne en 1861), la France est le pays européen qui attire et accueille le plus d'étrangers (380 000 y vivent en 1851, le double vingt ans plus tard), mais ces chiffres sont très modestes en comparaison des mouvements intercontinentaux. Les départs d'Européens vers d'autres continents sont encore assez réduits de 1815 jusqu'au milieu des années 1840 (environ 2 800 000 au total), mais la Grande Famine irlandaise, la révolution des transports maritimes, les incitations gouvernementales et les encouragements des associations professionnelles, soucieuses de soulager le marché du travail, provoquent une première grande vague d'émigration outre-mer. De 1851 à 1870, le continent enregistre 4975000 nouveaux départs dont 58% proviennent du Royaume-Uni, 29% des États allemands et 6,5% des pays scandinaves, l'Irlande subissant de très loin la plus forte hémorragie avec 145 départs pour 10000 habitants. Les trois quarts de ces migrants se dirigent vers les États-Unis. Le quart restant leur préfère le Canada, le Brésil, l'Argentine ou encore l'Australie. À peine plus du dixième d'entre eux finiront par retourner dans leur pays d'origine.

2. Des élites au peuple

I Le maintien des aristocraties traditionnelles

La Révolution française a gravement remis en cause le rôle, la position et le prestige de la noblesse: abolition des privilèges au cours de la nuit du 4 août 1789, *Déclaration des droits de l'homme et du citoyen* le 26 août suivant (article 1er: «Les hommes naissent et demeurent libres et égaux en droits. Les distinctions sociales ne peuvent être fondées que sur l'utilité commune», et non plus sur la naissance), nationalisation des biens de l'aristocratie émigrée, suppression du droit d'aînesse au profit de partages successoraux égaux qui hachent les domaines... Les aristocraties des pays voisins de la France ont été affectées à des degrés divers, en raison des conquêtes françaises et de la contagion des esprits. Malgré la réaction qui suit l'effondrement de l'Empire napoléonien, l'ancien régime social n'est plus de mise dans l'Europe du Nord-Ouest, comme en témoigne l'échec du rétablissement du droit d'aînesse en France, en 1826.

Néanmoins, les aristocraties restent puissantes à travers toute l'Europe. À leur sommet, il existe une véritable internationale dorée dont tous les membres sont apparentés les uns aux autres. Elle fréquente les cours et entretient les valeurs communes: la distinction, la culture lettrée, la politesse, le savoir-vivre. L'aristocratie semble toujours prédisposée à l'exercice des responsabilités. De fait, sa tradition du service de l'État, ses ressources financières, sa disponibilité, sa participation à la vie mondaine, les réseaux dont elle fait partie, la clientèle qu'elle entretient sont autant d'atouts. Les plus hauts grades de l'armée, la diplomatie et la magistrature demeurent ses chasses gardées. Nommés par les souverains, gouvernements et chambres hautes sont composés presque exclusivement de nobles. Dans des sociétés où la propriété et la terre demeurent les valeurs suprêmes, ces derniers jouissent d'une prééminence incontestable, en raison des grands domaines qu'ils possèdent. Cependant, ils savent aussi se tourner vers les nouvelles activités économiques. Outre les mines et la métallurgie, dont ils ont déjà une grande expérience, puisque, liées à la terre, celles-ci n'impliquaient pas la dérogeance sous l'Ancien Régime, ils n'hésitent pas à participer aux conseils d'administration des entreprises modernes. Ils sont bien acceptés car leur longue histoire familiale, ainsi que leur réputation de sérieux et d'honnêteté rassurent associés et actionnaires.

Du duc Decazes, ancien ministre de Louis XVIII, qui fonde Decazeville et ses forges, au marquis de Talhouët, ministre de Napoléon III, qui fait partie des deux cents plus gros actionnaires de la Banque de France et qui est vice-président du chemin de fer d'Orléans, la France fourmille d'exemples tout au long de la période. L'avènement du suffrage universel n'entame pas encore la puissance politique de la noblesse. Dans de nombreuses régions (Bretagne, Normandie, Sud-Est du Massif Central), les paysans continuent à voir en « M. le marquis » ou en « M. le comte », leur protecteur naturel. En 1870, les nobles représentent 32 % des députés du Corps législatif et 27,5 % des conseillers généraux, alors qu'ils constituent moins de 2 % de la population française. Au Royaume-Uni, les *lords* (300 familles en 1815 et 400 en 1870) possèdent d'immenses *estates* (manoirs entourés d'un parc et de milliers d'hectares de cultures) auxquels le *strict settlement* (le chef de famille est usufruitier du bien mais n'a pas le droit de l'aliéner) évite le morcellement. Grâce à leur puissance foncière (ils détiennent 24 % du sol) et à la très large autonomie locale, les *landlords* contrôlent les comtés. Leurs cadets, qui n'ont droit ni au titre, ni, en général, à la terre, s'orientent vers l'administration, l'armée, la marine et l'Église anglicane où ils monopolisent les postes les plus importants. Aristocratie non titrée, la *gentry* (environ 3 000 familles) se tourne elle aussi vers la terre (elle possède 29,5 % du sol), sans dédaigner les professions religieuses, juridiques ou économiques. Détenant tous les postes au sein du Cabinet, tous les sièges à la Chambre des lords et une écrasante majorité aux Communes, l'aristocratie domine la vie politique britannique. Dans la majeure partie de l'Europe méditerranéenne et orientale, où l'industrialisation est, au mieux, embryonnaire et où les sociétés restent très clivées, les aristocraties (*junkers* prussiens, magnats hongrois) continuent à régner sans partage sur le sol et à gouverner les États.

2 L'affirmation des bourgeoisies

Sous l'Ancien Régime, la bourgeoisie n'occupait qu'une place subalterne dans les sociétés européennes et ne pouvait guère compter que sur une accession à la noblesse pour assouvir ses ambitions. Tout change à partir de la fin du XVIIIe siècle car elle est la principale bénéficiaire des bouleversements politiques, économiques et sociaux que connaissent alors l'Europe du Nord-Ouest et les États-Unis. L'industrialisation, dans laquelle elle s'investit beaucoup, lui permet de dominer l'économie. En France, elle accède à la politique grâce à la Révolution et profite de la vente des biens de la noblesse et du clergé pour s'enrichir. Au Royaume-Uni, elle obtient des lords qu'ils sacrifient l'agriculture dont ils tirent l'essentiel de leurs ressources au nom d'un intérêt supérieur du pays (développement de l'industrie et du commerce) coïncidant avec le sien. Aux États-Unis, pays neuf et sans aristocratie, elle règne sans partage et fait triompher son idéal social reposant sur l'enrichissement. En peignant Bertin l'aîné, propriétaire du *Journal des Débats*, Ingres donne un visage à cette bourgeoisie sûre d'elle-même et conquérante.

Alors que les critères juridiques qui la définissaient sont devenus obsolètes (le bourgeois était l'habitant privilégié du bourg, de la ville), la bourgeoisie se distingue principalement des autres groupes sociaux par son style de vie et par ses valeurs. Le bourgeois est propriétaire. Il ne vit pas au jour le jour, ce qui lui permet de procéder à des dépenses qui le classent et d'adopter des usages conformes à son milieu. Il reçoit régulièrement ses semblables dans son salon. Ses domestiques assurent le service sous la direction de son épouse et ses enfants jouent du piano, témoignant ainsi de la bonne éducation qu'il leur a donnée. Attaché à la considération sociale et à la respectabilité, le bourgeois croit au sérieux, au travail, à l'effort, à l'épargne, à la famille et à l'ordre social, mais aussi à la liberté et au progrès. Au-delà de ces traits communs, la bourgeoisie est multiple. Selon sa fortune et son prestige, elle se hiérarchise en trois strates : une grande, une moyenne et une petite bourgeoisie dont la première se rapproche de la noblesse et dont la troisième confine aux classes moyennes. Elle se différencie aussi par ses activités et ses sources d'enrichissement. Une bourgeoisie d'entreprise fondée sur le profit se décline des sommets de la banque, de l'usine et du négoce jusqu'au monde de l'atelier et de la boutique. Une bourgeoisie du savoir s'épanouit dans la haute fonction publique, l'enseignement supérieur, les professions juridiques, scientifiques, littéraires et artistiques. Enfin, une bourgeoisie de la rente vit de ses revenus fonciers ou boursiers. Ces bourgeoisies sont fréquemment raillées par les romanciers (Tolstoï), les auteurs dramatiques (Labiche) ou les caricaturistes (Daumier). Le chevalier d'industrie est critiqué pour ses malversations et sa victime, le *gogo*, pour sa crédulité. Parallèlement, William Thackeray popularise le type du *snob*, déclinaison, parmi d'autres, du parvenu.

De fait, de nombreux fils du peuple gravissent alors l'échelle sociale pour accéder à la bourgeoisie. Fils d'horloger, Victor Cousin devient ainsi professeur à la Sorbonne, pair de France et ministre. Issu d'une famille de chapeliers, Aristide Boucicaut arrive de sa Normandie natale à Paris pour faire fortune, tel le *Rastignac* de Balzac ; quelques années plus tard, il y parvient grâce à son magasin, *Le Bon Marché*. L'industrie est particulièrement riche d'exemples en la matière (George Stephenson, Josiah Mason, Jean-François Cail). Être doué, inventif et désireux d'entreprendre ne suffit pourtant pas. Il importe d'être soutenu par le milieu auquel on entend s'agréger : riches bailleurs de fonds, patron qui a repéré les capacités du jeune ambitieux et qui l'associe à ses affaires en le mariant à sa fille… Par ailleurs, les fils de leurs œuvres restent minoritaires. L'ascension sociale se produit généralement sur plusieurs générations et a même tendance à se raréfier en raison de la fermeture progressive du milieu patronal. La plupart des bourgeois sont des héritiers, y compris dans la société américaine, qui est la plus fluide de toutes et qui a popularisé l'image du *self made man.*

Le modèle aristocratique contamine les franges supérieures de la bourgeoisie. Au Royaume-Uni comme en France, c'est l'ancrage terrien qui permet d'accéder à la noblesse et aux Chambres hautes. Nombre de négociants, de banquiers et d'industriels abandonnent donc leurs activités pour s'acheter un château et des terres et vivre de leurs rentes. La fusion de la grande bourgeoisie et de la noblesse s'opère aussi par des alliances matrimoniales. L'ancienne aristocratie y voit un moyen de redorer ses blasons ; la bourgeoisie, la reconnaissance de sa réussite sociale. Lord Rosebery épouse une Rothschild, le prince de Polignac, la fille de l'homme d'affaires Jules Mirès… Dans les pays où ils sont politiquement et numériquement faibles (Russie, empire d'Autriche, pays méditerranéens à l'exception de l'Italie du Nord), les bourgeois sont encore plus enclins au compromis avec l'ordre ancien. En Allemagne, ils sont certes plus nombreux et plus dynamiques, mais l'échec politique de l'Assemblée de Francfort, la peur sociale et le désir de l'unité nationale les précipitent dans les bras de l'aristocratie.

3 La diversification des couches populaires

Dans les campagnes européennes et nord-américaines, la façon dont le sol est exploité et la condition paysanne varient beaucoup d'une région à l'autre. Si les sociétés y évoluent plus lentement qu'en ville, rien n'est figé. En France, les petits propriétaires exploitant eux-mêmes le sol (mode de faire-valoir direct) étaient nombreux avant 1789. Ils le sont plus encore après la Révolution et la vente des biens nationaux, surtout en zone de montagne, dans l'Est, la Bretagne, le Poitou et le pays Charentais. Cette paysannerie indépendante se renforce également dans le Sud et l'Ouest de l'Allemagne ainsi que dans le Nord de l'Italie, de l'Espagne et du Portugal, en particulier à la faveur de la vente des biens monastiques et des communaux (à partir de 1837 en Espagne). Aux États-Unis, elle constitue un idéal social car elle fait progresser la frontière et vivre la démocratie. Même si les grandes vagues d'aliénation du domaine public (1818-1819, 1836, 1855-1856) et la loi du *Homestead* (1862) ne lui profitent pas autant que les autorités l'auraient souhaité, elle domine dans le Nord et dans l'Ouest de l'Union. À côté de ces paysans indépendants, fermiers et métayers louent des terres à de grands propriétaires. Moyennant une redevance, les premiers exploitent souvent le sol comme ils l'entendent, sont plutôt ouverts au progrès, font parfois de gros profits et vivent confortablement, comme les céréaliers du Bassin Parisien. Généralement plus pauvres, les deuxièmes ont peu de matériel, cultivent encore selon les techniques ancestrales et, lorsqu'ils ont versé au propriétaire la part des fruits et récoltes qui lui revient, il ne leur reste quasiment rien pour vivre (métayers du Languedoc ou d'Irlande). Le sort des salariés agricoles (journaliers, domestiques), si nombreux sur les domaines latifundiaires du *Mezzogiorno* italien, d'Andalousie ou de l'Alentejo, celui des serfs de l'Est de l'Europe et celui des esclaves des plantations de coton et de tabac du Sud des États-Unis, est encore moins enviable. Si la part des salariés agricoles régresse en France, elle augmente en Grande-Bretagne où, en raison des enclosures, la plupart des paysans indépendants *(yeomen)* deviennent prolétaires des campagnes ou des villes.

Le monde ouvrier se diversifie. Aux paysans ouvriers s'ajoutent désormais les ouvriers paysans, tels, par exemple, ces ruraux qui se font embaucher à Carmaux comme mineurs et qui continuent à cultiver un lopin de terre. D'importants effectifs restent, par ailleurs, employés dans les petites entreprises et les métiers qualifiés proches de l'artisanat. Ils sont urbanisés de longue date, fiers de leurs traditions professionnelles et attachés à leur indépendance. Certains constituent une véritable aristocratie du travail, alphabétisée et

Document 8. Chez un ouvrier tisseur lyonnais, 1840

gagnant bien sa vie (métiers du luxe, de l'imprimerie). La suppression des corporations (en France dès 1791, puis dans les territoires annexés par l'Empire napoléonien, en Angleterre en 1813, au Danemark en 1857, en Suède en 1864, dans l'Allemagne du Nord et en Norvège en 1869) leur fait gagner en liberté ce qu'ils perdent en sécurité. Dans le secteur du textile ou celui du cuir, une masse très féminisée de salariés à domicile est surexploitée, isolée et travaille dans la précarité (*sweating system*, littéralement « système qui fait suer »). Elle dénonce autant qu'elle redoute les « bagnes » de la grande industrie et, pour éviter de s'y retrouver, accepte de ne plus compter son temps et de ne recevoir qu'un salaire de misère (**doc. 8**). Tout en restant minoritaire, le prolétariat d'usine est précisément la grande nouveauté de la période. Composé pour l'essentiel de ruraux déracinés et d'ouvriers à domicile déclassés, il effectue un travail peu qualifié et répétitif. Il est soumis à une discipline sévère (même si les règlements ne sont pas toujours rigoureusement appliqués), pendant des journées de 12 à 15 heures rendues possibles par l'éclairage au gaz, et des semaines de six jours, sans autres congés que les fêtes religieuses. Le salaire, indexé sur le prix du pain, est parfois payé en nature (ce qui oblige souvent le travailleur à s'approvisionner dans les magasins contrôlés par le patron à des prix abusifs), et est de plus en plus fixé non à l'unité de temps (à l'heure ou à la semaine, exceptionnellement au mois), mais à la tâche (travail aux pièces). Il en résulte fréquemment des cadences infernales qui occasionnent fatigue et accidents. Ce prolétariat n'a pas de perspective d'ascension sociale, y compris pour ses enfants qu'il met au travail très jeunes. Beaucoup d'ouvriers qualifiés cultivent, en revanche, l'espoir de s'installer à leur compte et de devenir petit patron ou commerçant. De fait, le nombre de patentés triple en Angleterre et en France entre 1815 et 1870.

En dehors de l'agriculture et de l'industrie, le peuple trouve à s'employer dans de nombreux métiers traditionnels : salariés du petit commerce, colporteurs, rouliers, ramoneurs, porteurs d'eau, rémouleurs, domestiques. Le personnel de maison (maître d'hôtel, cuisinier, dame de compagnie, cocher, femmes de chambre) connaît une véritable explosion avec le maintien de l'ostentation aristocratique et l'essor de la bourgeoisie. Les domestiques représentent ainsi 14 % de la population munichoise en 1828. Au début des années 1860, la France en compte près de deux millions et le Royaume-Uni plus d'un million. Avec la révolution des transports et la mise en place de circuits de commercialisation complexes, des professions se développent : mécaniciens, personnels des chemins de fer et des compagnies maritimes, grossistes, voyageurs de commerce, employés des grands magasins... Au milieu des années 1860, les vendeurs de nouveautés (les calicots) sont ainsi 25 000 rien qu'à Paris. Dans les entreprises, la gestion du personnel, la correspondance commerciale et la comptabilité nécessitent la création de nouveaux emplois. De son côté, la fonction publique est en pleine croissance : armée, police, poste, enseignement (il y a plus de 100 000 instituteurs publics en France dans les années 1860). En y accédant, de même qu'à la cléricature

ou aux petites professions libérales (médecins de campagne, vétérinaires, journalistes), les enfants des milieux populaires intègrent les classes moyennes. Ces dernières ont un grand souci de l'image qu'elles donnent d'elles-mêmes. Elles n'hésitent pas à sacrifier leurs dépenses alimentaires pour embellir leur logement, pour mieux se vêtir, pour recevoir. Leur mode de vie les rapproche de la petite bourgeoisie (**doc. 9**).

Document 9. Un employé de bureau au XIXe siècle

3. Émancipations et nouvelles formes de dépendance sociale

I La disparition du servage et de l'esclavage

Héritage d'une féodalité européenne qui n'a guère épargné que les pays scandinaves, le servage attache les individus à la terre, les frappe de diverses incapacités et les assujettit à de nombreuses obligations et redevances. S'il a reculé à partir de la seconde moitié du XVIIIe siècle sous l'effet du despotisme éclairé et de l'expansion révolutionnaire française, il est loin d'avoir disparu d'Europe dans les premières décennies du XIXe siècle. Dans l'empire d'Autriche, les paysans libérés des droits personnels continuent à verser des redevances, à effectuer des corvées et à subir la justice et la police seigneuriales. Dans le Sud de l'Italie et en Espagne, la fin de la domination française entraîne le rétablissement des droits féodaux. En Prusse, les ordonnances de 1816 et de 1821 restreignent la portée de l'édit d'émancipation de 1807. Seuls sont affranchis les paysans qui possèdent un attelage et qui rachètent les charges qui pèsent sur eux. Si l'abolition des droits féodaux espagnols intervient en 1836, après la mort du roi réactionnaire Ferdinand VII, ce sont les révolutions de 1848 qui jouent un rôle décisif dans l'empire d'Autriche (abolition définitive) et en Allemagne (abolition par étapes en Prusse, en Bavière, en Wurtemberg). La féodalité disparaît du *Mezzogiorno*, après l'unification italienne, et de Roumanie, en 1864. Même si la lourdeur des indemnités de rachat ou la modestie de la parcelle qui leur est concédée oblige la plupart des anciens serfs à se louer comme ouvriers agricoles sur les terres de leurs anciens maîtres, ou à émigrer, les sociétés de l'Europe centrale et méridionale viennent de franchir un pas décisif dans la voie de leur modernisation.

Au même moment, la Russie subit un bouleversement plus radical encore. Le problème du servage y est en effet d'une autre ampleur. Dans la première moitié du XIXe siècle, l'Empire des tsars se définit comme « un immense village serf » composé de pauvres « âmes mortes », selon l'expression de Gogol. Avec 22 millions de paysans *(moujiks)* dépendant d'un propriétaire *(pomechtchik)* ou seigneur *(barine)* et 20 autres qui travaillent sur les terres de l'État, en 1858, plus de la moitié de la population russe est asservie. Dans sa forme privée, le servage est beaucoup plus dur qu'ailleurs en Europe et ressemble fortement à l'esclavage (châtiments corporels, pratique de l'aliénation individuelle des serfs sans la terre et sans la famille, malgré le règlement de 1833). Contre la jouissance de son lot de terre *(nadel)*, le serf fournit au seigneur des corvées *(barchtchina)*, en particulier sur les riches terres noires du Sud *(tchernoziom)*, ou des redevances *(obrok)*, surtout sur les terres à faible rendement du centre et du Nord du pays. Le seigneur a tendance à rogner sur le *nadel* dans le premier cas et à augmenter arbitrairement l'*obrok* dans le second. En outre, le *moujik* se voit imposer, par la communauté villageoise *(mir)*, le choix des cultures et les redistributions périodiques de terres, en fonction des capacités de chacun et de ses besoins familiaux. Enfin, le système est un obstacle à la grande culture capitaliste ainsi qu'à l'expansion industrielle et commerciale, même si certains serfs sont artisans, commerçants, mineurs ou ouvriers d'usine. Au lendemain de l'échec russe dans la guerre de Crimée, Alexandre II, qui vient de monter sur le trône, prend conscience qu'une réforme s'impose, d'autant plus que près d'un millier d'émeutes serves ont agité les campagnes depuis le début du siècle. Après avoir libéré les paysans d'État (1858), le tsar abolit le servage par l'*oukase* du 3 mars 1861 (19 février dans l'ancien style). Tous les serfs reçoivent la liberté personnelle. En revanche, les seigneurs conservent la plus grande et la meilleure partie du sol. Les paysans dépendent toujours du *mir* et doivent racheter leurs servitudes et la terre qu'ils cultivent (en vingt annuités au seigneur ou en quarante-neuf à l'État moyennant le versement d'un intérêt) ou se contenter d'obtenir gratuitement le quart de leur ancien lot (« part du mendiant ») contre renonciation définitive aux trois autres quarts. Au total, beaucoup de *moujiks* considèrent que leur situation s'est dégradée.

De son côté, l'esclavage, qui fait de l'être humain asservi un simple objet placé sous la puissance absolue du maître, a connu une grande extension à l'époque moderne car les Européens l'ont placé au centre de leur commerce triangulaire. À l'aube du XIXe siècle, il concerne des millions de personnes en Afrique, en Amérique et en Asie. Réclamée par les sectes protestantes et par les héritiers des Lumières, au nom de la dignité humaine, ainsi que par les libéraux économiques qui trouvent le rendement du travail forcé insuffisant, l'abolition se heurte néanmoins à trois obstacles majeurs : le droit à la propriété, le coût de l'indemnisation des planteurs lésés, la peur de porter un coup fatal à l'économie coloniale. Si la Révolution française supprime l'esclavage en 1794, Napoléon Bonaparte le rétablit dès 1802. Plus modestement, mais plus durablement, le Royaume-Uni renonce à la traite en 1807, grâce à l'action de l'infatigable Wilberforce. Les États-Unis s'y résolvent à leur tour l'année suivante et, en 1815, le congrès de Vienne condamne solennellement cette pratique. Le trafic diminue sensiblement. Parallèlement, plusieurs États d'Amérique latine abolissent l'esclavage, comme le Mexique en 1829. L'étape décisive est franchie en 1833-1834, lorsque les Britanniques le font à leur tour et émancipent leurs 800 000 esclaves. Le débat s'ouvre alors dans la plupart des pays esclavagistes occidentaux. En France, les esclaves de la Couronne sont libérés dans les derniers mois de la monarchie de Juillet, puis la totalité des esclaves au lendemain de la Révolution de février 1848, à l'initiative de Victor Schœlcher. Suivent le Danemark, la même année, les Pays-Bas, en 1854, le Portugal, en 1856, et les États-Unis, en 1865 (13e amendement à la Constitution), au terme d'une sanglante guerre civile entre le Nord abolitionniste et le Sud esclavagiste. Si le mouvement émancipateur est lancé, l'esclavage n'en disparaît pas pour autant de la surface de la terre : le monde musulman continue à le pratiquer à grande échelle.

2 La subordination des femmes et les débuts du féminisme

Dans la société du XIXe siècle, l'infériorité féminine est proclamée par la religion (dans le judaïsme, l'homme commence par exemple sa prière quotidienne en remerciant Dieu de ne pas l'avoir fait femme), par la science (physiologistes), par la philosophie (Proudhon) et par le *Code civil* de 1804 dont l'influence sur les législations européennes est immense. S'il fait de la fille l'égale du fils au regard des héritages, le Code consacre l'entière soumission de l'épouse à l'égard de son conjoint (« Le mari doit protection à sa femme, la femme obéissance à son mari »). Frappée d'incapacité civile, la femme est considérée comme mineure et ne peut ni aller en justice, ni travailler, vendre ou acheter sans l'autorisation de son époux, qui gère la totalité de ses biens. En cas d'adultère, elle peut être condamnée à une peine de prison alors que son mari n'est reconnu coupable que s'il y a scandale public (installation de sa maîtresse au domicile conjugal) et, dans ce cas, n'est passible que d'une amende. Dans cet esprit, le divorce, instauré en France par la Révolution, et qui était généralement demandé par les épouses en raison d'une violence conjugale très répandue, est abrogé en 1816. Selon la théorie des sphères, dont Ruskin se fait l'interprète dans *Of Queen's Gardens* en 1864, la vie publique est le domaine réservé du mari (activité professionnelle, relations sociales, politique) et la famille, le lieu naturel d'épanouissement de l'épouse. Dans les milieux aisés, la jeune fille reçoit donc une éducation religieuse qui la prépare à accepter un mariage de convenance et à tenir une maison. Sa vie peut à la rigueur s'agrémenter d'un rôle de représentation (salon, ventes de charité) ou d'une activité de traductrice car, celle-ci se faisant en privé, est anonyme et n'engage donc pas le nom du mari, est compatible avec les tâches ménagères et ne nécessite pas le génie dont les hommes considèrent avoir l'apanage. En revanche, son talent artistique est reconnu et elle peut l'exercer dans le chant (la Malibran), le théâtre (Rachel, Sarah Bernhardt), la danse (Marie Taglioni, Carlotta Grisi), voire la peinture animalière (Rosa Bonheur) ou le roman pour enfants (comtesse de Ségur). De façon significative, lorsque la femme aspire à ce que son œuvre soit prise au sérieux, elle adopte un pseudonyme masculin : Daniel Stern (Marie d'Agoult), George Sand (Aurore Dupin), George Eliot (Mary-Ann Evans). Il est par ailleurs exclu qu'elle exerce une profession autre qu'artistique, religieuse ou de direction d'entreprise (veuves de patrons contraintes d'assurer la succession pour que l'affaire ne sorte pas de la famille). Dans les couches populaires, le travail féminin, qui est nécessairement plus répandu (paysannes, employées de magasin, ouvrières, domestiques), est souvent dénoncé comme une régression sociale et est accusé de provoquer le chômage masculin. Dans ces conditions, l'enseignement laïc féminin se heurte à de vives résistances (opposition à la mise en place des cours secondaires pour jeunes filles de Victor Duruy à la fin du Second Empire) et la jeune célibataire, moderne et émancipée, est incomprise et déconsidérée socialement. L'immense majorité des femmes acceptent leur condition par attachement religieux, par conformisme social, par amour (Clara, l'épouse du célèbre compositeur Robert Schumann minimise ses talents musicaux exceptionnels pour ne pas nuire à la carrière de son mari) ou simplement parce que gérer le quotidien leur semble plus important que de chercher à s'émanciper.

Cependant, le premier XIXe siècle est un moment clé où les femmes voient de nouvelles perspectives s'ouvrir devant elles : quelques-unes exercent une influence sur le monde politique (Mme de Staël, Mme de Krüdener ou sœur Rosalie, sans parler des souveraines) ; d'autres participent activement aux mouvements nationaux et libéraux (indépendance grecque, *Risorgimento*). À une autre échelle, la pratique de la loi veut que l'ouvrière dispose des revenus de la famille et reverse à son mari son argent de poche. L'élément vraiment neuf et important est ailleurs. Désormais, de nombreuses femmes entendent devenir actrices de leur propre destin. Déjà, sous la Révolution, Olympe de Gouges avait rédigé une *Déclaration des droits de la femme et de la citoyenne* et plusieurs clubs féminins avaient été fondés. Le mot *féminisme* commence à être utilisé dans les années 1830. Beaucoup de femmes ne comprennent pas que rien ne soit fait pour améliorer leur condition, alors qu'elles-mêmes font tant pour les humbles ou les esclaves (aux États-Unis, la publication, en 1852, de *La Case de l'oncle Tom* par Harriet Beecher-Stowe est déterminante). Leur combat est mené sur trois fronts. Elles dénoncent leur infériorité juridique, leur incapacité civique – après les révolutions de 1848, elle réclament le droit de vote lors de la convention du droit des femmes de Seneca Falls (1848) et du congrès international des femmes, à Worcester, en 1850 – et l'exploitation de leurs corps par les hommes. C'est là l'un des premiers combats mené par Joséphine Butler qui lutte contre la prostitution, mal touchant toutes les couches sociales, depuis les femmes entretenues du demi-monde, qui ont leurs hôtels particuliers, jusqu'aux serveuses de cabarets louches, sans oublier les ouvrières faisant le « cinquième quart de la journée ». Si les femmes commencent à utiliser la tribune ou la pétition, elles recourent davantage à l'écrit : romans de George Sand, essais de Flora Tristan, articles de presse d'Eugénie Niboyet, de Susan Anthony et d'Elizabeth Stanton. Dans cette lutte difficile, elles reçoivent l'appui de quelques hommes : Pierre Leroux, Karl Marx ou John Stuart Mill dont le livre, écrit en 1869, *De l'assujettissement des femmes*, a un grand retentissement. Cette action recueille ses premiers résultats même s'ils demeurent encore très limités : le divorce est légalisé en Belgique en 1832 et en Grande-Bretagne en 1857. Les États-Unis font exception : à partir de 1840, l'épouse obtient la pleine capacité sur ses biens et sur les revenus de son travail dans de nombreux États de l'Union et les femmes reçoivent des pouvoirs étendus dans plusieurs conseils locaux.

3 Nouvelles tensions sociales et recherches de solutions

Si le gonflement des classes moyennes est un facteur de stabilité sociale, d'autres bouleversements (marginalisation du travail à domicile, émergence du prolétariat d'usine, croissance mal maîtrisée des villes) provoquent en revanche inquiétude et tensions. Artisans et ouvriers à domicile se révoltent (canuts lyonnais en 1831, tisserands de Silésie en 1844) parce que le machinisme et la pression démographique dégradent leurs conditions de travail et de vie. De son côté, le prolétariat d'usine est déstabilisé par des tâches nouvelles, impersonnelles et éprouvantes. Les ouvriers subissent de plein fouet les flambées périodiques du prix des denrées de première nécessité qui absorbent près des deux tiers de leur budget et les poussées de chômage contre lesquelles rien ne les protège. Ils voient également que leur salaire nominal (l'argent qu'ils reçoivent) a tendance à baisser jusqu'au début des années 1850, en oubliant que leur salaire réel (qui tient compte du coût de la vie) et leur pouvoir d'achat progressent, parce que le prix des produits qu'ils achètent chute souvent plus vite. Pour oublier leur misère, les brimades dont ils sont victimes et les risques qu'ils encourent (accidents du travail dus aux engrenages non protégés et au fait que les machines sont nettoyées en fonctionnement ; maladies professionnelles comme la silicose des mineurs), de nombreux ouvriers sombrent dans l'alcoolisme en fréquentant les cabarets ou les *pubs* avant de rentrer dans leurs logements misérables et insalubres : *slums* de l'*East End* londonien, courettes lilloises. Une partie cède au découragement, se paupérise irrémédiablement et se marginalise. Dans les quartiers surpeuplés des grandes villes, la prostitution, les naissances illégitimes, les suicides, la criminalité atteignent des niveaux très élevés. Même si la plupart des nouveaux venus aspirent à se mouler dans leur nouveau cadre et sont pacifiques, la société urbaine devient plus violente, en particulier à cause des heurts entre communautés (Irlandais et natifs à Liverpool, Manchester, Glasgow ou New York).

Ces problèmes graves ne peuvent être ignorés : ils commencent à être abondamment évoqués par la presse (William Cobbett), par la littérature (*Les Aventures d'Oliver Twist* de Dickens, en 1837-1838, *Les Mystères de Paris* d'Eugène Sue, en 1842-1843) et par des enquêtes minutieuses (*Tableau de l'état physique et moral des ouvriers employés dans les manufactures de coton, de laine et de soie* du docteur Villermé en 1840, *La Situation des classes laborieuses en Angleterre* d'Engels, en 1845). La compassion, la crainte de laisser se développer une sous-humanité et la peur du désordre amènent les élites à se pencher sur cette question sociale. Un christianisme social, qui prône la charité, crée des institutions d'aide et encourage les États à s'impliquer davantage, apparaît aussi bien parmi les catholiques (conférences Saint-Vincent-de-Paul de Frédéric Ozanam à partir de 1833, Société d'économie charitable d'Armand de Melun en 1846, action de l'évêque de Mayence, Mgr Ketteler) que chez les protestants (rôle de lord Shaftesbury, *Young Men's Christian Associations* – YMCA – à partir de 1844 en Grande-Bretagne, Mission chrétienne du méthodiste William Booth, en 1865). Un paternalisme patronal, teinté, le plus souvent, de religion (entrepreneurs protestants de Mulhouse dès le début des années 1830) cherche à améliorer la condition des travailleurs en leur procurant des avantages matériels (logements, écoles, magasins à bas prix), contre le respect et l'obéissance. Tourné à l'origine vers les problèmes agraires (communisme de Gracchus Babeuf sous la Révolution), le socialisme réfléchit également aux problèmes liés à l'industrialisation et à l'urbanisation et propose de les résoudre par une réorganisation complète de la société. Dès le début du siècle, des idéalistes (qualifiés par la suite d'utopistes par leurs détracteurs) croient possible de fonder des communautés coupées du monde où le travail se répartirait selon l'intérêt général et les talents de chacun et où les produits seraient distribués selon les besoins. Toutes ces tentatives (communauté de Ménilmontant d'Enfantin et Bazard, disciples de Saint-Simon, colonie américaine *New Harmony* d'Owen, Phalanstère de Fourier, expérimenté à plusieurs reprises par Victor Considérant, *Icarie* de Cabet) échouent, à l'exception du Familistère de Guise fondé par l'industriel fouriériste Jean-Baptiste Godin, en 1859. Les coopératives d'Owen, qui sont dirigées par les ouvriers eux-mêmes (*Les Équitables pionniers de Rochdale* en 1844) n'ont pas plus de succès. De leur côté, les saint-simoniens préconisent de socialiser les entreprises et d'en confier la gestion aux plus aptes. Louis Blanc prône la formation d'ateliers sociaux, créés avec l'aide de l'État et administrés par les ouvriers eux-mêmes, et Proudhon propose que les travailleurs se regroupent en associations de production qui se fédéreraient pour assurer les échanges. Contrairement à ces socialistes coopérateurs, Marx et Engels encouragent, dès la fin des années 1840, les prolétaires à s'unir pour prendre le pouvoir, abattre l'État et instaurer une société communiste. Leur compatriote, Frédéric Lassalle, croit, à l'inverse, en un socialisme d'État et tente d'y amener Bismarck peu avant de mourir, en 1864.

Sans adopter une telle solution, les pouvoirs publics ne restent pas inactifs face aux déviances et à la question sociale. Si les États frappent sévèrement les criminels (peine capitale appliquée par tous les pays, travaux forcés avec déportation lointaine comme l'Algérie, la Guyane ou la Nouvelle-Calédonie pour les condamnés français), la justice devient plus humaine : élimination de la torture et des châtiments physiques, raréfaction des cas d'application de la peine de mort, ouverture de prisons modernes comme *Millbank Penitentiary* à Londres, en 1816, développement de l'isolement cellulaire. Les aliénés sont systématiquement internés et ne sont plus laissés à l'abandon ou incarcérés à partir de la fin des années 1830 au Royaume-Uni et en France. En fin de période, les prostituées commencent à être davantage surveillées (nécessité de se faire enregistrer auprès d'une police des mœurs avec visite médicale et confinement dans des maisons closes), mais aussi mieux protégées. Le même souci de contrôle se manifeste à l'égard de classes laborieuses, perçues comme des classes dangereuses. À la *poor tax* britannique, qui est acquittée par les propriétaires fonciers selon les besoins locaux, et qui permet de secourir les indigents à domicile, le Parlement de Londres substitue, en 1834, une assistance uniformisée et coordonnée à l'échelle du pays par un organisme national, ainsi que l'obligation, pour les indigents, de résider et de travailler dans des *workhouses*. Deux millions de personnes sont ainsi prises en charge en 1848. Des systèmes voisins sont mis en place en Allemagne et en France. De façon plus positive, l'Angleterre limite la durée du travail en usine, en 1833, et adopte sa première loi sur la santé publique en 1848. La Deuxième République française instaure une Commission des travailleurs présidée par Louis Blanc, met en place des Ateliers nationaux pour donner du travail aux chômeurs et réduit à son tour la durée du travail (10 heures par jour à Paris et 11 en province). Mais, dès juin 1848, la plupart de ces mesures commencent à être rapportées. Sous le Second Empire, Napoléon III, qui a écrit sur la question sociale et qui est influencé par les saint-simoniens, Le Play et les travaux de sa Société d'économie sociale, crée des caisses d'assurance contre les décès, fait construire des cités ouvrières, ouvre des crèches pour les enfants d'ouvriers... Dans des pays moins centralisés que la France, l'assistance repose toujours essentiellement sur les collectivités locales. À partir de 1853, des visiteurs bénévoles se rendent ainsi dans les quartiers populaires d'Elberfeld pour y apporter une aide municipale. Ce système s'étend progressivement à d'autres villes allemandes. Cependant, à l'heure du capitalisme libéral, l'essentiel de la protection des risques sociaux (chômage, maladie) est laissée à l'initiative privée. Il n'y a pas de réelle inspection du travail. En matière de contrat civil, la signature du patron prime toujours sur celle de l'ouvrier (maintien de la loi anglaise *Maître et serviteur* de 1715). Devant les tribunaux, la parole de l'employeur suffit quand son personnel doit apporter la preuve de ses accusations. Cependant, en France, ce statut discriminatoire est supprimé en 1868.

Par contre, les États autorisent progressivement les ouvriers à se prendre en charge et à s'organiser. En 1815 il est, à peu près partout, interdit aux travailleurs de se réunir, de se syndiquer et de faire grève (en France, depuis la loi Le Chapelier de 1791), mais une certaine tolérance existe à l'égard du compagnonnage et des sociétés de secours mutuels qui proposent leur aide en cas de maladie, d'invalidité, de vieillesse, de veuvage et qui fournissent aux plus pauvres des combustibles, des vêtements et des aliments. Ces dernières sont légalisées en Prusse en 1845, en Belgique en 1851 et en France en 1852. À ce moment-là, les *Friendly Societies*, que le gouvernement britannique a reconnues très tôt, sont plus de 14 000 et comptent 1 600 000 membres. En 1824, le Royaume-Uni est aussi le premier à tolérer que les ouvriers s'associent et se coalisent. Dès la naissance de son royaume, en 1832, la Belgique accorde les libertés de réunion et d'association. Dix ans plus tard, l'arrêt du Massachusetts reconnaît les syndicats. La France et l'Italie autorisent la grève à partir de 1864. Cependant, les travailleurs de l'industrie profitent très inégalement de ces nouvelles dispositions. Ils n'ont pas encore le sentiment d'appartenir à une même classe et sont plus souvent méfiants les uns vis-à-vis des autres que solidaires. Avant même que la loi ne le leur permette, l'artisan et l'ouvrier traditionnel ont depuis longtemps l'habitude de défendre leurs intérêts (canuts lyonnais, typographes parisiens). À l'inverse, le prolétaire subit passivement son sort. Voilà pourquoi le syndicalisme reste encore un phénomène modeste, y compris au Royaume-Uni. Après plusieurs échecs d'unions de masse, dans les années 1830, le syndicalisme britannique s'organise par métiers pour réclamer des réformes purement professionnelles *(trade-unionisme)* et ne regroupe que des travailleurs qualifiés *(skilled)* capables de verser des cotisations élevées. Le *Trades Union Congress*, qui se réunit à partir de 1868, n'est qu'un simple organe de liaison et le pays compte encore moins de 400 000 syndiqués en 1870.

C'est aussi l'élite ouvrière qui fonde, avec quelques bourgeois, le premier grand parti ouvrier, l'Association générale des travailleurs allemands, en 1863. Il en est de même pour l'Association internationale des travailleurs ou Première Internationale créée à Londres, en 1864. L'influence des proudhoniens, qui s'intéressent davantage aux artisans qu'à la grande industrie, est naturellement prépondérante, avant que les marxistes ne fassent progressivement entendre leurs voix, en raison du gonflement des effectifs. De leur côté, les patrons, désormais conscients qu'il leur faut également s'organiser pour défendre leurs intérêts, commencent à constituer des groupes de pression capables de mener des campagnes d'opinion en contrôlant des journaux. Le Comité des Forges français est ainsi fondé en 1864. Néanmoins, sous l'influence conjuguée de la croissance économique, d'une prise de conscience d'une partie des élites et de l'action menée par les ouvriers, la condition des couches populaires s'améliore. Si le bénéfice de la hausse considérable des salaires nominaux (50 % en Angleterre et 40 % en France entre 1850 et 1870) est en grande partie effacé par la montée parallèle des prix et des loyers, les périodes de chômage se raréfient, l'alimentation se diversifie et devient plus régulière, de nouveaux biens sont accessibles (linge de corps, mobilier), le logement s'améliore, l'espérance de vie s'accroît.

BIOGRAPHIES

Flora Tristan (1803-1844). Fille illégitime d'un aristocrate péruvien et d'une Française, elle connaît la pauvreté et entre très jeune comme ouvrière dans un atelier de gravure. Elle épouse son patron qui se révèle alcoolique et violent. En 1825, elle se sépare de lui et de ses enfants pour voyager à travers le monde. Après avoir obtenu la séparation de corps d'avec son mari, en 1837, elle manque d'être assassinée par lui. Lors de sa convalescence, elle lit les théoriciens socialistes de son temps. Ses articles et ses livres dont *Pérégrinations d'une paria* (1838) et *Promenades dans Londres* (1840) dénoncent la misère des esclaves et des ouvriers d'usine ainsi que l'humiliation dont sont victimes les femmes de tous pays et de toutes conditions. Elle en profite pour réclamer le droit au divorce et à l'amour libre. Dans *L'Union ouvrière* (1843), elle appelle les masses laborieuses à s'unir au-delà des différences de métiers, de sexes et de pays. Elle meurt d'épuisement au cours du tour de France qu'elle entreprend pour exposer ses idées.

Karl Marx (1818-1883). Issu d'une famille de la bourgeoisie juive rhénane convertie au protestantisme, il obtient un doctorat de philosophie (1841), fréquente la gauche hégélienne et subit l'influence de Feuerbach. Lié à Engels depuis son séjour à Paris (1843-1845), il le rejoint à Bruxelles (1845-1848) et commence à écrire avec lui, au point qu'il est difficile de distinguer les deux hommes dans leurs publications. Après *La Sainte Famille* (1845) et *L'Idéologie allemande* (1846), expositions du matérialisme historique, viennent *Misère de la philosophie* (1847), attaque en règle contre Proudhon, puis *Le Manifeste du Parti communiste* (1848), programme de lutte révolutionnaire à partir d'une théorisation socio-économique de l'histoire. La participation de Marx aux révolutions de 1848 en Allemagne l'oblige à se réfugier à Londres. Il y passe le restant de sa vie et y connaît la gêne, adoucie cependant par l'aide pécuniaire d'Engels. C'est là qu'il participe à la fondation de l'Internationale, en 1864, et qu'il rédige *Le Capital,* bible du marxisme dont le premier tome paraît en 1867 et dont les deux autres, mis en forme par Engels, sont posthumes (1885 et 1894).

DÉBATS

Les recherches récentes sur les sociétés du premier XIXe siècle prouvent, d'une part, que la mobilité entre groupes sociaux existe bel et bien, même si elle est assez réduite, et, d'autre part, que la plupart des classes sociales ne sont pas encore constituées.
Il convient, par ailleurs, de ne pas adopter un point de vue téléologique à l'égard des aristocraties en considérant leur déclin comme inéluctable. Dans *The Origins of Modern English Society, 1780-1880* (Cambridge, 1969), Harold Perkin montre comment l'Angleterre passe progressivement, à partir du milieu du siècle, de « l'idéal aristocratique » fondé sur la tradition, la propriété foncière et le patronage, à un « idéal entrepreneurial » reposant sur la modernité économique, l'initiative et la concurrence, mais l'aristocratie foncière britannique résiste mieux qu'on l'a longtemps cru. François Bédarida souligne ainsi que l'abolition des *Corn Laws* est moins sa défaite (sinon il est difficile de comprendre que, détenant les rênes du pouvoir, elle l'accepte aussi facilement) qu'un compromis qu'elle passe avec les élites nouvelles : maintien des *estates* (*La Société anglaise du milieu du XIXe siècle à nos jours*, Le Seuil, Points, 1990). En France, la noblesse cherche, tout au long de la période, à « réinventer » les conditions de sa domination passée avec, il est vrai, des résultats inégaux (Claude-Isabelle Brelot, *La Noblesse réinventée. Nobles de Franche-Comté de 1814 à 1870*, Besançon, Annales littéraires de l'Université de Besançon, 1992).

BIBLIOGRAPHIE

- **Charles Morazé, *Les Bourgeois conquérants*, Paris, Armand Colin, Destins du Monde, 1957.**
- **Marcel Reinhard, André Armengaud, Jacques Dupâquier, *Histoire générale de la population mondiale*, Domat-Monchrestien, 1972.**
- **Pierre Guillaume, *Individus, familles, nations, XIXe-XXe siècle. Essai d'histoire démographique*, Paris, SEDES, 1985.**
- **Coll., *Les Noblesses européennes au XIXe siècle*, Rome, École française de Rome, 1988.**
- **Georges Duby et Michelle Perrot (éd.), *Histoire des femmes en Occident*, t. 4, *Le XIXe siècle* sous la dir. de Geneviève Fraisse et Michelle Perrot, Paris, Plon, 1991, Paris, Perrin, Tempus, 2002 (rééd.).**
- **Pierre Guillaume, *Initiation à l'histoire sociale contemporaine*, Paris, Nathan, 1992.**
- **Jean-Luc Pinol, *Le Monde des villes au XIXe siècle*, Paris, Hachette, Carré Histoire, 1992.**
- **Jean-Pierre Poussou, *La Croissance des villes au XIXe siècle, France, Royaume-Uni, États-Unis et pays germaniques*, Paris, SEDES, 1992.**
- **Jürgen Kocka, *Les Bourgeoisies européennes au XIXe siècle*, Paris, Belin, 1996.**
- **Jean-Pierre Bardet et Jacques Dupâquier (dir.), *Histoire des populations de l'Europe*, t. 2, *La révolution démographique, 1750-1914*, Paris, Fayard, 1998.**
- **Francis Démier, *La société européenne au XIXe siècle, Hiérarchies et mobilité sociales*, Paris, La Documentation française, n° 8024, 2001.**

Document commenté

Grandeur et servitude de la paysannerie

« Aujourd'hui, le capitaliste et l'industriel gouvernent seuls. L'agriculture, qui compte pour moitié et plus dans nos recettes, n'obtient dans nos dépenses qu'un cent-huitième ! La théorie ne la traite guère mieux que l'administration ; elle s'inquiète surtout de l'industrie et des industriels. Plusieurs de nos économistes disent le travailleur *pour dire l'ouvrier, oubliant seulement vingt-quatre millions de travailleurs agricoles.*

Et cependant le paysan n'est pas seulement la partie la plus nombreuse de la nation, c'est la plus forte, la plus saine et, en balançant bien le physique et le moral, au total, la meilleure [...].

Voulez-vous jugez nos paysans ? Regardez-les, au retour du service militaire ! Vous voyez ces soldats terribles, les premiers du monde, qui, revenant à peine d'Afrique [...], se mettent doucement à travailler, entre leur sœur et leur mère, reprennent la vie paternelle d'épargne et de jeûne, ne font plus de guerre qu'à eux-mêmes. Vous les voyez, sans plainte, sans violence, chercher par les moyens les plus honorables l'accomplissement de l'œuvre sainte qui fait la force de la France : je veux dire le mariage de l'homme et de la terre.

Ces hommes si laborieux sont les plus mal nourris. [...] Le dernier ouvrier mange du pain blanc ; mais celui qui fait venir le blé, ne le mange que noir. Ils font le vin, et la ville le boit. Que dis-je ! le monde entier boit la joie à la coupe de la France, excepté le vigneron français. [...]

La petite industrie des campagnes, l'humble travail de la fileuse, est tué par la machine à lin. Le paysan, perdant ainsi, une à une, ses industries, aujourd'hui le lin, demain la soie peut-être, a grand-peine à garder la terre ; elle lui échappe, et elle emporte avec elle tout ce qu'il y a mis d'années laborieuses, d'épargne, de sacrifices.

C'est de sa vie elle-même qu'il est exproprié. S'il reste quelque chose, les spéculateurs l'en débarrassent ; il écoute, avec la crédulité du malheur, toutes les fables qu'ils débitent ; Alger produit le sucre et le café ; tout homme en Amérique gagne dix francs par jour ; il faut passer la mer ; qu'importe ? L'Alsacien croit, sur leur parole, que l'Océan n'est guère plus large que le Rhin.

Avant d'en venir là, avant de quitter la France, toute ressource sera employée. Le fils se vendra. La fille se fera domestique. Le jeune enfant entrera dans la manufacture voisine. La femme se placera comme nourrice dans la maison du bourgeois, ou prendra chez elle l'enfant du petit marchand, de l'ouvrier même.

L'ouvrier, pour peu qu'il gagne bien sa vie, est l'objet de l'envie du paysan. Lui qui appelle bourgeois le fabricant, il est un bourgeois pour l'homme de la campagne. Celui-ci le voit le dimanche se promener vêtu comme un Monsieur. Attaché à la terre, il croit qu'un homme qui porte avec lui son métier, qui travaille sans s'inquiéter des saisons, de la gelée ni de la grêle, est libre comme l'oiseau. Il ignore et ne veut point voir les servitudes de l'homme d'industrie. »

Jules Michelet, *Le Peuple*, Paris, 1846, 2e édition, p. 66-72.

I MÉTHODE

Dégager la problématique et les grandes articulations d'un texte

Après avoir présenté le contexte, la nature et l'auteur du texte, l'introduction d'un commentaire se poursuit par une analyse et par la définition d'une problématique. Elle s'achève par l'annonce du plan que suivra la démonstration détaillée, le développement. L'analyse est indispensable. Elle consiste à faire un résumé critique du texte, à en repérer les articulations et en dégager les thèmes principaux. La problématique – la ou les question(s) – posée par le document et le plan doivent en découler. Si les développements en trois parties sont traditionnellement considérés, par les historiens, comme les plus équilibrés, certains textes se prêtent mieux à des commentaires en deux ou en quatre parties.

II CORRIGÉ

Fils d'un petit imprimeur, le grand historien Jules Michelet (1798-1874) est professeur au Collège de France lorsqu'il publie *Le Peuple*, en 1845. Avec une généreuse émotion empreinte de romantisme, il se penche sur le sort du peuple des villes et sur celui des campagnes, plus nombreux et pourtant moins connu. Ce faisant, son ouvrage, gros succès d'édition comme en témoignent ses multiples rééditions, participe de la prise de conscience par les élites françaises de l'existence d'une « question sociale ».

Selon Michelet, la paysannerie est la partie la plus nombreuse, la plus saine, la meilleure de la nation et celle qui contribue le plus à sa richesse (§ 1 à 3). Néanmoins, elle vit misérablement (§ 4) et ses activités tant agricoles qu'artisanales et industrielles sont progressivement marginalisées (§ 1 et 5). Le paysan accepte d'y renoncer pour de nouveaux emplois (§ 7), voire se résout à émigrer parce qu'il se laisse abuser par de beaux discours (§ 6) et par l'image que lui donne l'ouvrier urbain, sans voir les propres servitudes de ce dernier (§ 8).

Cet extrait nous invite donc à réfléchir sur la condition du paysan français au milieu du XIXe siècle. D'après Michelet, pourquoi et comment la paysannerie est-elle menacée par l'évolution de l'économie, de la société et des mentalités ? Il est possible de répondre à ces questions en suivant les trois mouvements repérés lors de l'analyse.

CHAPITRE 6

Cultures et religions occidentales

Dans la première moitié du XIXe siècle, les religions occupent toujours une place primordiale en Europe et en Amérique du Nord. Néanmoins, les bouleversements politiques, économiques et sociaux ainsi que l'essor d'une pensée laïque et scientifique, porteuse de ses propres certitudes, les remettent en cause ; elles y répondent avec difficulté et en se divisant. La littérature et l'art, où dominent successivement le classicisme, le romantisme et le réalisme, se sécularisent peu à peu. Si les élites et le peuple font preuve d'un égal conformisme en ce domaine, ils conservent des systèmes éducatifs, des cultures et des loisirs distincts. Cependant, l'urbanisation, le développement de l'instruction primaire et la diffusion de l'information ouvrent aux couches populaires de nouveaux horizons culturels.

1. Les religions et les chocs du monde contemporain

I Structures héritées et nouveaux cadres religieux

Au premier abord, la carte religieuse de l'Occident semble simple. Le catholicisme domine le Sud et le Centre du continent européen (Italie, péninsule ibérique, France, Belgique, moitié de la Suisse, Rhénanie, Bavière, Autriche, Bohême, Croatie…) et dispose en outre d'un bastion au Nord-Ouest (Irlande) et d'un autre à l'Est (Pologne). Le protestantisme, dans ses différentes formes (luthéranisme, calvinisme, anglicanisme), est majoritaire au Nord et au Nord-Ouest de l'Europe (États de l'Allemagne du Nord et de l'Est, Grande-Bretagne, autre moitié de la Suisse, Pays-Bas, Scandinavie), ainsi qu'en Amérique du Nord. Quant à l'Europe orientale, elle est celle de l'orthodoxie (Russie, Bulgarie, Roumanie, Serbie, Grèce) et de l'islam (Turquie).

Cependant, les États ne réunissant quasiment que des coreligionnaires (dans l'Italie de 1870, seuls deux habitants sur mille, pour l'essentiel juifs, vaudois et libres-penseurs, ne se reconnaissent pas dans le catholicisme) sont plus rares que les pays pluriconfessionnels (comme ceux des Balkans où communautés orthodoxes, musulmanes, catholiques, protestantes, juives cohabitent dans un enchevêtrement complexe). Au milieu du siècle, la France compte ainsi 2,3 % de protestants dont 550 000 calvinistes qui vivent principalement dans le Poitou, les Charentes, les vallées du Rhône et de la Garonne ainsi que dans les Cévennes, et 300 000 luthériens, surtout en Alsace, pays de Montbéliard, région parisienne et basse Seine ; mais aussi 0,2 % de juifs, soit 75 000 des quatre millions que comprend alors la planète : ashkénazes d'Alsace et de Lorraine, sépharades du Midi. Au Royaume-Uni, la diversité religieuse (catholicisme, religion israélite et, surtout, multiples courants protestants) est encore plus forte. Au XVIe siècle, l'anglicanisme – majoritaire en Angleterre et au pays de Galles – s'est détaché du catholicisme, qui reste cependant prédominant en Irlande où il représente 90 % de la population. L'anglicanisme, tout en conservant la justification par les œuvres, une grande partie du rituel et la hiérarchie ecclésiastique (deux archevêques à Canterbury et à York, quatre autres en Irlande et des évêques), s'est inspiré du dogme calviniste. Deux grandes familles non-conformistes se sont, par la suite, séparées de lui et se sont divisées elles-mêmes en de nombreuses sectes : l'ancienne dissidence *(Old Dissent)*, ainsi nommée parce qu'antérieure à 1660 et s'inspirant davantage de l'esprit réformé (congrégationalistes, presbytériens dominants en Écosse, baptistes, quakers, unitariens), et la nouvelle dissidence *(New Dissent)* qui, issue du réveil religieux du XVIIIe siècle, prône la justification par la foi et la possibilité du salut pour tous (méthodistes).

Cette diversité religieuse s'explique en partie par la tolérance pratiquée par la plupart des États. Sous l'Ancien Régime, ces derniers s'appuyaient généralement sur une religion unique en échange d'importants privilèges (statut de religion d'État) et, à l'inverse, imposaient des entraves aux autres confessions, voire les interdisaient. En Angleterre, au pays de Galles et même en Irlande, l'Église anglicane était ainsi *established by law*. Les non-conformistes avaient des droits moindres que les anglicans et les catholiques anglais n'en avaient aucun. En France, où le catholicisme était religion d'État, les cultes protestants et juif n'étaient pas reconnus. En Allemagne, le principe selon lequel le souverain imposait à ses sujets sa confession pour garantir l'unité de foi de son territoire *(cujus regio, ejus religio)* fut appliqué à partir de la paix d'Augsbourg en 1555. Néanmoins, dès la fin du XVIIIe siècle, plusieurs pays ont commencé à admettre la pluralité confessionnelle (liberté de culte reconnue en France en 1789, séparation de l'Église et de l'État aux États-Unis). Malgré la réaction qui suit la chute de l'Empire napoléonien, en 1815, le retour à l'ancien régime religieux est rarement complet (la Restauration française refait du catholicisme la religion d'État mais sans remettre en cause la liberté de culte). Les discriminations religieuses reculent avec l'émancipation des juifs, en 1776 aux États-Unis, 1791 en France, 1831 en Belgique, 1848 aux Pays-Bas, 1849 au Danemark et 1858 au Royaume-Uni. Dans les années 1866-1871, le phénomène se répand dans la plupart des pays de l'Europe médiane : empire d'Autriche, Italie, Suède, Allemagne. Les non-conformistes et catholiques britanniques sont également émancipés respectivement en 1828 et 1829. À partir de 1839, se met en place l'égalisation progressive de la condition des sujets de l'empire ottoman. Parallèlement, les religions établies perdent certaines de leurs prérogatives : en France, l'état civil est laïcisé en 1791, en Angleterre, en 1836, en Italie, en 1866. Cependant, les États tiennent toujours à contrôler les religions dominantes car elles moralisent les esprits, enseignent la soumission à l'autorité et à l'ordre social, allègent les dépenses publiques en prenant en charge l'instruction et l'assistance... Dans l'orthodoxie russe, l'anglicanisme, le luthéranisme ou l'islam, le souverain demeure ainsi le chef de la religion. Dans les pays catholiques, des concordats sont signés avec le Saint-Siège en France (1801), en Bavière (1817), à Naples (1818), en Espagne (1851), en Autriche (1855)...

La centralisation et la hiérarchisation du catholicisme se renforcent. Fait unique dans les annales de l'Église, le pape Pie VII (1800-1823) obtient de l'épiscopat français, compromis dans les querelles de la période révolutionnaire, qu'il démissionne dans son ensemble. En vertu du Concordat de 1801, les nouveaux évêques sont présentés, par le chef de l'État, au pape qui leur confère l'investiture canonique et, eux, désignent les curés. Sous ce pontificat marqué par les malheurs (Pie VII est placé en résidence surveillée par Napoléon), se développe l'ultramontanisme, doctrine favorable à l'autorité absolue du pape et donc hostile aux tendances centrifuges du gallicanisme français ou du joséphisme autrichien (*Essai sur l'indifférence en matière de religion* de Félicité de La Mennais en 1817, *Du Pape*, de Joseph de Maistre en 1819). Il prend de l'importance sous les successeurs de Pie VII, Léon XII (1823-1829), Pie VIII (1829-1830), Grégoire XVI (1831-1846) et culmine sous Pie IX (1846-1878). Ce dernier, qui est chassé de Rome lors de la révolution en 1849, puis perd la totalité de ses États au moment de l'unification italienne, est l'objet d'une grande dévotion. Il conforte sa domination sur l'Église en encourageant l'installation des maisons mères des ordres religieux à Rome ainsi que le mouvement de pèlerinages vers la Ville éternelle amorcé lors de l'Année Sainte 1825. Les Jésuites, dont la Compagnie a été rétablie en 1814 après avoir été dissoute en 1773, secondent son action dans la revue *Civilta cattolica* publiée à partir de 1850. Le concile général du Vatican, qu'il ouvre en décembre 1869, et qui est le premier de l'Église depuis celui de Trente au XVIe siècle, assure le triomphe de l'ultramontanisme en proclamant le dogme de l'infaillibilité pontificale (juillet 1870). Si l'aspiration à l'universalisme du souverain pontife et l'affirmation de son pouvoir spirituel n'entraînent guère que le schisme des Vieux Catholiques allemands au sein du catholicisme, elles provoquent des tensions avec certains États comme la France, l'Italie, l'Angleterre – qui admet difficilement le rétablissement d'une hiérarchie épiscopale catholique dans le royaume en 1850.

En revanche, la centralisation se heurte à de vives résistances de la part des autres religions. L'appel lancé par Pie IX, en 1848, pour que les Églises orthodoxe et uniate rentrent dans le giron de Rome, n'est pas entendu. Le patriarcat œcuménique de Constantinople ne peut empêcher l'accession à l'autocéphalie des Églises nationales de Grèce (1833) et de Bulgarie (1870). L'Église presbytérienne écossaise *(Kirk)* est abandonnée, en 1843, par une partie de ses fidèles qui l'accusent d'être trop soumise à la monarchie et qui forment, en conséquence, la *Free Church of Scotland.* Quant à l'anglicanisme, il traverse une grave crise que le recensement religieux de 1851 met en lumière et que les conférences mondiales, organisées à Lambeth à partir de 1867, ne parviennent pas à effacer. Il connaît en effet des divisions internes : la majorité *High Church* est attaquée à la fois par un courant *Low Church,* qui la trouve trop attachée aux prérogatives de la Couronne et aux rites, et par une tendance *Broad Church* qui lui reproche son conservatisme dogmatique. Il voit une partie de son clergé et de ses fidèles le quitter pour le catholicisme à la suite du mouvement tractarien d'Oxford et des retentissantes conversions du pasteur John Newman, en 1845, et du sous-aumônier de la reine, Henry Manning, en 1851. Enfin, il est affecté, comme les premières dissidences, par l'apparition des sectes issues du Grand Réveil des années 1820 : l'Église de Jésus-Christ des Saints des derniers jours (Mormons) fondée par Joseph Smith en 1830, les adventistes du Septième Jour, réunis en 1831 autour de William Miller. De son côté, le luthéranisme est menacé par un piétisme extrême représenté, entre autres, par le philosophe danois Sören Kierkegaard. Toutes les tentatives menées pour lutter contre ces tendances centrifuges sont des échecs : l'Union évangélique de Frédéric-Guillaume III ne parvient pas à rapprocher durablement luthériens et réformés de Prusse (1817) ; le Congrès de l'Alliance évangélique, qui réunit 920 délégués des différentes Églises protestantes autour de la reine Victoria, se sépare finalement sans rien décider (1855). S'il est le symptôme d'une crise de certaines Églises traditionnelles, le Réveil symbolise aussi le renouveau spirituel du premier XIXe siècle.

2 L'ampleur et les limites du renouveau spirituel

En 1815, la religion reste omniprésente dans la vie quotidienne des populations. Elle marque le temps. Après l'échec du calendrier révolutionnaire et le retour au système grégorien, tous les calendriers sont de nouveau religieux, rythmés par les fêtes et journées de repos hebdomadaires consacrées au culte (vendredi pour les musulmans, samedi pour les juifs, dimanche pour les chrétiens). Les grandes étapes de la vie (naissance, sortie de l'enfance, mariage, décès) sont célébrées par des cérémonies religieuses spécifiques. Dans les pays catholiques, les journées sont ponctuées par le tintement des cloches qui appelle à la prière. Les circonscriptions comme les paroisses, les multiples édifices dédiés au culte comme les églises, temples, synagogues, mais aussi les mosquées au Sud-Est de l'Europe, sont autant de repères spatiaux pour les Occidentaux. Enfin, la religion impose des règles de vie : interdits alimentaires, menu maigre du vendredi et jeûne du carême pour les chrétiens ; jeûne du grand pardon juif ; ramadan musulman, circoncision des garçons juifs et musulmans…

Après les bouleversements de la Révolution, les âmes doivent être reconquises. Une grande partie de l'aristocratie et de la bourgeoisie, qui avait délaissé la religion au siècle des Lumières, se tourne de nouveau vers elle, comme en témoigne l'immense succès du *Génie du Christianisme* de François-René de Chateaubriand dès sa publication en 1802. Le mouvement ne fait que s'amplifier à l'époque de la Sainte-Alliance et touche de nombreux courants de pensée profane : romantisme, socialisme de Saint-Simon ou de Buchez… Par ailleurs, le catholicisme accomplit un effort particulier en direction des masses populaires. À l'instigation de Rome, le rigorisme du XVIIIe siècle, qui mettait l'accent sur les risques de la damnation, s'efface progressivement devant le liguorisme qui insiste sur le pardon (le Dieu justicier et sévère se mue en bon Dieu) ; le sentiment et la sensibilité sont valorisés ; le clergé est invité à se montrer moins sévère à l'égard de formes de religiosité proches de la superstition (rites de conjuration en cas de catastrophe naturelle ou de maladie du troupeau). Grâce à la tolérance des autorités, les ordres et les congrégations démantelés par la Révolution et n'ayant pas toujours de reconnaissance légale (ainsi dans la France concordataire) sont reconstitués : les bénédictins par dom Guéranger en 1837, les dominicains par Lacordaire en 1843, les franciscains… D'autres sont créés, comme les maristes en 1816, les assomptionnistes en 1850, la Congrégation des Sacrés Cœurs de Jésus et Marie en 1853… Les œuvres charitables, fondées par des laïcs, comme la Société Saint-Vincent de Paul de Frédéric Ozanam en 1833, sont soutenues. Des missions d'évangélisation sont lancées pour ranimer la foi dans les régions déchristianisées du continent avec érection de croix et construction de chapelles et de calvaires… Le culte du Sacré-Cœur est encouragé avec les chemins de croix, la vénération du Saint Sacrement ou le pèlerinage de Paray-le-Monial, celui de la Vierge Marie également avec la reconnaissance des apparitions mariales de la rue du Bac (1830), de La Salette (1846) et de Lourdes (1858), les confréries du rosaire, la consécration du mois de mai à Marie (1840) et la proclamation du dogme de l'Immaculée Conception (1854), tout comme celui des saints avec la diffusion d'images pieuses, de médailles, de statues en plâtre telles celles de Saint-Antoine de Padoue. La plupart de ces efforts sont couronnés de succès.

Le premier XIXe siècle est une période faste pour les ordinations sacerdotales et l'encadrement des fidèles. En France, les ordinations doublent entre 1816 (1 185) et 1830 (2 357) pour se stabiliser ensuite entre 1300 et 1750 par an, ce qui permet au clergé français de réunir 56 000 prêtres séculiers, 130 000 religieuses, 12 000 religieux et 20 000 frères enseignants en 1870. La piété populaire se manifeste dans la ferveur qui entoure le charismatique curé d'Ars, Jean-Baptiste Vianney, qui confesse 60 000 personnes par an dans les années 1850 et dont les reliques sont vénérées après sa mort en 1859 ; ou dans la vogue des pèlerinages, comme celui qui se déroule à Rome en 1867 à l'occasion du 18e centenaire de la mort de Saint-Pierre et qui rassemble plus de 150 000 fidèles. Les autres religions ne sont pas en reste. Elles mettent toutes l'accent sur la bonté divine (prédication de l'unitarien américain William Channing) et sur le sentiment (*Discours sur la religion*, en 1799, et *Exposition de la foi chrétienne*, en 1821, du théologien protestant Friedrich Schleiermacher). Le réveil de la piété protestante se traduit par l'engagement social, par le développement des missions et par des créations d'œuvres d'évangélisation et d'édification dans les milieux populaires qui, à l'instar de la Mission intérieure protestante, fondée à Berlin en 1848, et de la Mission chrétienne, constituée à Londres en 1865 autour de William Booth, rencontrent un grand succès.

Spiritualité et réveil de la ferveur religieuse doivent cependant être nuancés. Les ruraux, qui sont bien encadrés, respectueux des traditions et des règles communautaires, demeurent généralement très pratiquants ou accueillent favorablement les missions, même si ce phénomène souffre de nombreuses exceptions : explosion d'anticléricalisme dans plusieurs provinces françaises à la chute de Charles X, déchristianisation durable de l'Orléanais, malgré les efforts entrepris par Mgr Dupanloup sous le Second Empire… L'industrialisation et l'urbanisation ont des effets dévastateurs sur la pratique. Dans le cadre urbain, moins contraignant et déjà plus sécularisé que celui du village, la population a tendance à se détourner de la religion. Le recensement religieux de 1851 montre que moins de la moitié des habitants de 36 grandes villes anglaises continuent à pratiquer. Enfin, comme Michelet le diagnostique à la même époque, la religion change de sexe. Si l'islam et la religion juive restent très largement au pouvoir des hommes, qui ont le privilège d'étudier la *Torah* et le *Coran*, le christianisme se féminise en raison de la désaffection masculine. Le clergé français, qui comprend deux femmes pour trois hommes en 1830, compte trois femmes pour deux hommes quarante ans plus tard. L'élément féminin constitue plus des deux tiers des fidèles dans tous les grands pèlerinages catholiques. En outre, l'Allemagne du Nord luthérienne du début des années 1830 voit se former ses premières communautés de diaconesses qui, comme les religieuses catholiques, secourent les pauvres et assistent les malades. Le phénomène s'étend rapidement aux autres pays protestants.

3 Le sacre de la science, l'aspiration libérale et les réponses des religions

La conviction, née au siècle des Lumières, que la science, si elle n'est pas entravée, est capable de percer les secrets de l'univers et d'assurer le bonheur de l'humanité se répand dans la première moitié du XIXe siècle. De ce fait, le savant reçoit des moyens et des crédits importants pour poursuivre ses recherches et, d'amateur éclairé qui se fie à son intuition, il se mue en professionnel et en adepte des méthodes rigoureuses et de l'expérimentation objective. À partir de la Révolution, les chercheurs français disposent ainsi du Muséum, de l'École normale ou encore de l'École polytechnique. Mais c'est en Allemagne que sont prises les initiatives les plus favorables au développement scientifique avec la fondation de nombreux laboratoires comme celui de Giessen où s'illustre Justus von Liebig à partir des années 1830 (**doc. 10**). Les mathématiques, qui fournissent le langage scientifique et les instruments de quantification indispensables, exercent un primat incontesté. Prolongeant les travaux des Français Lagrange, Monge et Laplace, le Norvégien Abel met en lumière les propriétés fondamentales des intégrales, le Français Galois fonde la théorie des groupes, son compatriote Cauchy crée celle des fonctions d'une variable complexe et le Russe Lobatchevski découvre la géométrie non euclidienne. L'Allemand Gauss, dont les recherches de jeunesse annoncent déjà toutes ces grandes découvertes, est considéré comme le plus grand savant de son temps car il est l'un des derniers à pouvoir donner des travaux d'égale valeur en mathématiques (courbure des surfaces, probabilités), en

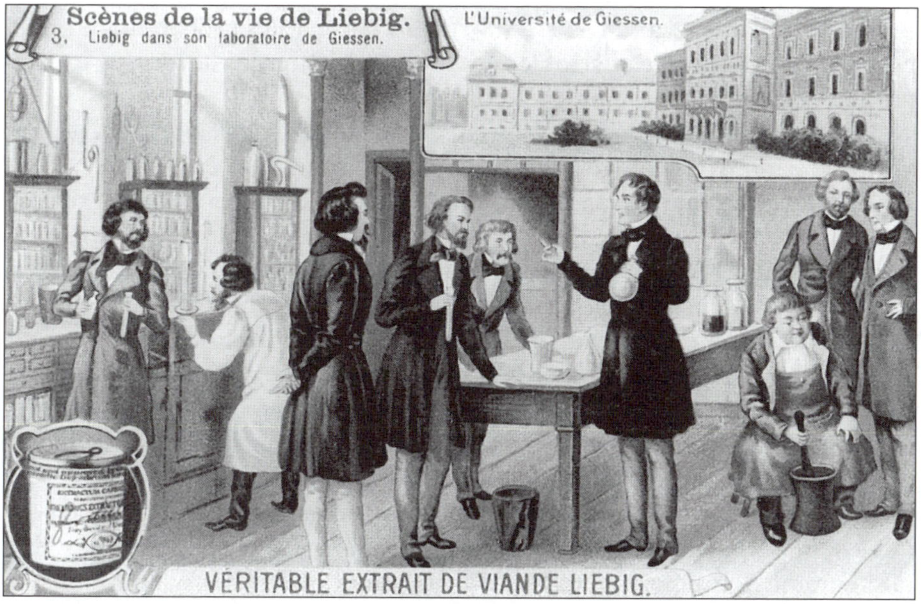

Document 10. Laboratoire de chimie de Justus von Liebig à Giessen

astronomie (calcul de l'orbite d'une planète) et en physique (magnétisme terrestre, électricité, théorie des systèmes optiques centrés). La complexité croissante des recherches entraîne en effet la spécialisation progressive des savants. En physique, Fresnel démontre que la lumière se déplace selon des ondes vibratoires (1818), Sadi Carnot, Kelvin, Helmholtz et Joule fondent la thermodynamique, Œrsted, Faraday, Ampère et Maxwell s'illustrent dans l'électromagnétisme, Kirchhoff et Bunsen créent l'analyse spectrale (1859). L'astronome Le Verrier découvre l'existence de la planète Neptune, en 1846. Sous l'impulsion des chimistes Wöhler, Liebig, Dumas et Berthelot, une chimie organique se développe à côté de la chimie minérale. En 1869, le Russe Mendeleïev propose une classification des éléments chimiques en fonction de leur poids atomique.

La constitution d'une communauté scientifique facilite la circulation des informations, encourage la collaboration des savants et entraîne la multiplication des découvertes. Aux anciennes sociétés savantes comme la *Royal Society* anglaise ou l'Académie des Sciences française, une multitude d'autres s'ajoutent : la *Geological Society* (1807), l'*Astronomical Society* (1820), la *Zoological Society* (1826), la *British Association for the Advancement of Science* (1831), la *Statistical Society* (1834), rien qu'en Angleterre. En France, on compte 470 sociétés savantes en 1870. Des congrès internationaux sont organisés (en statistique en 1853, en chimie en 1860, en médecine en 1867) et des revues spécialisées créées, tels, pour la chimie, le *Journal of Chemical Society of London* (1849), le *Bulletin de la Société chimique de Paris* (1864) et *Berichte der Deutschen Chemischen Gesellschaft* (1868). En outre, un dialogue commence à s'établir entre le chercheur et l'industriel. Les découvertes reçoivent de plus en plus d'applications pratiques, en particulier dans le domaine chimique (travaux de Sainte-Claire Deville sur l'aluminium). Elles procurent un grand prestige à leurs auteurs et semblent confirmer à la fois les immenses capacités du génie humain et le progrès continu du savoir.

Dans certains domaines, la science triomphe de préjugés tenaces et s'impose définitivement ; dans d'autres, elle commence à être utilisée. Venu de la chimie, Pasteur prépare la révolution de la médecine par ses découvertes. Il prouve l'erreur de la génération spontanée en étudiant la fermentation (1858-1862) puis imagine que les micro-organismes vivants (microbes) jouent un rôle dans le déclenchement des maladies contagieuses. Il amorce sa démonstration en se penchant, dès 1865, sur les infections du ver à soie. La même année, Claude Bernard insiste, dans son *Introduction à l'étude de la médecine expérimentale*, sur la nécessité, pour la physiologie, de s'inspirer des façons de procéder de la physique et de la chimie. Parallèlement, l'application rigoureuse des méthodes scientifiques à l'étude des langues, des idées ou des institutions donne naissance aux sciences humaines. L'économie politique se réclame ainsi des sciences, à l'instigation des chefs des écoles libérale, comme Adam Smith ou Ricardo, utilitariste, avec Jeremy Bentham, qui considère que toute décision politique doit être appréciée en fonction de son utilité pour le bien commun au moyen d'une arithmétique des plaisirs, ou, encore, socialiste avec Proudhon ou Marx. Franz Bopp crée la grammaire comparée qui lui permet d'établir la filiation des langues européennes avec le sanskrit (la langue sacrée de l'Inde) et d'en déduire une origine commune des Indo-Européens.

L'histoire, elle aussi, devient savante sous l'influence de l'école allemande. L'historien réunit des sources inédites (Karl von Stein celles du Moyen Âge), confronte son point de vue avec celui d'autres chercheurs (Leopold von Ranke adopte le principe du séminaire déjà utilisé dans les sciences exactes) et livre ses documents à une critique interne et externe qui lui permet de réviser certains jugements hâtifs (Theodor Mommsen commence à publier son *Histoire romaine* en 1854). En France, Augustin Thierry, Guizot et Michelet appliquent la même rigueur à leurs propres travaux. Champollion perce le secret des hiéroglyphes en 1822 et fonde l'égyptologie. En Mésopotamie, d'anciens palais assyriens sont découverts et les inscriptions cunéiformes déchiffrées. Parallèlement à l'Institut archéologique de Rome, fondé en 1828, est créée, en 1846, l'École française d'Athènes. Mais la connaissance des temps les plus lointains de l'humanité et de la Terre progresse également. Les idées communément admises, selon lesquelles les bouleversements terrestres auraient été provoqués par des cataclysmes et les espèces vivantes n'auraient subi aucune évolution depuis leur création (créationnisme et fixisme), et défendues, notamment, par Cuvier, l'inventeur de la paléontologie, sont remises en cause. Ainsi, Lamarck estime, dans sa *Philosophie zoologique* (1809), que les espèces se modifient en s'adaptant au milieu dans lequel elles vivent et Lyell soutient, dans ses *Principes de géologie* (1833), que la Terre a évolué sous l'effet de causes physico-chimiques et d'agents tels que l'eau, le vent ou le soleil (transformisme et évolutionnisme). Ils exercent une profonde influence sur Charles Darwin. Dans son ouvrage intitulé *De l'origine des espèces* (1859), celui-ci développe sa théorie de la transformation des espèces par la sélection naturelle. Déjà, Boucher de Perthes a fondé la préhistoire et a affirmé, en 1845, l'existence de l'homme antédiluvien que les découvertes de Neandertal (1856) et de Cro-Magnon (1868) confirment. L'enseignement des religions, et en particulier celui de la Genèse, est remis en question.

La religion est aussi menacée par la philosophie. Si le matérialisme des Idéologues (Destutt de Tracy, Volney), hérité des Lumières, recule devant le spiritualisme, celui-ci n'en est pas moins éloigné de l'orthodoxie religieuse comme le montrent les travaux de l'école allemande (Fichte, Schelling, Hegel), la nouvelle Église fondée en 1829 par Enfantin et Bazard, disciples d'un Saint-Simon dont les derniers écrits s'intitulaient *Le Catéchisme des industriels* (1823) et *Le Nouveau Christianisme* (1824) ou encore l'éclectisme de Victor Cousin. En empruntant aux anciens systèmes de pensée ce qu'ils ont de meilleur, ce dernier propose une synthèse panthéiste (*Du Vrai, du beau, du bien*, cours de 1818 publié en 1837). Ancien secrétaire de Saint-Simon, Auguste Comte développe de son côté sa propre philosophie, le positivisme, dans son *Cours de philosophie positive* (1830-1842) et dans son *Système de politique positive* (1851-1854). À l'âge théologique où l'humanité s'en remettait totalement au surnaturel, puis à l'âge métaphysique où elle cherchait les explications dans les forces naturelles, doit succéder, selon lui, un âge positif dans lequel l'homme ne se fiera plus qu'à la rationalité et à la science, en particulier à la sociologie (cette science ultime dont Comte est l'inventeur). Sa religion de l'humanité, reposant sur l'ordre et le progrès, rencontre un grand succès à partir des années 1850. Elle annonce le scientisme qui fait de la science la religion de l'avenir comme Ernest Renan le prophétise, dès la fin des années 1840, dans son manuscrit intitulé *L'Avenir de la Science*. En Allemagne, où les religions révélées sont attaquées par un courant matérialiste puissant (de Ludwig Feuerbach présentant Dieu comme un pur produit de l'esprit humain dans *L'Essence du christianisme* (1841) à Karl Marx dénonçant dans la religion « l'opium des peuples »), le scientisme prend un véritable essor dont témoigne le succès de *Force et Matière* de Ludwig Büchner (1855).

Au sein de toutes les religions, des courants libéraux entendent composer avec l'esprit du siècle. Après avoir défendu le royalisme intransigeant et l'ultramontanisme, La Mennais se rallie à l'idée d'un catholicisme libéral et fonde, en 1830, avec Lacordaire et Montalembert, le journal *L'Avenir* qui adopte pour devise « Dieu et la liberté » et qui réclame la liberté de conscience, la séparation de l'Église et de l'État ou encore le soutien de Rome aux peuples opprimés (Polonais, Irlandais, Belges), comme la religion orthodoxe a su apporter le sien aux Grecs. À l'encontre du principe d'inerrance, selon lequel les Écritures ne peuvent se tromper, des catholiques, dont Johann von Döllinger, et des protestants, parmi lesquels les théologiens allemands Friedrich Schleiermacher et Christian Baur, ou encore la *Broad Church* anglicane, prônent l'adoption, par l'exégèse biblique, des méthodes scientifiques pour mieux lutter contre les adversaires de la religion. Mais, ce faisant, La *Bible* perd son statut de Loi intangible pour devenir un livre soumis, comme les autres, à l'examen critique. David Friedrich Strauss dénonce les erreurs des Évangiles dans sa *Vie de Jésus* (1835) et Renan qualifie Jésus d'« homme incomparable » dans sa leçon inaugurale au Collège de France (1862) puis donne, l'année suivante, sa propre *Vie de Jésus* dans laquelle il explique l'ascendant du Christ par la psychologie. Face à ces remises en cause et à ces agressions de la modernité, les partisans des traditions réagissent.

Chez les protestants, qui reconnaissent le libre examen et qui ne disposent pas d'une autorité centrale susceptible de trancher les problèmes doctrinaux, ils restent certes majoritaires et obtiennent des succès (Strauss est révoqué de son poste de professeur à l'université de Tübingen), mais ils ne peuvent réellement entraver le développement des courants libéraux. Il en va autrement dans le catholicisme. La domination des *zelanti* (les prélats conservateurs) au sein du Sacré Collège amène une succession de papes peu enclins aux concessions et qui parviennent, grâce au renforcement de leurs prérogatives, à imposer une ligne dure à l'ensemble de l'Église. Après la condamnation de l'indifférentisme et de la franc-maçonnerie par Léon XII (1823-1829), Grégoire XVI (1831-1846) s'en prend aux « novateurs téméraires » qui veulent que « l'Église, qui est divine, devienne humaine » et, à travers eux, aux hommes de *L'Avenir* (encyclique *Mirari vos* d'août 1832). La Mennais qui explique, dans *Paroles d'un croyant*, pourquoi il refuse de se soumettre, contrairement à Lacordaire et à Montalembert, est personnellement incriminé par le pape (encyclique *Singulari vos* de juin 1834) et finalement contraint de quitter l'Église. Par l'encyclique *Quanta Cura* du 8 décembre 1864 et le catalogue de 80 propositions qui l'accompagne, le *Syllabus*, Pie IX (1846-1878) stigmatise tous les maux de l'époque : les droits naturels de l'homme, les libertés de pensée, des cultes et de la presse, le droit à l'insurrection contre l'oppression, la laïcisation des institutions, le rationalisme, le panthéisme, le matérialisme, le libéralisme, la démocratie, le socialisme, mais aussi « l'esprit du siècle » selon lequel « le pontife romain peut et doit se réconcilier et transiger avec le progrès, le libéralisme et la civilisation moderne ». Le renouvellement de ces condamnations au concile du Vatican achève de consommer la défaite des catholiques libéraux. La crispation du catholicisme explique, pour partie, un anticléricalisme, voire un antichristianisme qui se manifestent, par exemple, par la publication, en 1863, de l'*Hymne à Satan* du poète italien Giosuè Carducci.

2. L'effervescence littéraire et artistique

I Classicisme, romantisme et réalisme

Trois courants littéraires et artistiques dominent le premier XIXe siècle. Succédant au long règne du classicisme, l'âge d'or du romantisme s'étend du milieu des années 1820 à la fin des années 1840 avant que le relais ne soit pris par le réalisme. Ce schéma mérite néanmoins d'être nuancé : ces courants coexistent tout au long de la période, de nombreux artistes sont passés de l'un à l'autre, des génies tels Goethe (*Faust* de 1806, second *Faust* en 1832) et Beethoven (*Neuvième Symphonie* en 1824) se révèlent inclassables.

Est classique ce qui cherche à reproduire un beau idéal dont les normes se trouvent dans l'Antiquité grecque et romaine et dans le XVIIe siècle français, ce qui tend à l'universel en écartant les particularités et ce qui fait appel à l'intelligence et à la rationalité mesurée et non à la sensibilité et aux excès. En littérature, l'écrivain se doit ainsi de respecter la séparation des genres (tragédie, comédie) et les grandes unités (action, lieu et temps), mais ces contraintes entraînent le déclin complet du classicisme littéraire au cours du XIXe siècle, ce que déplore le critique Désiré Nisard dans son *Histoire de la littérature française* (1844-1861). En peinture, l'artiste classique privilégie le dessin sur la couleur, imitant en cela les deux maîtres incontestés du genre que sont David (depuis son *Serment des Horaces* (1785) jusqu'à son *Mars désarmé par Vénus et les grâces* achevé en 1824, quelques mois avant sa mort) et Ingres, son ancien élève et continuateur (*L'Apothéose d'Homère* en 1827, *Stratonice* en 1840). En musique, le compositeur classique accorde une plus grande importance à la construction formelle qu'au coloris comme Boieldieu dans *La Dame blanche* (1825) et, surtout, les deux musiciens les plus célèbres de leur temps, Rossini et Meyerbeer avec leurs opéras de commande : *Le Barbier de Séville* (1816) pour le premier, *Robert le Diable* (1831) pour le second. Mais l'architecture (Chalgrin, Schinkel, von Klenze, Hittorff) et la sculpture (Canova, Thorvaldsen, David d'Angers, Pradier) sont les domaines d'excellence du classicisme. L'architecture dite néoclassique donne l'Arc de Triomphe de Paris (1806-1836), la Glyptothèque et la Pinacothèque de Munich (1816-1836), l'Arc de la Paix de Milan (1838) ou encore le Capitole de Washington (achevé en 1865). Cependant, elle devient de plus en plus éclectique : l'Opéra de Paris, commencé par Charles Garnier en 1862, accumule des détails empruntés à tous les styles et à toutes les époques.

En réaction contre le classicisme et le rationalisme, le romantisme rejette règles et contraintes et privilégie l'individu, l'imagination, l'originalité, le sentiment. Né au tournant des XVIIIe et XIXe siècles dans l'Europe du Nord-Ouest (*Ballades lyriques* des Anglais Coleridge et Wordsworth, en 1798, manifeste publié la même année par l'Allemand Friedrich Schlegel dans la revue *Athenäeum*, œuvres de Madame de Staël et de Chateaubriand sous le Consulat et le Premier Empire), il s'épanouit véritablement au lendemain du Congrès de Vienne puis gagne l'ensemble du monde occidental. L'artiste romantique a une prédilection pour le fantastique, tel l'univers du poète, peintre et graveur William Blake, ou encore celui du *Frankenstein* de Mary Shelley en 1818, et magnifie le passé (en particulier le Moyen Âge), mais se passionne aussi pour les grandes causes de l'époque comme celle des nationalités (la Grèce de Byron et de Delacroix). La littérature, la peinture et la musique sont les domaines où la sensibilité romantique s'exprime le mieux. Le roman, tel *Ivanhoé* de Walter Scott (1819) ou *Les Fiancés* de Manzoni (1827), le drame théâtral, comme *Hernani* d'Hugo (1830), *Chatterton* de Vigny (1835) et, plus encore, la poésie, celle des Anglais Byron, Shelley et Keats, des Français Lamartine et Hugo, des Russes Pouchkine et Lermontov, de l'Italien Leopardi… proposent des figures de héros consumant leur vie dans l'ennui ou dans l'extrême et qui finissent tragiquement (le Julien Sorel du *Rouge et le Noir* de Stendhal, en 1830), traduisant un « mal du siècle » (*La Confession d'un enfant du siècle* de Musset, 1836). Le peintre romantique, qui se veut plus coloriste que dessinateur, observe la nature tourmentée, comme Friedrich l'exprime avec *La Mer de glace ou le naufrage de l'espérance*, en 1817, la nature agressive, tel Géricault avec *Le Radeau de la Méduse* (1819) ou agressée, comme dans *Pluie, vapeur, vitesse* de Turner en 1844. Il porte également ses regards vers les horizons lointains et l'exotisme, vers la Grèce, l'Afrique du Nord, le Proche-Orient… Delacroix crée ainsi *Scènes des Massacres de Scio* (1824), *La Grèce expirant sur les ruines de Missolonghi* (1827) ou encore *Femmes d'Alger dans leur appartement* (1834). En musique, le romantisme fait la part belle au créateur et à l'interprète soliste et virtuose (les pianistes Liszt et Chopin, le violoniste Paganini) aux nouveaux instruments (percussions, triangles, cors), aux thèmes nationaux et aux légendes populaires (*Der Freischütz* de Weber en 1821). Cette musique romantique, qui a pour patrie l'Allemagne (Weber, Mendelssohn, Schubert, Schumann, Wagner), touche cependant toute l'Europe : la France avec Berlioz, l'Italie avec Verdi... Dans une moindre mesure, le romantisme est également présent dans l'architecture, où il s'inspire du Moyen Âge, comme le montrent la reconstruction du Parlement de Westminster selon les plans de Barry et de Pugin, à partir de 1840, et les travaux de Viollet-le-Duc à Carcassonne ou à Pierrefonds, et dans la sculpture, où il représente le monde animalier (*Le lion écrasant un serpent* de Barye, 1833) ou des faits historiques (*Le Départ des volontaires de 1792* de Rude, 1836).

Le romantisme s'essouffle cependant avant même le mitan du siècle : dès la fin des années 1840, de nombreux créateurs entendent décrire la réalité de la vie quotidienne et s'élèvent à la fois contre les rigueurs classiques et les excès romantiques. Cette aspiration, déjà sensible dans *La Comédie humaine* de Balzac, profite alors de l'esprit démocratique de 1848 et de l'essor scientifique et positiviste qui lui fournit des méthodes d'observation objectives. Pendant que Champfleury produit ses premiers romans réalistes, Courbet réalise les deux manifestes picturaux du nouveau courant avec *Les casseurs de pierre* et *L'Enterrement à Ornans* (1849). À quelques exceptions près, comme Daumier *(Les Juges, Le Wagon de troisième classe, Les Immigrants)*, les peintres réalistes s'intéressent surtout à la nature. Celle-ci ne se contente plus d'être un simple décor, comme chez les classiques, ou l'expression d'un état d'âme comme chez les romantiques : elle est représentée pour elle-même, à l'instar des œuvres de Théodore Rousseau (*Le Paysage après la pluie*, 1852) et de Jean-François Millet (*Les Glaneuses*, 1857), chefs de file de l'école de Barbizon. Le réalisme se retrouve en sculpture avec le *Monument à Charles-Albert* de Marochetti (1861) ou *La Danse* de Carpeaux (1869), et plus encore en architecture où l'emploi du fer et du verre permet des constructions plus fonctionnelles : Bibliothèque Sainte-Geneviève de Labrouste (1843-1861), Crystal Palace de Paxton (1851), Halles centrales de Baltard (1854-1870). Mais c'est la littérature qui fournit la production réaliste la plus importante et la plus marquante. Le roman, où s'illustrent les Français Eugène Sue, Gustave Flaubert, Edmond et Jules de Goncourt, les Anglais Dickens, Thackeray et George Eliot ou encore les Russes Gogol, Tourgueniev, Dostoïevski et Tolstoï, devient une enquête méthodique dénonçant les maux de la société et s'assortit parfois de détails crus (*Thérèse Raquin* du jeune Zola en 1867). Le théâtre réaliste donne naissance aux comédies de mœurs d'Augier et de Labiche et aux pièces d'Alexandre Dumas fils, comme *La Dame aux Camélias* (1852), tirée de son roman du même nom. Cette œuvre inspire à son tour Verdi qui crée *La Traviata* (1853). Mais cet exemple est isolé car l'écriture musicale se prête mal au réalisme.

De nouveaux courants ont alors déjà émergé. Les romanciers américains Hawthorne (*La Lettre écarlate*, 1850), Melville (*Moby Dick*, 1851) et le poète français Baudelaire (*Les Fleurs du mal*, 1857) annoncent le symbolisme. La doctrine de « l'art pour l'art », culte de la beauté et de la perfection, inspire à Théophile Gautier, en 1852, *Émaux et Camées*, et, à Leconte de Lisle, les *Poèmes antiques*, puis, en 1866, le groupe du *Parnasse*. Préparée par l'école de Barbizon et celle de Honfleur (Boudin avec ses marines et ses ciels tourmentés), une révolution picturale est en marche. Des artistes considèrent désormais primordial de traduire, non ce que conçoit leur intelligence, mais l'atmosphère qu'ils ressentent et l'impression que perçoit leur œil. En Italie, les *Macchiaioli* le font, à partir de 1855, par des taches de couleur. En France, au début des années 1860, les toiles exposées par Degas, Manet, Pissarro, Monet, Renoir et leurs amis étrangers, le Hollandais Jongkind, l'Américain Whistler ou l'Anglais Sisley, annoncent l'impressionnisme.

2 La persistance d'un art religieux

Si l'essor de l'art profane est l'un des faits marquants du premier XIXe siècle, l'art sacré reste très dynamique. La religion inspire de nombreux artistes avec quelques spécificités selon les confessions (absence de figuration humaine dans les religions juive et musulmane, importance des icônes pour les orthodoxes, austérité de la plupart des temples protestants). Une fièvre de constructions d'édifices religieux s'empare de l'Europe de la Sainte-Alliance. Face au néo-classicisme, incarné par l'église Mère-Dieu à Turin (1815), l'église évangélique à Karlsruhe (1816), celle de Saint-Pancras à Londres (1822) ou encore Notre-Dame de Lorette à Paris (1826), et face à l'éclectisme, symbolisé par l'église de Tous les Saints à Munich (1837), celles de Saint-Vincent-de-Paul, à Paris (1844 ; **doc. 11**) et de la Paix, à Potsdam (1850), le néo-gothique s'affirme. Il bénéficie de l'engouement romantique pour le Moyen Âge et semble consacrer les différents génies nationaux, comme le soulignent le Français Chateaubriand, l'Allemand Goethe ou encore l'historien d'art anglais John Ruskin. Des architectes, tels Pugin (*Apology of Gothic Architecture* en 1847) et Viollet-le-Duc (*Dictionnaire raisonné de l'architecture française du XIe au XVIe siècle*, publié entre 1854 et 1868), insistent sur sa cohérence et sur sa rationalité. Le renouveau gothique aboutit à quelques-unes des réalisations les plus grandioses de la période : la construction de la cathédrale de Cologne, arrêtée depuis le Moyen Âge, est relancée en 1842, tout comme la restauration de Notre-Dame de Paris est reprise à partir de 1845 et la synagogue de Hanovre est édifiée entre 1863 à 1870.

La musique sacrée, qui n'est certes plus le seul genre musical, connaît cependant une période faste. L'œuvre de Jean-Sébastien Bach, qui date de la première moitié du XVIIIe siècle, est remise à l'honneur grâce à l'énergie de Mendelssohn et à la fondation, en 1850, de la *Société Bach*. À l'instigation de dom Guéranger, le chant grégorien est également redécouvert. De nombreuses orgues sont installées dans les églises et les synagogues. De grandes messes musicales sont

Document II. Église Saint-Vincent-de-Paul

composées en l'honneur du couronnement d'un prince ou du sacre d'un évêque, comme la *Missa Solemnis* de Beethoven en 1822, de funérailles, tels le *Requiem* de Berlioz (1837) ou celui de Gounod (1842), ou à l'occasion de la dédicace d'une église (*Messe de Gran* de Liszt en 1855). L'adaptation de l'opéra au sacré, l'oratorio, consacre des œuvres majeures comme le *Paulus* de Mendelssohn (1836) ou le *Christus* de Liszt (1862-1866).

Le thème religieux demeure également très présent dans la peinture et la sculpture. En 1809, des peintres allemands (Overbeck, Pforr), qui entendent faire de leur œuvre un acte de foi en menant une vie ascétique, fondent la *Confrérie de Saint-Luc*. Surnommés les nazaréens, car ils se laissent pousser les cheveux à la manière du Christ, ils s'inspirent de la peinture religieuse du Moyen Âge et refusent la perspective. Ils influencent à leur tour de jeunes peintres anglais (Holman Hunt, Millais, Rossetti) qui se réunissent, en 1848, dans la *Fraternité préraphaélite*, ainsi dénommée car elle entend revenir aux formes picturales antérieures à Raphaël. Cette démarche n'est pas comprise des Anglais, peu habitués à la peinture religieuse qu'ils accusent de crypto-papisme. L'Église est aussi choquée par le souci du détail réaliste des œuvres préraphaélites. Si la plupart de ces peintres finissent par se tourner vers d'autres sources d'inspiration (légendes médiévales), la *Fraternité* laisse à la peinture religieuse des compositions importantes : *L'enfance de la Vierge Marie* de Rossetti (1849), *Le Christ dans la maison de ses parents* de Millais (1850), *La Lumière du monde* d'Holman Hunt (1854). Moins iconoclastes et d'une piété sans faille, les peintres français de l'école de Lyon, tel Flandrin (*Pietà*, 1842, fresques de Saint-Germain-des-Prés et de Saint-Vincent-de-Paul, 1842-1863), ont, en revanche, les faveurs du clergé, tout comme les sculpteurs Canova et Thorvaldsen, qui reçoivent la commande des tombeaux des papes. Toutes ces œuvres peintes et sculptées sont reproduites en grand nombre par les ateliers situés à proximité de l'église parisienne de Saint-Sulpice. Cet art sulpicien, vendu à des prix modiques et qui répond à la demande de populations inquiètes des bouleversements de l'époque, rencontre un immense succès.

3 Le conformisme des goûts

Dans la première moitié du XIXe siècle, le mécénat princier, qui protégeait et finançait souvent les avant-gardes, devient rare (George IV d'Angleterre, Louis II de Bavière). Par éducation, souci de respectabilité et peur du désordre, la bourgeoisie, nouvelle puissance politique et économique, se montre beaucoup plus conformiste dans ses préférences littéraires et artistiques. Elle soutient l'enseignement traditionnel des arts ainsi que les choix classiques des Académies, des musées et du fameux Salon français, qui expose les œuvres jugées dignes d'attention. Les commandes officielles et les honneurs sont réservés aux écrivains et aux artistes qui acceptent de se plier aux canons esthétiques académiques.

Dans le domaine littéraire, les œuvres qui mettent l'accent sur les préoccupations bourgeoises (réussite sociale, vie du foyer, argent), comme les comédies d'Eugène Scribe (*Bataille de dames*, 1851) et les romans d'Octave Feuillet (*Le roman d'un jeune homme pauvre*, 1858) sont celles qui rencontrent le plus grand succès. En peinture, le style *Biedermeier*, qui loue les vertus familiales et propose l'image d'une société idyllique, séduit Allemands et Autrichiens. Les tenants de l'académisme, tel Ingres, croulent sous les commandes, et le style pompier, représenté, sous le Second Empire, par Meissonier, Bouguereau ou encore Cabanel, est très en vogue. En musique, les opéras de Rossini et de Meyerbeer triomphent tout comme, dans un genre plus léger, les opérettes parisiennes d'Offenbach (*La Belle Hélène* en 1864, *La Vie parisienne* en 1866) et les valses viennoises de Johann Strauss (*Le Beau Danube bleu* en 1867).

À l'inverse, les œuvres d'avant-garde sont généralement peu appréciées du public et provoquent parfois scandales et procès, contraignant souvent leurs auteurs à vivre en marginaux. Les lecteurs de poésie romantique sont peu nombreux. *Hernani* d'Hugo et la *Symphonie fantastique* de Berlioz déchaînent des tempêtes en 1830. Ainsi, plusieurs romantiques rejettent la société bourgeoise et mènent une vie de bohème décrite par l'écrivain Henry Murger en 1848. Cependant, l'évolution des goûts et l'émergence du réalisme à l'expression plus crue et à la critique sociale plus acérée font perdre au romantisme sa position d'avant-garde et amènent même sa consécration officielle. Berlioz entre à l'Institut en 1856 et Delacroix en 1857. Désormais, ce sont les peintres Courbet et Millet, surnommés respectivement « l'apôtre du laid » et « le calomniateur des campagnes », ou encore les écrivains Flaubert et Baudelaire, poursuivis tous les deux en 1857 pour « outrage à la morale publique et religieuse et aux bonnes mœurs », qui choquent les bien-pensants. Au Salon des refusés, autorisé par Napoléon III en 1863, Manet fait scandale avec *Le Bain (Le Déjeuner sur l'herbe)* et récidive peu après avec son *Olympia.*

3. Le dualisme des cultures et des loisirs

I Les deux filières de l'enseignement

À partir de la seconde moitié du XVIIIe siècle, la conscience de l'utilité morale, sociale et économique de l'éducation se développe. Abandonnée jusque-là aux religions, l'instruction devient progressivement une affaire d'État. Dès 1763, la Prusse se dote d'un ministère de l'Instruction publique. L'Empire russe suit l'exemple en 1802, bientôt imité par la plupart des pays occidentaux. Néanmoins, dans chaque État, deux systèmes éducatifs distincts coexistent. Les enfants du peuple fréquentent, au mieux, les écoles primaires. Les fils de l'aristocratie et de la bourgeoisie reçoivent d'abord les valeurs et la culture de leur milieu par l'intermédiaire de leur mère, souvent secondée par une *Miss* britannique, une *Fräulein* allemande ou une *Mademoiselle* française. Ensuite, ils suivent des cours de précepteurs ou de classes réservées. Ce n'est qu'après qu'ils poursuivent leur scolarité dans les établissements secondaires et supérieurs.

L'instruction populaire a pour but essentiel de moraliser les masses. Elle doit s'appliquer aux filles comme aux garçons et est appelée à réunir des effectifs importants. Le savoir-faire et les moyens des Églises sont donc précieux. En conséquence, l'ensemble de l'enseignement primaire conserve un fondement religieux et l'apprentissage de la lecture, alors plus important que ceux de l'écriture et du calcul, se fait dans les livres sacrés (être capable de lire, seul, la *Bible* est capital pour les protestants). Nulle part l'État n'essaie d'éliminer le secteur privé, qui est, selon lui, un excellent moyen d'accroître la scolarisation. En France, l'Université, créée par Napoléon en 1806-1808, a reçu le monopole théorique de l'enseignement. L'obligation, souvent assortie de la gratuité, est décrétée par la Prusse dès le XVIIIe siècle, par la Bavière en 1802, par la Suède en 1842, par l'Italie – qui souhaite en faire l'un des ferments de son unité – en 1861, par l'Autriche en 1868... Sans aller aussi loin, la France prend également des mesures. Tout en accordant la liberté à l'enseignement primaire confessionnel, la loi Guizot de juin 1833, impose aux collectivités locales d'ouvrir une école de garçons, moyennant une subvention, et prévoit la gratuité pour les indigents. Bien que mal appliquée, elle marque cependant une avancée considérable d'autant plus que les lois de 1836 et de 1867 en étendent la portée aux filles. Très en retard, la Russie adopte, en 1864, une loi qui permet aux *zemstvos* de créer des écoles. Quant au Royaume-Uni, il représente un cas original et extrême puisque le pouvoir laisse libre cours aux initiatives privées laïques (patrons comme Robert Owen ou aristocrates comme lord Shaftesbury) et religieuses (*British and Foreign School Society* non conformiste de 1808, *National Society* anglicane de 1811, *Catholic Poor School Society* de 1847) et se contente d'accorder quelques subventions en 1833, 1838... Il faut attendre 1870 et le vote du *Forster Act* pour que l'État se décide à instaurer un système public, d'ailleurs très décentralisé. L'intérêt porté à l'enseignement primaire se traduit aussi par des recherches pédagogiques (le Suisse Pestalozzi, l'Allemand Herbart, le Français Jean Macé) et par la volonté de former des maîtres plus com-

Document 12. L'école des frères et enseignement mutuel

pétents et plus nombreux (obligation pour tous les départements français d'entretenir une école normale en vertu de la loi Guizot, création des *Istituti Magistrali* par la loi Casati de 1859 en Piémont). Faute de moyens, les méthodes utilisées sont souvent des pis-aller, comme le principe de l'enseignement mutuel du quaker anglais John Lancaster, où les élèves les plus grands et les plus avancés aident le maître à apprendre aux plus petits (**doc. 12**). Néanmoins la scolarisation, l'alphabétisation et le niveau des connaissances progressent tout au long de la période. En Amérique du Nord et dans l'Europe du Nord-Ouest, le phénomène est très sensible ; il l'est beaucoup moins en Europe méridionale et orientale. C'est ainsi que, dans la France de 1863, 2,25 millions de garçons, de 5 à 15 ans, sur 3 millions et 2,05 millions de filles du même âge, sur 3,1 millions, sont scolarisés contre seulement 1,1 million de garçons et 0,5 million de filles en 1821. En 1870, le taux d'alphabétisation est supérieur à 90 % en Prusse, à 85 % en Écosse, à 75 % en France, en Angleterre et au pays de Galles, mais n'atteint pas encore 35 % en Hongrie ou en Italie et pas 10 % en Russie.

L'enseignement secondaire ambitionne de façonner des honnêtes hommes (les *gentlemen* anglais) et de les préparer à exercer des responsabilités. Il repose essentiellement sur les humanités (latin et grec) et s'adresse presque exclusivement aux fils de l'élite, les bourses étant accordées avec parcimonie aux enfants des couches populaires remarqués pour leur intelligence. Il se partage généralement entre un secteur public et un secteur privé laïc ou confessionnel. La plupart des États renforcent le premier. Le gouvernement français soutient ainsi les collèges communaux et crée, en 1802, les lycées qui se multiplient (on en compte déjà 46 en 1842). En Prusse, Wilhelm von Humboldt réforme les *gymnasien* à partir de 1809 pour les rendre plus performants. La question de la formation des élites est d'une telle importance que les États s'intéressent également aux établissements privés. En Angleterre, où les vénérables *public schools* privées (Winchester fondée en 1382, Eton en 1440) traversent une crise (déficience administrative, médiocrité du niveau des études et absence de discipline), le Parlement impose des règles strictes en votant, en 1868, une loi qui s'inspire partiellement des réformes entreprises par Thomas Arnold, directeur de la *public school* de Rugby (développement de la rigueur morale, des châtiments corporels et de la pratique du sport). En France, les établissements privés sont étroitement contrôlés par l'Université. Néanmoins, en mars 1850, une majorité de parlementaires vote la loi Falloux qui accorde la liberté à l'enseignement secondaire privé et permet l'essor des collèges religieux et des petits séminaires. En 1870, il y a légèrement plus de jeunes Français dans le secondaire privé que dans le public et, après le scandale provoqué par Victor Duruy lorsqu'il créa les premiers cours publics pour filles (1867), quasiment toutes les jeunes Françaises sont scolarisées dans des établissements confessionnels. À de rares exceptions près, comme aux États-Unis où s'ouvre une *high school* féminine dès 1821, et au Royaume-Uni où des établissements similaires sont créés à partir de la fin des années 1840, l'enseignement secondaire féminin n'est qu'une préparation à la vie de mère chrétienne et reste modeste. Parallèlement, les nécessités industrielles et commerciales imposent l'ouverture de nouvelles filières valorisant les sciences et les techniques (*grammar schools* anglaises, *realschulen* et *realgymnasien* allemands, établissements du même type en France, en Italie, en Russie à partir des années 1860). Dédaigné par les élites, cet enseignement spécial accueille les enfants des classes moyennes, mais dans des proportions qui restent faibles. Les effectifs des établissements secondaires français ne passent que de 50 000 à 150 000 élèves entre 1815 et 1870. À cette date, à peine plus de 2 % d'une classe d'âge fréquentent le secondaire et moins de 1 % obtient le baccalauréat. La France apparaît cependant en avance puisque l'Allemagne scolarise alors seulement 100 000 de ses enfants dans le secondaire, l'Italie environ 50 000 et le Royaume-Uni encore moins.

De son côté, dans les pays sous influence française, l'enseignement supérieur sort profondément transformé de la période révolutionnaire et impériale. À l'exception des facultés de théologie, il échappe désormais totalement aux Églises alors qu'il était sous leur emprise durant l'Ancien Régime. Le nouveau système comprend des écoles spéciales nées sous la Révolution (École polytechnique pour former des scientifiques, École normale supérieure pour les professeurs) ou après (École des chartes fondée en 1821 pour les archivistes) et des facultés de théologie, droit, médecine, lettres et sciences. Si les premières proposent un enseignement de qualité, les secondes offrent surtout des conférences destinées à satisfaire le grand public cultivé. En réaction contre la domination française, la Prusse crée son propre modèle dont le but est de régénérer la nation allemande. En 1810, Humboldt fonde l'Université de Berlin sur le principe de la *Bildung* (l'éducation de soi). À partir de 1824, les universités allemandes sont les premières à mettre en place des séminaires et des laboratoires associant enseignement pratique et recherche. En créant l'École pratique des hautes études, en 1868, Victor Duruy s'inspire de cette réussite. Le Royaume-Uni, par contre, exception faite de l'Écosse, dispose d'un enseignement supérieur archaïque. Il ne possède, à l'origine, que deux universités, Oxford et Cambridge, vouées à la théologie anglicane. La modernisation commence lentement avec l'ouverture, à Londres, en 1828, d'un premier collège universitaire non confessionnel. En revanche, le Royaume-Uni se singularise en étant l'un des premiers pays à créer des établissements pour les jeunes femmes, après les États-Unis, précurseurs en la matière (1837). Mais le phénomène demeure modeste. En outre, l'enseignement supérieur est souvent le foyer d'une agitation politique (Allemagne de la fin des années 1810), ce qui explique qu'il soit hautement surveillé et qu'un *numerus clausus* lui soit parfois imposé (Russie de Nicolas Ier). Élitiste en 1815 (13 000 étudiants en Allemagne, 4 500 en France, 3 500 en Russie, 3 000 au Royaume-Uni), il l'est à peine moins en 1870 (21 000 étudiants en Allemagne, 11 000 en France, 7 000 en Russie, 5 000 au Royaume-Uni) et ne concerne jamais plus de 1% d'une classe d'âge.

2 La culture et les loisirs des élites

Au siècle des Lumières, la culture des élites était cosmopolite et d'inspiration française. Les aristocraties et les bourgeoisies encouragent désormais les littératures authentiquement nationales qui émergent, de l'Écosse de Walter Scott à la Serbie de Dositej Obradovic, de la Grèce d'Adamantios Koraïs aux États-Unis de Ralph Emerson. Elles découvrent et soutiennent aussi des traditions locales et des folklores qu'elles méprisaient jusque-là, parce qu'elles les sentent menacés de disparition : vogue des festivals gallois (les *eisteddfodau*), fondation de la Société ossianique irlandaise en 1853 pour défendre le parler celtique, création du *Félibrige* en 1854 à l'initiative d'écrivains provençaux comme Frédéric Mistral...

L'ampleur de leur correspondance montre que les élites consacrent une grande partie de leur temps à des travaux d'écriture. Elles lisent aussi énormément. Les plus riches disposent de bibliothèques particulières ; les autres s'abonnent à des cabinets de lecture. Outre le livre (recueils de poésie, ouvrages historiques ou encore romans, genre alors en plein essor), la presse est lue avec passion. Elle bénéficie des progrès techniques (presses à vapeur dès les années 1810, fusion mécanique des caractères en 1838, presses rotatives à partir des années 1840), de recettes de publicité qui abaissent le prix de vente (*La Presse* lancée par Girardin en 1836), du développement des transports et d'une meilleure circulation des informations (télégraphe électrique dès le milieu des années 1840, création d'agences de presse comme la française *Havas* en 1835, l'américaine *Associated Press* en 1848, l'allemande *Wolff* en 1849, l'anglaise *Reuter* en 1851). En plus des journaux politiques qui profitent, à quelques exceptions près avec la Russie et la France du Second Empire autoritaire, d'un certain assouplissement de la censure, les lecteurs disposent d'une gamme de plus en plus large de titres spécialisés : religieux (*L'Univers* de Louis Veuillot en France), économiques (*The Economist* britannique, 1843, ou le *Moniteur industriel* français, 1846), féminins (*Gartenlaube* allemande, *La Mode illustrée* française), enfantins (*La Semaine des enfants* qu'Hachette lance en 1857, un an après sa *Bibliothèque rose*).

Il existe aussi une sociabilité, des goûts artistiques et des loisirs communs à tout l'Occident. Les élites se rendent régulièrement dans les théâtres et les opéras, où elles disposent de loges réservées, ainsi que dans les musées. Ces derniers existent de longue date (Capitole à Rome et Offices à Florence depuis la Renaissance, musées de Cassel, Munich et Vienne, British Museum ou encore musée du Louvre fondés au XVIIIe siècle), mais ils bénéficient désormais d'une volonté générale de conservation et de mise en valeur du patrimoine. Ils s'ouvrent aussi plus largement au public, accueillent des affluences croissantes et se multiplient (National Gallery en 1824 et National Portrait Gallery en 1859 à Londres, musée de l'Histoire de France à Versailles dans les années 1830, musée de Cluny pour le Moyen Âge en 1844). En 1870, la France, l'Allemagne et le Royaume-Uni comptent environ 220 musées chacun et les États-Unis, qui n'en possédaient quasiment aucun quelques décennies plus tôt, rattrapent leur retard (le

Metropolitan Museum de New York et le musée des Beaux-Arts de Boston sont, par exemple, fondés, cette même année). Déjà pratiqué par l'aristocratie, le tourisme gagne la bourgeoisie à la faveur du développement des chemins de fer, ce qu'atteste le succès grandissant des guides de voyage (ceux de l'éditeur écossais Murray dès les années 1820, ceux de Joanne, en France, à partir du milieu du siècle). Les élites de toute l'Europe se retrouvent dans les stations balnéaires (Brighton, Cannes, Biarritz) et thermales (Vichy, Bade, Ems), mais aussi aux Expositions universelles, à partir de 1851. À cet égard, Paris, capitale culturelle par excellence, attire le public cultivé du monde entier (Salons artistiques, spectacles, ventes aux enchères d'objets d'art, succès de l'Exposition universelle de 1867). Les élites fréquentent également des salons, des sociétés, des cercles et des clubs, comme le *Jockey Club* fondé à Paris en 1834 par les amateurs de courses de chevaux. Cet attrait pour le *turf* vient d'Angleterre (hippodromes d'Epsom et d'Ascot), puis gagne l'ensemble de l'Occident par l'intermédiaire de la France. Il en est de même, à un degré moindre, de l'aviron ou du golf. Si la gymnastique, l'escrime et le tir connaissent un grand essor en Europe continentale, où ils sont répandus depuis longtemps, et si la bicyclette naît en Allemagne (draisienne propulsée par les jambes en 1813) et se perfectionne en France (vélocipède à pédales dans les années 1860), le sport a pour patrie le Royaume-Uni. L'élite britannique lui voue un culte, en raison des valeurs qu'il véhicule : hygiène de vie, dépassement de soi, esprit d'équipe avec l'engouement pour le football et la naissance du rugby en 1823 dans les *public schools*.

3 La culture et les loisirs populaires

Dans les sociétés rurales, travail et loisirs s'entremêlent souvent. Parallèlement à la sociabilité de l'église ou à celle du débit de boissons, il en existe également une du lavoir et une autre des moissons. La veillée est l'occasion de chanter ou de raconter des histoires, tout en se livrant à de menus travaux (couture, tricot). Périodiquement, les fêtes permettent de réaffirmer la cohésion de l'ensemble de la communauté. À l'inverse, les foires élargissent les horizons. Le colporteur propose une autre ouverture sur l'extérieur en apportant aux ruraux une littérature simple (contes et légendes, chansons de Béranger) et des almanachs qui fournissent de précieux renseignements (météorologie, médecine). Si le colportage se maintient dans l'Europe méditerranéenne et orientale, il décline dans le Nord-Ouest du continent en raison du développement des commerces de proximité et de la diffusion des cultures urbaines par le chemin de fer. En France, par exemple, il ne vend plus que deux millions de volumes en 1870, contre neuf millions 25 ans plus tôt.

En ville, des loisirs plus variés s'offrent au peuple qui les partage occasionnellement avec les couches supérieures de la société. Des bourgeois viennent s'encanailler dans les bals populaires, les fêtes foraines, les cirques, les cabarets chantants (goguettes françaises) et participent aux défilés de chars et aux ripailles des carnavals qui connaissent une seconde jeunesse au milieu du siècle dans plusieurs villes du continent, à Paris, Cologne, Mayence... Au poulailler et au paradis des théâtres, les masses populaires applaudissent les mélodrames, les comédies ou les grandes œuvres du répertoire lyrique. Elles fréquentent les cafés-concerts comme *L'Alcazar*, l'*Eldorado* ou le *Ba-Ta-Clan* dans le Paris du Second Empire. Elles prennent aussi l'habitude de se promener le dimanche dans les parcs et les jardins, de canoter, de visiter des musées qui, pour la plupart, deviennent gratuits au milieu du siècle, de s'investir dans des chorales, des orphéons, des fanfares et des harmonies ou encore de se faire photographier.

Une culture de masse émerge grâce à une démocratisation de l'écrit, liée aux progrès de l'alphabétisation, à la hausse du pouvoir d'achat des couches populaires et à la volonté de la presse et de l'édition d'élargir leur clientèle (sujets plus attractifs, baisse du prix de vente). Les périodiques publient ainsi, dès les années 1830, des romans-feuilletons (Dickens, Balzac, Alexandre Dumas, Eugène Sue). Ils introduisent plus fréquemment des illustrations (caricatures des journaux satiriques comme le *Charivari* ou *Punch*, gravures de *L'Illustration*, reportages photographiques à partir de la guerre de Crimée) et n'hésitent pas à faire dans le sensationnel (relations du crime de Pantin, du procès du meurtrier Troppmann et de son exécution en 1869-1870). Les journaux comme le *Penny Magazine* lancé à Londres en 1832, le *Magazine pittoresque* parisien, la même année, le *Pfenningmagazin* allemand et le *Sun* new-yorkais (1833) deviennent très bon marché. Le prix baisse encore avec *Le Petit Journal* à un sou (1863). La progression du tirage de la presse est spectaculaire : les journaux parisiens, par exemple, tirent à un million d'exemplaires en 1870 contre 73 000 en 1836. Le livre connaît une évolution similaire dans tous les grands pays, mais surtout en Allemagne, premier producteur mondial, au Royaume-Uni et en France. À la fin des années 1830, Gervais Charpentier abaisse le coût de fabrication de ses ouvrages en diminuant la taille des caractères et donc la quantité de papier nécessaire. En 1856, Michel Lévy lance sa collection à un franc. Dès les années 1820, l'Angleterre ouvre des bibliothèques pour les ouvriers ; vers 1840, des bibliothèques de chemin de fer, à l'initiative de William Henry Smith ; puis, après le vote de la loi de 1850, des bibliothèques municipales gratuites. Louis Hachette importe rapidement en France l'idée de Smith. La littérature populaire prend son essor avec des ouvrages comme *Le Bossu* de Paul Féval (1858) ou *Voyage au centre de la Terre* de Jules Verne (1864).

BIOGRAPHIES

Pie IX (Giovanni Maria Mastai Ferretti, 1792-1878). Issu d'une famille de petite noblesse italienne, il est ordonné prêtre en 1819, puis devient successivement archevêque en 1827, cardinal en 1840 et pape en 1846. Il inaugure son pontificat (le plus long depuis saint Pierre) par des réformes et l'amnistie d'opposants. Cependant, il adopte des mesures réactionnaires après l'échec de la révolution romaine en 1849. En outre, il a toujours été conservateur sur le plan doctrinal. Sa première encyclique, *Qui Pluribus* (1846) annonce déjà *Quanta Cura*, le *Syllabus* et la condamnation des erreurs du monde moderne (1864). Son pontificat voit disparaître les États de l'Église au profit du royaume d'Italie, mais il est aussi celui du renforcement décisif de l'autorité spirituelle de la papauté sur le monde catholique : proclamation du dogme de l'Immaculée Conception de Marie, en 1854, et affirmation de l'Infaillibilité pontificale par le concile du Vatican, en 1870. Reclus au Vatican après la prise de Rome par les Italiens, Pie IX est l'objet d'une formidable dévotion des catholiques jusqu'à sa mort.

Victor Hugo (1802-1885). Fils d'un général de Napoléon, il s'adonne très jeune aux lettres (« Je veux être Chateaubriand ou rien ») et s'impose en 1827 comme le théoricien et le chef de l'école romantique française avec la préface de *Cromwell*. Il excelle aussi bien au théâtre (*Hernani* en 1830), qu'en poésie (*Les Feuilles d'automne* en 1831) ou dans le roman (*Notre-Dame de Paris* en 1831) et entre à l'Académie française en 1841. Cependant, l'échec des *Burgraves* et la mort de sa fille Léopoldine, en 1843, le détournent provisoirement de la création littéraire au profit de l'action politique. Après avoir été légitimiste, il s'attache aux Orléans, accepte la pairie en 1845, passe à la démocratie en 1848 et siège dans les assemblées de la Deuxième République. Il se réfugie en Belgique puis dans les îles anglo-normandes après le coup d'État du 2 décembre 1851 et publie alors *Les Châtiments*, recueil satirique contre Napoléon III (1853), *Les Contemplations*, mémoires d'une âme (1856) ou encore *Les Misérables*, roman du peuple (1862). Rentré d'exil à la chute du Second Empire, le patriarche républicain entre au Sénat puis, après sa mort, au Panthéon.

DÉBATS

Quiconque étudie la culture et les religions à travers l'histoire doit prendre garde d'accorder une importance démesurée à des phénomènes et à des œuvres qui parlent à sa sensibilité et à sa contemporanéité, mais qui n'ont peut-être eu qu'un faible retentissement en leur temps. Inversement, il ne doit pas en négliger d'autres qui ont pu avoir jadis un grand écho sous prétexte qu'ils lui semblent aujourd'hui dépourvus de tout intérêt. Jean Touchard a magistralement expliqué comment Béranger, oublié des anthologies littéraires actuelles, a pu être autant admiré au XIXe siècle depuis les hôtels particuliers de l'aristocratie et les salons bourgeois jusqu'aux guinguettes des faubourgs et aux plus humbles chaumières (*La Gloire de Béranger*, Presses de la FNSP, 1968, 2 vol.).

Très influencée par l'anthropologie, l'ethnologie et la sociologie, l'histoire religieuse ne se limite plus aux approches institutionnelles et politiques mais se penche de plus en plus sur les pratiques et le vécu religieux des populations. *L'Histoire du christianisme* (Desclée-Fayard, t. 10, *1750-1840*, t. 11, *1830-1914*) et les travaux de Philippe Boutry (*Prêtres et paroisses au pays du curé d'Ars*, Paris, éd. du Cerf, 1986) illustrent ces nouvelles problématiques.

Il n'est en fait plus de territoires que l'histoire n'ose aborder, comme en témoignent les ouvrages d'Alain Corbin, historien du sensible (*Les Filles de noce. Misère sexuelle et prostitution au XIXe siècle*, Paris, Aubier, 1978, *Le Miasme et la Jonquille. L'odorat et l'imaginaire social (XVIIIe-XIXe siècle)*, Paris, Aubier, 1982, *Les Cloches de la terre. Paysage sonore et culture sensible dans les campagnes au XIXe siècle*, Paris, Albin Michel, 1994).

BIBLIOGRAPHIE

- **René Taton (dir.), *La Science contemporaine, le XIXe siècle*, Paris, PUF, Quadrige, 1961.**
- **Philippe Van Tieghem, *Le Romantisme dans la littérature européenne*, Paris, Albin Michel, 1969.**
- **Paul Gerbod, *L'Europe culturelle et religieuse de 1815 à nos jours*, Paris, PUF, 1977, 1989 (rééd.).**
- **Gaston Mialaret, Jean Vial (dir.), *Histoire mondiale de l'éducation*, t. 3, *De 1815 à 1945*, Paris, PUF, 1981.**

- William Vaughan, *L'Art du XIXe siècle, 1780-1850*, Paris, Mazenod-Citadelles, 1989.
- Alain Corbin (dir.), *L'Avènement des loisirs, 1850-1960*, Paris, Champs Flammarion, 2001 (rééd.).
- Jean-Marie Mayeur et *al.*, *Histoire du christianisme*, t. 10, *Les Défis de la modernité (1750-1840)*, Paris, Desclée et Fayard, 1997 et t. 11, *Libéralisme, industrialisation et expansion européenne (1830-1914)*, Paris, Desclée et Fayard, 1995.
- Francis Démier, *L'Europe romantique*, Paris, La Documentation française, 1997.
- Christophe Charle, *Les Intellectuels en Europe au XIXe siècle. Essai d'histoire comparée*, Paris, Seuil 2001 (rééd.).
- René Rémond, *Religion et société en Europe*, Paris, Le Seuil, 1998.

Document commenté

Le Radeau de la Méduse **par Théodore Géricault, 1819, huile sur toile de 491 cm sur 716 cm. Paris, Musée du Louvre.**

I MÉTHODE

Comprendre et commenter un document iconographique

D'une observation rigoureuse du document doit découler son identification puis sa présentation générale : auteur, titre, date d'exécution, nature (tableau, gravure, photographie) ; thème traité (histoire, actualité, vie quotidienne) ; genre auquel il se rattache (portrait, paysage, nature morte, allégorie) ; technique utilisée (dessin au crayon, au fusain ou à la sanguine, fresque, aquarelle, pastel, peinture à l'huile, lithographie, eau-forte, procédé photographique) ; dimensions et lieu d'exposition.

Il faut ensuite comprendre la façon dont l'auteur a procédé (primat de la raison et de la réflexion ou du sentiment et de l'impression). La composition s'étudie en distinguant des plans (premier plan, deuxième plan, arrière-plan), en repérant sa géométrie (lignes directrices, place des éléments, combinaison des figures, recherche d'équilibre ou de mouvement), en observant le dessin (netteté ou flou des contours, tracé, touche, coup de crayon rapide ou précis, violent ou délicat), en s'attachant à la palette de couleurs (dominantes, tons chauds et froids, complémentaires) ainsi qu'aux lumières (importance, sources, clair-obscur, jeu d'ombres).

Il faut s'attacher à l'étude des personnages, des paysages, des bâtiments, des objets et les décrire avec minutie (formes, places, attitudes, rapports des uns avec les autres). Il est alors possible de répondre à quelques questions: quel est le rôle historique et la place artistique de l'auteur? Selon la nécessité, dans quel contexte politique, diplomatique, économique, social, artistique a-t-il produit l'œuvre étudiée? Dans quel but l'a-t-il réalisée (commande, impulsion personnelle), sous quelle forme et avec quelle portée?

II CORRIGÉ

Le Radeau de la Méduse est l'œuvre majeure du peintre Théodore Géricault (1791-1824), élève de Carle Vernet, admirateur de Gros et ami de Delacroix. Remarqué au Salon de 1812, il est déjà célèbre pour ses portraits de cavaliers, lorsqu'il décide de s'attaquer à un sujet du passé proche. En juillet 1816, une frégate royale, *La Méduse*, a fait naufrage au large des côtes du Sénégal. Plus de cent passagers se sont noyés après le chavirage de leurs canots de sauvetage. D'autres ont réussi à se hisser sur un radeau de fortune où ils ont enduré de terribles souffrances et ont même dû manger certains de leurs compagnons avant d'être secourus, au bout de quinze jours, par un bateau. Après un an de travail, Géricault expose à Londres, et au Salon de Paris en 1819, sa version de la tragédie.

Ce tableau de grande dimension montre le moment crucial où les quinze rescapés, dont cinq compagnons viennent de mourir, aperçoivent leurs sauveurs à l'horizon. Si la plupart des survivants reprennent espoir (deux marins montés sur des tonneaux agitent des lambeaux de vêtements pour attirer l'attention du navire, trois autres lèvent les bras), deux d'entre eux restent prostrés (assis près du mât, l'un se tient la tête entre les mains et ses bras reposent sur ses genoux, l'autre, un vieillard barbu drapé, perd son regard dans les flots tout en tenant un cadavre).

La composition pyramidale de l'œuvre donne l'impression que le radeau s'enfonce dans un océan agité (vagues, écume, lourdeur du ciel). Dans cette toile peinte à l'huile, Géricault utilise à dessein des ocres, des terres de Sienne, des bruns, des rouges. Cette gamme chromatique vise à souligner l'omniprésence de la mort. La lumière venue de la gauche tombe sur des corps à la maigreur cadavérique. La précision de la touche témoigne d'une grande maîtrise (même si Géricault a pris soin de ne pas faire apparaître les pieds de ces personnages –

qu'il peint mal – en les emmaillotant, en les masquant par une poutre). Le tableau reste classique par certains aspects (structure pyramidale, posture académique de plusieurs personnages). Par d'autres, il annonce le réalisme (renseignements demandés aux survivants, réalisation d'une maquette et de figurines de cire, utilisation de vrais cadavres fournis par l'hôpital Beaujon pour soigner les détails anatomiques). Néanmoins, il peut être considéré comme le manifeste du romantisme par le choix d'un thème contemporain et tragique, par la présence d'éléments déchaînés, par son caractère morbide, par l'importance de la couleur et du mouvement ou encore par l'exotisme du personnage central (un noir).

Jadis fervent partisan des Bourbons (il les a suivis dans leur exil des Cent-Jours après s'être engagé comme volontaire dans les mousquetaires gris du roi), Géricault est déçu par l'orientation prise par la Seconde Restauration. Le choix de son sujet n'est pas innocent. Le commandant de *La Méduse*, ancien émigré, avait été réintégré dans la marine après vingt-cinq ans d'inactivité, l'équipage était incompétent et le gouvernement n'aurait pas tout fait pour sauver les rescapés. Dans l'esprit du peintre, ce naufrage annonce sans doute celui du régime s'il se laisse dominer par des hommes qui n'ont rien appris ni rien oublié. Accusé par les ultras et par les classiques d'avoir cherché à faire de « l'opposition en art », Géricault est défendu par Louis XVIII (« Le naufrage n'est pas celui du peintre ! »). En 1824, il meurt à 33 ans des suites d'une chute de cheval alors que son tableau entre au Louvre, consacrant son génie.

CHAPITRE 7

Les mondes extra-européens

Après avoir permis à l'Europe de dominer partiellement le monde pendant trois siècles, le colonialisme mercantiliste traverse une crise profonde dans les premières décennies du XIXe siècle et l'Amérique latine s'émancipe de la domination hispano-portugaise. Les Européens poursuivent néanmoins leur expansion grâce à de nouveaux moyens. Du cercle polaire arctique au pôle Sud et de l'Afrique occidentale à l'Extrême-Orient, ils explorent et exploitent de nouvelles terres, pénétrant même des pays qui leur étaient quasiment fermés jusque-là, comme la Chine ou le Japon. Les États-Unis d'Amérique commencent cependant à contester leur puissance, en proposant un nouveau modèle politique, en affirmant leurs propres prétentions expansionnistes et en surmontant leurs contradictions internes après une terrible guerre civile.

1. Le crépuscule de l'ancien système de domination européenne

I Un système injuste, incomplet et contesté

Mis en place à l'époque moderne, le colonialisme traditionnel est mercantiliste et esclavagiste. Il repose sur le commerce triangulaire dont l'apogée se situe au XVIIIe siècle. Les Européens achètent des esclaves noirs aux rois africains contre des étoffes, des armes et de l'alcool et les transportent aux Antilles et en Amérique (« la traite des nègres ») où ils les font travailler sur des plantations tropicales de café, canne à sucre, coton et dans des mines de métaux précieux. Les produits de cette exploitation sont ramenés en Europe et financent également le commerce avec l'Orient (laque, soie, thé). Les puissances coloniales que sont le Portugal, l'Espagne, les Pays-Bas, la Grande-Bretagne et la France disposent du monopole du marché et de celui du transport (monopole du pavillon), au sein de leur propre empire (pacte colonial). Pour limiter les coûts, elles chargent fréquemment des compagnies à charte d'exploiter et d'administrer leurs possessions. Elles n'accordent à leurs colonies ni liberté, ni souveraineté et réservent aux populations autochtones un statut juridique inférieur.

En dehors des Amériques, elles se contentent de comptoirs et d'escales côtières, sans chercher à pénétrer à l'intérieur des terres. L'Afrique reste un monde inconnu. Son climat, son relief et sa végétation la préservent toujours des convoitises que commencent à susciter ses ressources naturelles, les trésors qu'auraient laissés les brillants empires du passé du Ghana, du Mali, de Songhaï ou de Monomotapa, et la faible riposte qu'elle opposerait face à une attaque, en raison de son retard technologique et de ses structures sociales figées et réfractaires à l'instauration d'États puissants (familles qui se regroupent en clans, en tribus ou, au mieux, en chefferies sous l'autorité absolue des anciens). Les Européens ne cherchent pas non plus à dépecer les deux grands empires musulmans ottoman et perse, même si leur influence s'accroît sur leurs marges : les Anglais et les Français en Égypte, les Russes entre la mer Noire et la mer Caspienne. Ils se satisfont de relations commerciales avec le sultan et le chah. En Inde, les Britanniques s'attaquent aux États Mahrattes hindous et à leurs princes souverains *(rajahs),* qui contestent leur présence, mais ils laissent subsister le moribond Empire musulman du Grand Moghol et ne remettent pas en cause les castes qui structurent la société indienne depuis l'Antiquité. Enfin, en Extrême-Orient, les Occidentaux se heurtent à des États puissants qui refusent le contact avec eux parce qu'ils les considèrent comme des barbares. La Chine, qui s'est longtemps perçue comme le centre du monde (en chinois le pays s'appelle *Zhong-guo,* Empire du Milieu), est, en 1815, le plus grand Empire de la planète comprenant, outre les 18 provinces chinoises, la Mandchourie, la Mongolie, le Tibet et le Turkestan. La Birmanie, le Siam, le Vietnam et la Corée sont ses royaumes vassaux, au moins en théorie. L'empereur, qui appartient depuis le milieu du XVIIe siècle à la dynastie mandchoue des Qing, est considéré comme le fils du Ciel. Il s'appuie sur le confucianisme et sur une forte centralisation politique et administrative avec, en particulier, 30 000 fonctionnaires impériaux, les mandarins, recrutés parmi les lettrés *(shenshi)* et dont le savoir est validé par des examens et des concours nombreux et complexes. L'opposition se réduit à des sociétés secrètes (triades) et l'ouverture sur l'extérieur se limite à Ourga, au Nord, pour les Russes et à Guangzhou (Canton), au Sud, pour les autres étrangers. Le Japon a également un empereur d'origine céleste *(Tenno)*, fils du Soleil *(Mikado)*, qui est l'objet d'un culte dans le cadre du shintoïsme. Le régime est seigneurial et féodal, avec le shogun qui exerce le pouvoir réel sur le pays depuis le XIIe siècle et qui appartient, depuis le XVIIe siècle, à la dynastie des Tokugawa, trois centaines de seigneurs (les *daimyos*) et 50 000 chevaliers (les *samouraïs*) au code de l'honneur pointu (le *bushido*) et le pays n'est pas plus ouvert que la Chine. Seul le port de Deshima (Nagasaki) est accessible aux étrangers (Chinois et Hollandais).

Le système de domination des Européens, injuste et incomplet, est aussi fortement critiqué. Au lendemain des guerres napoléoniennes, les populations européennes se préoccupent de la reconstruction du Vieux Continent et des difficultés du quotidien. Les questions coloniales les indiffèrent, voire suscitent leur hostilité. Selon elles, la colonisation présente plus d'inconvénients que d'avantages. À la suite d'Adam Smith, les libéraux dénoncent la faible productivité du travail servile, le coût de l'exploitation coloniale, les méfaits du mercantilisme et de l'exclusif. Des voix de plus en plus nombreuses s'élèvent pour dénoncer le caractère inhumain de l'esclavage. L'indépendance des États-Unis et les difficultés que rencontre l'Espagne en Amérique latine accréditent l'idée que les colonies, y compris les plus privilégiées, finissent toujours par faire sécession.

2 Le reflux territorial

En 1815, le plus grand Empire colonial est celui que l'Espagne possède en Amérique. Comprenant l'Amérique du Sud, à l'exception du Brésil et des Guyanes, les principales Antilles, toute l'Amérique centrale et les terres mexicaines septentrionales de Californie et de Floride, il est administré par quatre vice-royautés (Nouvelle-Espagne avec Mexico, Nouvelle-Grenade avec Santa Fe de Bogota, Pérou avec Lima, La Plata avec Buenos Aires) et par quatre capitaineries générales (Cuba, Caracas, Guatemala et Chili). Vingt et un millions d'habitants se répartissent en cinq groupes : les Indiens, les esclaves noirs, les métis de toutes nuances dont la plupart sont proches du servage *(peonage)*, près de 3 millions de créoles (colons blancs d'origine espagnole nés en Amérique), qui détiennent l'essentiel de la richesse économique mais n'ont aucun pouvoir politique, et, enfin, plus de 250 000 fonctionnaires et juges venus d'Espagne.

Indignés par l'exclusif, par leur exclusion des fonctions politiques et par l'arrogance, l'incompétence et la corruption de l'administration espagnole, les créoles profitent des difficultés rencontrées par la métropole pour se soulever à partir de 1808. Après avoir embrasé tout le continent, sauf la vice-royauté de Lima, leur mouvement, sans unité, en proie à des rivalités de personnes (Miranda et Bolivar au Venezuela) et refusant de s'appuyer sur les Indiens et sur les métis (à l'exception de la révolte mexicaine menée par le prêtre Hidalgo), est totalement écrasé en 1815. Néanmoins, l'insurrection reprend rapidement sous l'impulsion d'Iturbide au Nord, de Bolivar au centre et de San Martin au Sud. Handicapée par le soulèvement libéral en 1820, l'Espagne ne peut envoyer sur place que des effectifs militaires dérisoires. Sous la pression du Royaume-Uni et des États-Unis, les puissances européennes décident de ne pas intervenir contre les insurgés.

En 1824, la défaite que le général Sucre, principal lieutenant de Bolivar, inflige aux Espagnols à Ayacucho, assure l'indépendance de l'Amérique espagnole où, à terme, la métropole ne conserve plus que ses Antilles (Cuba, Porto Rico et, de façon épisodique, Saint-Domingue). Malgré les efforts de Bolivar, le congrès organisé à Panama en juin-juillet 1826 ne permet pas de fédérer les États qui se constituent. Après plusieurs guerres et maintes discussions, l'ancienne Amérique espagnole se divise finalement en une quinzaine d'États qui s'étendent du Mexique à l'Argentine (**carte 7**).

Parallèlement, le Brésil, colonie portugaise dont l'organisation et la structure sociale ressemblent à celles de l'Amérique espagnole, accède aussi à l'indépendance. Il fait cependant l'économie d'une révolution car la famille royale portugaise, qui s'y était réfugiée après l'invasion du Portugal par l'armée française en 1807, l'avait élevé au rang de royaume et y avait aboli l'exclusif. Après la défaite de Napoléon et le retour du roi en métropole, les Portugais cherchent à refaire du Brésil une simple colonie, mais y renoncent finalement pour éviter un conflit périlleux avec les créoles. En 1822, le Brésil devient un Empire indépendant qui reste néanmoins lié à Lisbonne puisque son premier souverain, Pedro Ier, est l'ancien régent, fils du roi du Portugal.

Hors d'Amérique, l'Espagne ne conserve plus guère que Ceuta, Melilla, la Guinée équatoriale et les Philippines. Le Portugal, lui, a la Guinée, les îles du Cap-Vert, Sao Tomé et Principe, l'Angola, la côte du Mozambique, quelques comptoirs en Inde, le Timor oriental et Macao. Le petit Danemark possède les îles Féroé, l'Islande, le Groenland et quelques Antilles. La grande Russie se contente de l'Alaska et des îles Aléoutiennes. Par ailleurs, les guerres napoléoniennes ont coûté à la Hollande, la quasi-totalité de son empire colonial à l'exception de l'Indonésie, de quelques Antilles et de la Guyane néerlandaise et, à la France, une partie du sien. Cette dernière, après avoir reconnu l'indépendance d'Haïti en 1825, ne possède plus que l'îlot de Gorée, Saint-Louis et Rufisque au Sénégal, Saint-Pierre-et-Miquelon, la Guyane, la Martinique et la

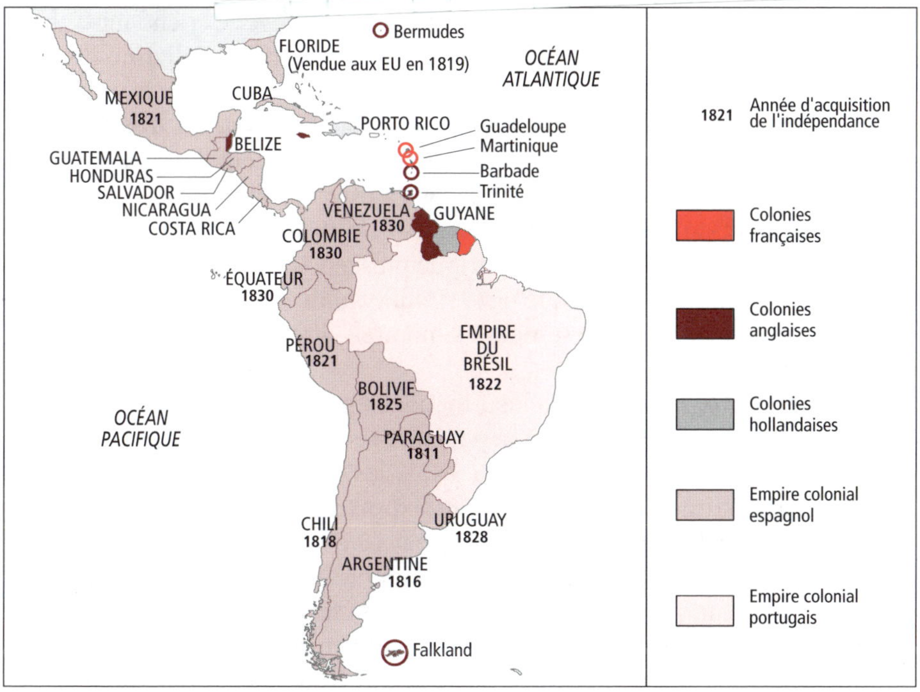

Carte 7. L'Amérique latine au milieu du XIXe siècle

Guadeloupe dans l'Atlantique ainsi que l'île Bourbon (Réunion) et les cinq comptoirs indiens (Pondichéry, Chandernagor, Yanaon, Karikal et Mahé).

Seule la Grande-Bretagne a profité des troubles du début du siècle pour agrandir son empire. Celui-ci comprend l'Amérique du Nord britannique (Canada, Terre-Neuve, Nouveau-Brunswick), le Honduras et la côte des Mosquitos en Amérique centrale, la Guyane britannique en Amérique du Sud, les Bermudes, les Bahamas, la Jamaïque, la Trinité, Tobago, Sainte-Lucie, les îles du Vent, les îles Vierges ou encore Sainte-Hélène dans l'Atlantique, Gibraltar, Malte et les îles Ioniennes en Méditerranée, la Gambie, la Sierra Leone, une partie de la Côte de l'Or et la colonie du Cap en Afrique, Maurice, les Seychelles, Ceylan, la majeure partie de l'Inde, la côte occidentale de Sumatra dans l'Océan indien et la colonie de Nouvelle Galles du Sud en Australie.

3 La mort du colonialisme mercantiliste

Après la condamnation, par le congrès de Vienne, de la traite des noirs et l'arraisonnement systématique par les croiseurs britanniques des navires soupçonnés de transporter le « bois d'ébène », le trafic se ralentit nettement : de près de 30 000 esclaves transportés chaque année vers 1820, on passe à environ 10 000 par an dans les années 1850. Les pays esclavagistes, qui ne peuvent plus s'approvisionner en main-d'œuvre servile à leurs sources habituelles, sont désormais contraints de pratiquer l'élevage. Cependant, l'abolition de l'esclavage par un grand nombre d'États d'Amérique latine dès leur création, puis par le Royaume-Uni en 1833-1834, semble ouvrir la voie à une émancipation générale et condamner à terme l'ancien système d'exploitation coloniale. Dès 1816, des philanthropes américains fondent l'*American Colonization Society* qui ambitionne de ramener les esclaves libérés vers leur continent d'origine et de les aider à s'y établir. En 1820, les premières installations ont lieu sur la côte occidentale de l'Afrique puis, en 1847, est fondée une république indépendante qui prend le nom significatif de Liberia. Anglais et Français sont à l'origine d'établissements similaires (Freetown en Sierra Leone, Libreville au Gabon).

L'abandon progressif de l'exclusif menace également de mort le colonialisme mercantiliste. Sous la pression anglaise, les Portugais sont les premiers à s'y résoudre, dès 1808, au Brésil. En 1822, les Britanniques laissent à leurs Antilles toute latitude pour importer et exporter des produits alimentaires. Trois ans plus tard, ils autorisent tous les pays à commercer directement avec leurs possessions coloniales. En 1849, ils estiment même que leur avance économique et technique leur permet d'abolir l'Acte de navigation. La France adopte des mesures similaires sous le Second Empire.

En outre, les principales compagnies à charte s'éteignent ou perdent la plupart de leurs privilèges. La Compagnie française des Indes a disparu dès 1793 et son homologue hollandaise en 1796. L'*African Company of Merchants*, qui domine la Côte de l'Or, est supprimée en 1821. Quant à l'*East India Company* britannique, elle subit un strict contrôle étatique depuis 1784, commence à voir ses avantages commerciaux rognés à partir de 1813, puis disparaît à son tour en 1858. Au Canada, la Compagnie de la baie d'Hudson ne lui survit que onze ans. Sans sonner le glas de ce genre de compagnies, la période marque néanmoins leur déclin alors que s'affirment de nouvelles formes de colonialisme.

2. La nouvelle expansion européenne et ses limites

I De multiples causes

Dès le début du siècle, de nombreux facteurs concourent à relancer l'expansion européenne dans le monde. Paradoxalement, la colonisation de la Sierra Leone par les Britanniques résulte de buts humanitaires : installer les esclaves libérés et établir des postes de contrôle de la traite clandestine. Des initiatives d'individus ou de petits groupes déterminés poussent parfois les puissances européennes à s'engager davantage qu'elles ne l'envisageaient initialement. Il en est ainsi de la Grande-Bretagne en Nouvelle-Zélande et en Afrique du Sud. Plus souvent cependant, la conquête coloniale correspond à une volonté politique des gouvernements européens. Parfois aussi, ces derniers obéissent à des considérations stratégiques : désir des Britanniques de contrôler la route des Indes par des points d'appui, nécessité d'établir des escales d'avitaillement des navires puis, à partir du milieu du siècle, des postes à charbon pour les navires à vapeur…

La colonisation peut aussi être, pour les dirigeants, une façon de détourner le peuple de problèmes intérieurs comme l'expédition d'Alger décidée par Charles X, en 1830, ou de séduire une partie de l'opinion comme l'intervention française de 1860 en Syrie, pour protéger les Maronites chrétiens massacrés par les musulmans et pour tenter, du même coup, de reconquérir les catholiques choqués par la politique de Napoléon III à l'égard du pape. Elle ne fait souvent que satisfaire une ambition de grandeur et de gloire qui, dans l'Angleterre de la fin des années 1860, se mue même en impérialisme (fondation, en 1868, de la *Colonial Society* et publication, la même année, de *La plus Grande-Bretagne (Greater Britain)* par Charles Dilke). Elle s'appuie sur le sentiment de supériorité des Européens (développement de spécialités comme la physiognomonie ou la phrénologie, *Essai sur l'inégalité des races humaines* de Gobineau, en 1853, fondation de la Société d'anthropologie de Paris en 1859) et sur leur désir d'étendre l'aire de leur civilisation pour le plus grand bien de tous : « Tout ce que nous avons à faire, nous, race supérieure vis-à-vis des races inférieures, c'est de les élever jusqu'à nous, c'est d'essayer de les améliorer, de les fortifier, de les instruire, de les ennoblir » (Proudhon). Les Églises jouent un rôle primordial dans cet élan missionnaire. À la suite des efforts entrepris par les Jésuites, les Franciscains et les Lazaristes depuis le XVIe siècle, de nouvelles congrégations et sociétés catholiques se donnent pour but d'évangéliser les indigènes (Association pour la propagande de la foi de Pauline Jaricot en 1822, Missions africaines de Lyon en 1854, Pères Blancs de Mgr Lavigerie en 1868) et sont soutenues par les pontifes romains, en particulier par Grégoire XVI (le « pape des missions »). À partir des deux dernières décennies du XVIIIe siècle, les protestants se lancent à leur tour dans le mouvement missionnaire (Société missionnaire méthodiste, 1786, Société des Missions de l'Église anglicane, 1799, Société des Missions de Bâle, 1815, Société des Missions de Berlin, 1824) et sont eux-mêmes suivis, à un degré moindre, par les orthodoxes (installation de Kassatkine au Japon en 1861). Il s'ensuit parfois une concurrence entre les différentes confessions dont l'affaire Pritchard, en 1844, est l'épisode le plus célèbre.

Depuis longtemps, les colonies permettent à la métropole de se débarrasser de ceux qu'elle juge indésirables : membres de minorités religieuses (sectes protestantes anglaises en Amérique), pauvres (Français au Canada) ou personnes condamnées par la justice (forçats britanniques en Australie à partir de la fin des années 1780). Cependant, la méthode est systématisée au XIXe siècle pour les prisonniers politiques ou de droit commun (déportés russes en Sibérie, français en Guyane, en Nouvelle-Calédonie ou en Algérie, en particulier après les journées de juin 1848 et le coup d'État de décembre 1851) et, surtout, pour les masses miséreuses que l'essor démographique de l'Europe a gonflées. Le Royaume-Uni fait ainsi de l'Australie et de la Nouvelle-Zélande des colonies de peuplement (fonds d'émigration, compagnie de transport, vente de terres à des prix avantageux) et la France procède de même en Algérie, ce qui permet à cette dernière de compter, dès 1847, 110 000 Européens dont 47 000 Français, pour 2,5 millions d'Arabes et de Kabyles. Tous ces colons sont invités à mettre les terres en valeur. La métropole peut ainsi s'approvisionner à bon compte en matières premières (coton, laine, huile de palme) et ses colonies lui procurent des débouchés pour ses produits (cotonnades du Lancashire en Inde). La découverte de gisements d'or (Australie en 1851, Nouvelle-Zélande en 1852) et de diamants (Orange en 1867) attire de nouveaux immigrants. Ajoutée à la soif de connaissances, au goût de l'aventure et de l'exotisme développé par les romantiques, au désir des missionnaires, comme Livingstone, de faire des prosélytes, elle entraîne un grand mouvement d'exploration.

Celui-ci est favorisé par la généralisation de l'usage du chronomètre de précision pour le calcul de la longitude, par une meilleure connaissance de la météorologie nautique (publication, sous le Premier Empire, du *Tableau des vents, marées et courants du Globe* de Romme), par le développement de la cartographie continentale (*Hand-Datlas* de 1817-1822, régulièrement mis à jour), par les progrès des transports, mais aussi par la supériorité de l'armement des Européens et des découvertes médicales comme la quinine qui permet, à partir de

1827, de lutter efficacement contre le paludisme. Les continents et les océans sont parcourus en tous sens : l'Asie mineure est redécouverte ; le Russe Bellingshausen et le Français Dumont d'Urville voyagent au pôle Sud respectivement en 1819-1821 et 1838-1843 ; l'Australie est traversée en 1861-1862 ; la vallée du Mékong est explorée par Doudart de Lagrée et Francis Garnier en 1865-1868... En Afrique, l'Écossais Clapperton parcourt, à la suite de son compatriote Mungo Park (1795-1806), le cours du Niger dans les années 1820. Le Français René Caillié traverse l'Afrique occidentale de la Sierra Leone à Tanger en passant par la mythique Tombouctou (1827-1828). L'Allemand Heinrich Barth arrive au cours supérieur de la Bénoué en 1853. Plus à l'Est, les Britanniques Speke, Burton et Grant découvrent le lac Victoria, le lac Tanganyika et les sources du Nil (1856-1860). Quant à Livingstone, il explore les bassins du Congo et du Zambèze entre 1841 et 1873. Cet engouement pour la découverte entraîne la création des premières grandes sociétés de géographie (celle de Paris née en 1821, la *Royal Geographical Society* de Londres fondée en 1830) qui tendent à devenir de véritables groupes de pression (rôle de Chasseloup-Laubat à la fois ministre de la Marine et des Colonies et président de la Société de Géographie de Paris).

L'influence de l'Europe s'établit ou se renforce souvent à la suite des diverses difficultés que rencontrent les pays des autres continents. À partir de 1830, l'empire ottoman ne peut s'opposer à la conquête, par la France, de l'Algérie, sa vassale. Après la guerre de Crimée, il est contraint d'accepter que sa dette soit contrôlée par une caisse gérée par des fonctionnaires européens. En 1860, une autre de ses vassales, la Tunisie, subit le même sort. À l'exception notable du Brésil, qui jouit de la prospérité économique et de la stabilité politique grâce à la Constitution équilibrée que Pedro II applique loyalement au cours de son long règne (1831-1889), la plupart des États d'Amérique du Sud cumulent problèmes sociaux, économiques, politiques et diplomatiques. La grande propriété latifundiaire, comme l'*hacienda* andine ou l'*estancia* argentine, s'étend au détriment de la petite propriété indépendante et de la propriété collective des communautés rurales indigènes dirigées par les caciques, entraînant un appauvrissement général et de multiples soulèvements populaires : 1857 au Mexique, 1869-1871 en Bolivie... La plupart des administrations sont corrompues et ne font rien pour réduire la dette publique. Les affrontements sanglants entre caciques provoquent de fréquents coups d'État (46 personnalités se succèdent à la tête du Mexique entre 1821 et 1850) et de nombreuses périodes de dictature (comme celle du général Juan Manuel de Rosas en Argentine, 1835-1852). Par ailleurs, les États latino-américains se déchirent au cours de multiples guerres, comme la *Guerra Grande*, de 1839 à 1852, qui permet au Brésil et à l'Uruguay de vaincre l'Argentine. Certaines puissances européennes en profitent pour obtenir des avantages économiques exorbitants, et les États-Unis pour établir leur influence sur une partie de l'Amérique latine et pour s'agrandir au détriment du Mexique. La Chine connaît un sort encore moins enviable : les paysans, qui vivaient jusque-là plutôt mieux que leurs homologues du reste du monde (ils sont libres), voient leur situation se dégrader brusquement à la fin du XVIIIe et au début du XIXe siècles. Les propriétés sont démembrées par l'égalité des partages successoraux et la productivité stagne, au moment où une forte poussée démographique entraîne plusieurs famines. Les crues à répétition du Fleuve Jaune tuent des centaines de milliers de personnes. Les manquements de l'administration impériale éclatent au grand jour (greniers d'abondance insuffisamment pourvus, digues non entretenues), alors même que des lettrés de plus en plus nombreux ne trouvent pas d'emplois. La dynastie des Qing semble avoir perdu la faveur divine et la contestation monte de toutes parts.

Dans ce contexte délicat, les Anglais inondent le marché chinois de l'opium qu'ils produisent en Inde, au point que 90 % des mandarins se droguent et que la balance commerciale de l'Empire du Milieu, traditionnellement excédentaire, devient déficitaire. En 1839, l'empereur se décide enfin à réagir. La vente et la consommation d'opium sont interdites sous peine de mort et 20 000 caisses sont saisies et brûlées. Il s'ensuit une « guerre de l'opium » qui permet à l'Angleterre, victorieuse, d'imposer à la Chine le traité de Nankin, en 1842. Ce premier traité inégal cède à bail, au Royaume-Uni, l'îlot stratégique de Hongkong face à Canton, ouvre cinq ports au trafic commercial britannique, réduit les droits de douanes frappant les produits britanniques à 5 % *ad valorem* et accorde aux sujets de Sa Majesté le droit d'exterritorialité et celui d'installer des consuls. Deux ans plus tard, Français et Américains obtiennent des privilèges voisins. De nouveaux fléaux rallient les masses paysannes de la Chine centrale et méridionale à la rébellion des Taiping, qui débute en 1851 et s'empare de Nankin en 1853, pendant que la société secrète des Nian fait régner la terreur en Chine du Nord. Français et Britanniques profitent de cette anarchie pour imposer à l'Empire, en 1858, le traité de Tientsin, qui ouvre de nouveaux ports au commerce occidental. Comme la Chine refuse de le respecter, en 1860, une expédition franco-britannique s'empare de Pékin et met à sac le palais d'Été. Le traité, qui est alors signé dans la capitale impériale, oblige la Chine à accorder de nouvelles exemptions douanières, à ouvrir onze nouveaux ports ainsi que le Yang-tse-Kiang, à créer un ministère des Affaires étrangères et à accepter des ambassades permanentes à Pékin et des missions dans tout l'Empire (**doc. 13**). Parallèlement, l'Empire du Milieu cède la province maritime de l'Amour aux Russes. En contrepartie, les Européens aident les autorités chinoises à rétablir l'ordre. En 1864, les Taiping sont écrasés au terme d'un soulèvement qui a fait près de 20 millions de morts.

De son côté, en 1853, le Japon se laisse impressionner par la démonstration de force d'une flotte de guerre américaine dirigée par le commodore Perry. Il signe avec les Américains puis, bientôt, avec les principales puissances maritimes européennes, des conventions qui s'apparentent aux traités inégaux subis par la Chine : ouverture des ports et privilège d'exterritorialité pour les ressortissants de ces États. Dans certains cas, l'Europe va encore plus loin et colonise de nouveaux territoires.

Document 13. L'Angleterre et la France dictent leur loi à la Chine

2 Les conquêtes coloniales

Les Britanniques profitent de la période pour entreprendre la conquête systématique de l'Inde (**carte 8**). Après leur victoire dans les guerres Mahrattes en 1818, ils contrôlent la quasi-totalité du sub-continent à l'exception du Cachemire, du Pendjab, du Sind et de l'Assam. Ils annexent ce dernier territoire en 1826 puis achèvent la conquête à la suite des guerres sikhs, entre 1845 et 1849. La possession des Indes revêt une telle importance à leurs yeux qu'ils sont amenés à prendre le contrôle de nouvelles positions stratégiques pour en protéger l'accès : Aden, en 1838, et l'îlot de Perim, en 1855. Elle conditionne aussi leur politique extérieure (guerre de Crimée, relations avec la France à propos du projet de canal de Suez). Au Nord des Indes, les Britanniques occupent le Bélouchistan. Plus à l'Est, en 1819, ils font de Singapour une colonie ; en 1824, ils échangent, avec les Hollandais, l'Ouest de Sumatra contre Malacca ; ils obtiennent, en 1842, Hongkong de la Chine et annexent le Sud de la Birmanie en 1852. Prenant les Français de vitesse, ils établissent leur souveraineté sur la

Nouvelle-Zélande en 1840. Ils poursuivent la conquête de l'Australie à partir de la Nouvelle-Galles du Sud. En 1833, ils entrent définitivement en possession des îles Falkland au large de l'Argentine. En Afrique, ils s'étendent sur la Côte de l'Or, annexent Lagos en 1861 et s'assurent le contrôle de la partie australe du continent. Après avoir aboli l'esclavage dans leur colonie du Cap, ils contraignent les Boers, esclavagistes et victorieux des autochtones dans les guerres cafres, à entreprendre leur *Grand Trek* (grande migration) vers le Nord à partir de 1835. Les Boers fondent le Natal, l'Orange et le Transvaal, mais les Britanniques annexent le Natal dès 1843. En 1870, l'Empire britannique s'étend sur les cinq continents et sur plus de 20 millions de km^2.

Au cours de la période, la grande affaire de la colonisation française est l'Algérie (**carte 8**). Prenant prétexte du coup de chasse-mouche donné par le dey d'Alger au consul de France, lors d'une audience visant à régler des créances litigieuses (1827), Charles X envoie un corps expéditionnaire de 37 000 hommes qui s'empare d'Alger puis d'Oran et de Bône, en juillet 1830. Après avoir hérité de cette conquête, la monarchie de Juillet opte pour une occupation restreinte et traite, à la Tafna, en 1837, avec le principal chef de la résistance, l'émir Abd-el-Kader. Cependant, ce dernier ne tarde pas à lancer un appel à la guerre sainte contre les Français. Sous Bugeaud, nommé gouverneur général en 1840, la France décide de soumettre entièrement le pays. La smala d'Abd-el-Kader est prise en 1843. Son allié, le sultan du Maroc, est vaincu l'année suivante lors de la bataille de l'Isly et l'émir, traqué, finit par se rendre en 1847. Entre 1852 et 1857, la soumission de la Kabylie et des oasis du Sahara par Randon permet d'achever la conquête.

La grande période de la colonisation française se déroule sous le Second Empire puisque, outre l'Algérie, les régimes précédents se sont contentés de préserver l'acquis, de fonder quelques comptoirs en Afrique occidentale (en Côte d'Ivoire, au Dahomey et au Gabon), d'occuper ou de réoccuper les Marquises, les îles Gambier et celles de la Société, dont Tahiti dans le Pacifique (1841-1844), et de s'installer au même moment à Mayotte et à Nossi-Bé, dans l'océan Indien. En 1853, la France s'empare de la Nouvelle-Calédonie. Faidherbe, gouverneur du Sénégal entre 1854 et 1865, lutte contre les Maures et les Toucouleurs, prend le contrôle d'une partie de l'intérieur, organise l'administration et développe l'économie du pays (culture de l'arachide, fondation du port de Dakar). En 1862, Obock, au débouché de la mer Rouge, est occupé. Mais le règne de Napoléon III est surtout marqué par l'implantation française dans la péninsule indochinoise. Dès 1858, la France intervient pour protéger ses missions. Elle contraint l'empereur d'Annam Tu Duc à lui céder la partie orientale de la Cochinchine en 1862 puis la partie occidentale en 1867. En outre, elle établit son protectorat sur le Cambodge et commence à exercer son influence sur les petits royaumes du Laos. En 1870, l'Empire colonial français couvre environ un million de km^2 (**carte 8**).

En dehors de la Grande-Bretagne et de la France, l'expansion coloniale européenne est surtout le fait de la Russie. Cette dernière acquiert les provinces persanes de l'Arménie et du Nakhitchevan en 1828, conquiert le Ferghana en 1847,

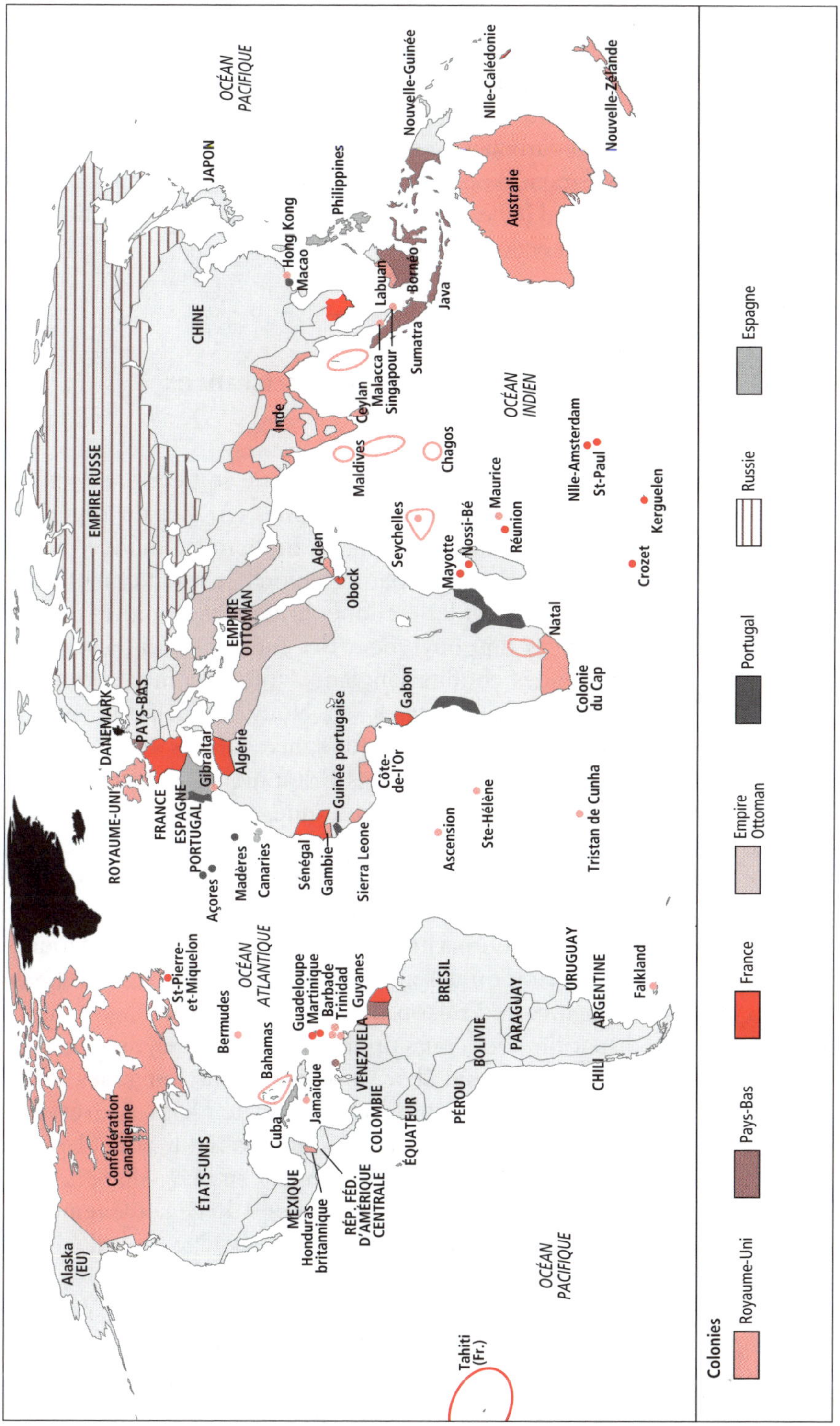

Carte 8. L'expansion coloniale entre 1815 et 1870

annexe la province de l'Amour, cédée par la Chine, édifie le port de Vladivostok (Dominateur de l'Orient) en mer du Japon (1858-1860), occupe le Turkestan en 1865 et Tachkent l'année suivante. Dans une moindre mesure, les Pays-Bas participent également au mouvement en poursuivant leur conquête des îles de l'archipel indonésien, en particulier de Java en 1830. L'Espagne et le Portugal se préoccupent essentiellement de conserver les restes de leurs empires respectifs. Quant à l'Allemagne et à l'Italie, elles sont absorbées par la réalisation de leur unité et ne se lancent pas encore dans des conquêtes.

3 Une expansion qui rencontre des résistances et nécessite du pragmatisme

Dans de nombreux cas, la colonisation européenne se heurte à de sérieuses résistances de la part des populations autochtones (Arabes en Algérie, Bantous en Afrique australe, hindous et sikhs en Inde, musulmans à Sumatra). L'appropriation des meilleures terres par les colons, le refoulement des indigènes dans les montagnes ou sur les étendues arides, les systèmes de cultures contraignants (*cultuurstelsel* du gouverneur des Indes néerlandaises Van den Bosch) génèrent parfois des conflits sanglants, voire des massacres, comme celui des Maoris par les Britanniques, en Nouvelle-Zélande. Rien n'est d'ailleurs définitivement acquis pour la puissance colonisatrice. Alors qu'ils croient s'être rendus maîtres de l'Inde, les Britanniques doivent affronter la révolte des Cipayes en 1857-1858. La politique, menée par le gouverneur général, lord Dalhousie, de 1847 à 1856, heurte les Indiens : prise de contrôle de tous les États dans lesquels le souverain décédait sans laisser d'héritier mâle direct (comme, en 1856, dans le plus grand royaume musulman du Nord de l'Inde, l'Oudh), modernisation effrénée et traumatisante, lourde fiscalité… S'ajoutent la corruption des administrateurs de l'*East India Company*, la ruine de l'artisanat local en raison de l'arrivée massive des cotonnades anglaises et de la disparition des cours princières et le prosélytisme outrancier de certains missionnaires. En mai 1857, trois régiments indigènes (Cipayes) de l'armée britannique se mutinent et s'emparent de Delhi. La révolte unit hindous et musulmans autour du Grand Moghol, Bahâdur Shâh. Une armée de 300 000 hommes parvient finalement à l'écraser en mars 1858. Le gouvernement britannique tire immédiatement les leçons de ce soulèvement, heureusement pour lui limité à la vallée du Gange. Il exile le Grand Moghol et supprime l'*East India Company*. L'Inde est désormais gouvernée par un vice-roi résidant à Calcutta et par un ministère siégeant à Londres, l'*India Office*.

Les puissances européennes organisent d'ailleurs leurs conquêtes en s'efforçant de s'adapter aux réalités locales. Certaines, comme la France, manifestent une volonté d'assimilation parce qu'elles sont persuadées de l'unité du genre humain, de la perfection de leur civilisation ou de la supériorité de la centralisation administrative, mais il est rare qu'elles imposent aux autochtones leurs propres institutions et leurs propres lois. Si la Deuxième République crée trois départements en Algérie (Alger, Bône et Oran) et permet à cette dernière ainsi qu'aux Antilles, à la Guyane, à la Réunion, aux comptoirs des Indes et au Sénégal d'élire des parlementaires, elle n'accorde le droit de vote qu'aux seuls citoyens français. De son côté, le Second Empire propose d'octroyer, à partir de 1865, la citoyenneté française aux Arabes qui en feraient la demande et qui accepteraient de se plier au droit civil français. Mais cette réforme, qui laisse les musulmans indifférents et suscite la colère des colons, est finalement abandonnée en 1870. Quand une unité politique existait avant leur arrivée, les Européens décident souvent de partager leurs prérogatives avec elle et se contentent d'un protectorat qui leur permet d'éviter l'affrontement et d'économiser des hommes et de l'argent. S'ils choisissent d'administrer directement leurs colonies (gouverneurs et fonctionnaires venant de la métropole), ils s'appuient néanmoins sur les chefs indigènes dont l'autorité et le prestige leur sont précieux. Par ailleurs, les Britanniques font évoluer leurs colonies de peuplement vers l'autonomie *(self-government)*, pour éviter de subir les mêmes déboires qu'avec les États-Unis. L'insurrection des Canadiens français, en 1837, précipite le mouvement. À partir des années 1840, les pouvoirs des gouverneurs des provinces canadiennes, de la colonie du Cap, des territoires australiens et de la Nouvelle-Zélande s'effacent progressivement devant des gouvernements responsables désignés par des assemblées élues. Le *Colonial Laws Validity Act*, voté par le Parlement de Londres en 1865, confirme le droit, pour ces colonies, de légiférer à condition que leurs lois soient conformes à celles de l'Empire. Craignant les visées expansionnistes des États-Unis sur leurs provinces d'Amérique du Nord, les Britanniques décident même d'aller plus loin. En 1867, ils accordent le statut de *dominion* à la Confédération du Canada, constituée de l'Ontario, du Québec, du Nouveau-Brunswick et de la Nouvelle-Écosse qui seront rejointes, plus tard, par les autres provinces canadiennes.

Malgré leurs efforts, les Européens échouent dans certaines de leurs entreprises et leur expansion connaît des limites. Les Britanniques ne parviennent pas à s'imposer en Afghanistan (1842). Au Japon, les principaux *daimyos* comprennent que la modernisation de leur pays est nécessaire pour éviter sa colonisation. Après la mort de l'empereur Komei, en janvier 1867, ils deviennent les mentors de son fils et successeur, Mutsuhito, âgé de 15 ans. En avril 1868, la Charte des Cinq articles fait entrer le Japon dans l'ère Meiji (gouvernement éclairé). Elle annonce l'abolition du shogunat, l'ouverture de la fonction publique aux compétences et la nécessité de se mettre à l'école de l'étranger pour y puiser ce qu'il a de meilleur. La capitale est transférée de Kyoto à Edo, l'ancien fief des Tokugawa, rebaptisé Tokyo (capitale de l'Est). En 1870, les castes (guerriers, paysans, artisans, marchands) sont supprimées au profit de classes sociales. Le mouvement réformateur n'en est qu'à ses débuts. Parallèlement, en Chine, l'impératrice douairière, Ci Xi (Tseu-Hi), est décidée à dénoncer les traités inégaux dès qu'elle en aura les moyens. Mais c'est au Mexique que les Européens subissent leur revers le plus grave. Lorsque le président Juarez se lance dans une politique anticléricale et décide de suspendre les dettes de son pays, Français, Anglais et Espagnols envoient une expédition (1861). Restés seuls, les Français font du Mexique un empire catholique et installent sur le trône l'archiduc Maximilien, frère de l'empereur d'Autriche. Mais après le rappel des troupes françaises, Maximilien, qui n'a pas d'appui réel dans le pays, est fait prisonnier par les partisans de Juarez et fusillé en juin 1867. Les États-Unis, puissance montante et rivale de l'Europe ne sont pas étrangers à cet échec.

3. L'émergence d'une jeune nation émancipée : les États-Unis

I Un nouveau modèle politique

Après avoir obtenu leur indépendance en 1783, les États-Unis d'Amérique, qui ne sont encore que de modestes territoires peu peuplés (trois millions d'habitants dans les 13 anciennes colonies britanniques auxquels s'ajoutent une centaine de milliers de colons vivant à l'Ouest, au milieu des Amérindiens), se dotent d'une constitution républicaine et fédérale en 1787. Chacun des États fédérés conserve sa souveraineté dans les domaines de l'administration, de la religion, du commerce, de la police, de l'instruction et des élections locales. Il est dirigé par un gouverneur élu, par une ou deux assemblées législatives, par ses propres tribunaux et fonctionnaires. De l'échelon central et fédéral relèvent la guerre, la diplomatie, la monnaie, les finances, le commerce entre États fédérés et avec l'étranger et les douanes. Le pouvoir législatif appartient au Congrès composé de deux Chambres élues au suffrage censitaire : la Chambre des représentants, dont les membres sont désignés pour deux ans par les États fédérés en proportion de leur population, et le Sénat dont les membres, au nombre de deux par État fédéré, sont en place six ans et renouvelés par tiers tous les deux ans. Le pouvoir exécutif de l'Union relève du président qui est désigné par de grands électeurs pour un mandat de quatre ans renouvelables. Assisté par un vice-président élu selon les mêmes modalités et chargé de le remplacer en cas de décès, de destitution ou de démission et de diriger les débats du Sénat, le président désigne les secrétaires (ministres) qui composent son cabinet et qui, comme lui, ne sont pas responsables devant le Congrès dont ils ne peuvent pas non plus faire partie. Il est le chef de la nation, dirige la diplomatie et commande l'armée, mais ne peut dissoudre le Congrès qui a, seul, le pouvoir de déclarer la guerre. Une

Cour Suprême, formée de juges inamovibles (sept puis neuf) nommés par le président avec accord du Sénat, tranche les différends entre citoyens, États et gouvernement fédéral et émet des sentences sans appel sur la constitutionnalité des lois, à partir de 1803. Ni démocratique, ni parlementaire, le régime ne sépare pas non plus strictement les pouvoirs. En effet, le président peut imposer son veto aux décisions du Congrès qui peut passer outre à la majorité des deux tiers des deux assemblées qui le composent. De plus, le Sénat dispose d'un droit de regard sur les nominations présidentielles. Enfin, le Congrès peut démettre le chef de l'État de ses fonctions par la procédure de l'*impeachment*. Au total, la Constitution cherche le compromis entre l'autonomie des États et l'efficacité du pouvoir fédéral. Elle se considère comme perfectible car elle peut être modifiée par des amendements. Dès 1791, dix amendements garantissant les grandes libertés constituent le *Bill of Rights*.

Jusqu'en 1828, la vie politique est dominée par les grands planteurs de Virginie et, dans une moindre mesure, par les négociants des métropoles du Nord-Est (Boston, New York, Philadelphie). Après la mort, en 1799, du héros de l'Indépendance et premier président de la République, George Washington, au terme de deux mandats (1789-1797), la capitale fédérale, créée *ex nihilo*, prend son nom. Le chef de l'État réside à la Maison Blanche et le Congrès siège au Capitole. Deux conceptions de l'Amérique commencent à s'affronter. Les fédéralistes, regroupés autour d'Hamilton, ancien secrétaire au Trésor de Washington et créateur de la Banque des États-Unis, réclament un pouvoir central fort et privilégient le développement du commerce et de l'industrie. Les républicains, dont la personnalité dominante est Jefferson, ancien secrétaire d'État (ministre des Affaires étrangères) de Washington, sont attachés aux prérogatives des États fédérés et à une interprétation étroite de la Constitution. Ils font leur idéal d'une société de petits propriétaires terriens libres et égaux. Le bipartisme est né. En 1812-1814, la seconde guerre d'Indépendance livrée à l'Angleterre, accusée de ruiner le commerce américain et de soutenir les Indiens, ne fait pas de vainqueur sur le terrain, mais cimente l'unité nationale (naissance du personnage de l'Oncle Sam, du chant patriotique *Star Spangled Banner* et adoption définitive du drapeau en 1818) et cette « ère des bons sentiments » fait taire provisoirement les divisions. En imposant ses thèses et en contaminant la majorité du parti républicain, le parti fédéral disparaît. Au sein du parti républicain, émerge alors un courant désireux de continuer à faire vivre l'idéal de Jefferson, qui se qualifie de démocrate car il prône le suffrage universel.

Les années 1820 sont déterminantes dans l'histoire politique du pays car elles sont celles du passage à la démocratie. Elles donnent enfin une réalité au préambule de la Constitution (« Nous le peuple des États-Unis »). Les élections présidentielles de 1824 retirent aux représentations des États fédérés la désignation des grands électeurs pour la confier au peuple. Elles consacrent aussi le principe du suffrage universel masculin et blanc, adopté par plusieurs États comme la Pennsylvanie et qui s'étend, par la suite, à la quasi-totalité de l'Union.

Champion des démocrates, modèle du *self made man* de l'Ouest et héros de la seconde guerre d'Indépendance, le général Andrew Jackson emporte triomphalement les élections, en 1828, et reste huit ans à la Maison Blanche (1829-1837). Très autoritaire (ces adversaires le surnomment Andrew Ier), il use beaucoup de son droit de veto et impose le système des dépouilles, inauguré par son ami Van Buren dans l'État de New York. Ce *spoil system* lui permet de récompenser ses partisans auxquels il confie toutes les responsabilités au sein de l'administration, ce qui fait vivre la démocratie mais privilégie la loyauté au détriment de la compétence. Dès cette époque, les partis commencent à se transformer en machines électorales. Ils ne se contentent plus de comités restreints *(caucus)* pour désigner leurs candidats à la présidence, mais organisent des conventions nationales. Les candidats participent à des *meetings* où ils présentent leurs programmes *(platforms)*. Au niveau local, un chef (le *boss*) dirige tout un personnel qui quadrille la circonscription. Ce modèle politique suscite un grand intérêt à travers le monde. Dans le récit que lui inspire son voyage aux États-Unis (*De la démocratie en Amérique*, 1835-1840), Alexis de Tocqueville se montre à la fois admiratif de cette réalité démocratique et inquiet des dérives possibles qu'elle peut occasionner (démagogie et despotisme de la majorité).

2 L'extension du territoire et l'affirmation de la puissance

Dès l'origine, les Nord-Américains se trouvent à l'étroit dans leurs 13 États de l'Est et décident de peupler les terres appartenant aux Amérindiens et aux colonisateurs européens (Espagnols, Anglais, Français, Russes ; **carte 9**). L'ordonnance du 13 juillet 1787, surnommée la « grande Charte de l'Ouest », transforme en propriété fédérale les territoires situés au-delà des Appalaches et les découpe en circonscriptions dirigées par un gouverneur et trois juges. Ces territoires, dès que leur population comprend 5 000 adultes libres, peuvent élire deux assemblées et, lorsqu'ils dépassent le seuil des 60 000 habitants, demander à constituer un État. En 1803, les États-Unis achètent à la France l'immense Louisiane. Huit ans plus tard, ils fondent un comptoir sur la côte du Pacifique (Astoria). En 1819, ils obtiennent de l'Angleterre le partage de la souveraineté en Oregon, puis la possession complète de ce territoire en 1846. Ils profitent également des difficultés que connaît l'Espagne pour occuper, puis acheter la Floride en 1819, mais aussi pour commencer à coloniser le Texas en 1821. Après avoir proclamé l'indépendance de cette terre, pourtant mexicaine, en 1837, ils l'annexent en 1845. Le Mexique, qui refuse de se laisser spolier, entre en guerre en 1846, mais est rapidement vaincu (prise de Mexico). Par le traité de Guadalupe signé en février 1848, il consent à céder le Texas à son puissant voisin, mais également tous ses autres territoires situés au nord du Rio Grande, dont la Californie. La découverte immédiate de l'or et la ruée qu'elle entraîne permettent à la Californie d'obtenir le statut d'État dès 1850. En 1861, l'Union comprend 31

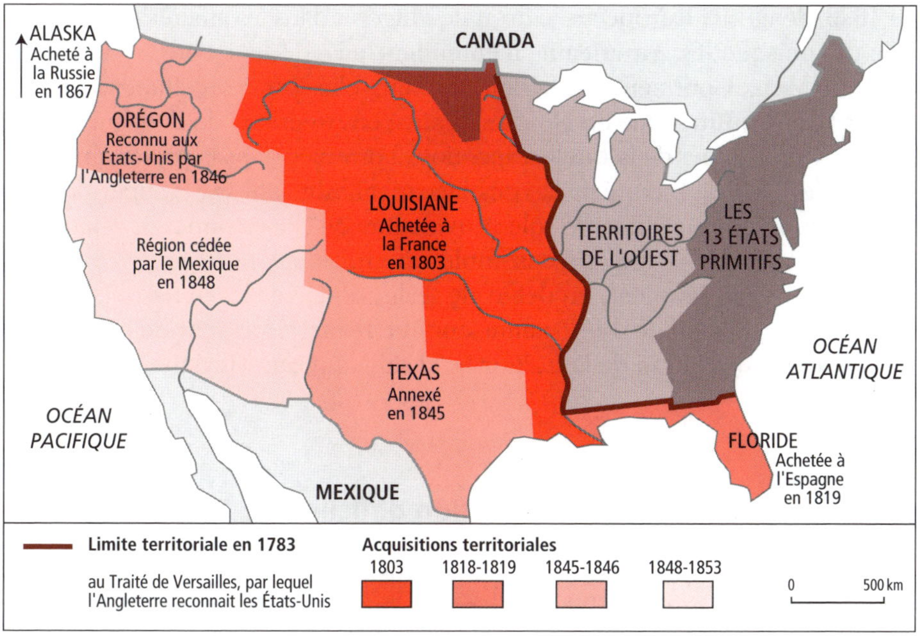

Carte 9. L'expansion territoriale des États-Unis

Etats, s'étend sur 7700000 km², soit plus du triple des 13 colonies primitives, et compte 32 millions d'habitants dont plus de 5 millions sont des immigrés européens installés depuis 1820. En achetant l'Alaska à la Russie en 1867, elle atteint les frontières continentales que nous lui connaissons aujourd'hui.

Cette progression de la frontière est encouragée par le pouvoir qui, avec le *Homestead Act*, en mai 1862, octroie au pionnier une somme symbolique mais, surtout, une propriété de 160 acres (64 hectares) contre la promesse d'y résider au moins cinq ans. Elle est également exaltée par la littérature (*Le Dernier des Mohicans* et *La Prairie* de James Fenimore Cooper en 1826 et 1827) et place, dans le panthéon national, quelques grandes figures de pionniers et de trappeurs (Kit Carson, Daniel Boone, Davy Crockett). Elle forge le mythe d'un peuple dynamique, entreprenant, épris de liberté et attiré par les défis. Elle donne aussi aux Américains une grande confiance en eux (Ralph Waldo Emerson intitule l'essai qu'il publie en 1841, *Self-Reliance*) et un sentiment de supériorité qui s'exprime avec violence contre les Amérindiens, contraints de s'intégrer ou d'émigrer à l'Ouest du Mississippi après l'*Indian Removal Act*, en 1830, puis massacrés, comme les Cheyennes à Sand Creek en 1864 et sur la Washita en 1868. Cette supériorité s'exprime aussi à l'encontre des immigrés arrivés plus récemment, suscitant des guerres de gangs à New York, Philadelphie ou Boston.

Nationalisme, sentiment de puissance et ambition expansionniste s'expriment avec force dans la doctrine de Monroe puis dans la théorie de la destinée manifeste *(Manifest Destiny)*. La première, proclamée par le président Monroe en 1823, dénie aux Européens le droit de s'ingérer dans les affaires du nouveau monde, puisque les Américains n'entendent pas, de leur côté, se mêler de celles du Vieux Continent. Ce faisant, les États-Unis pourront établir leur prépondérance en Amérique du Nord mais aussi en Amérique du Sud, qui achève alors de s'émanciper de la tutelle espagnole. Formulée dans la presse au milieu des années 1840, la théorie de la « destinée manifeste » affirme la supériorité de la civilisation américaine et le rôle providentiel qu'elle est amenée à jouer en s'imposant, tout d'abord, à l'ensemble du continent nord-américain. Elle trouve, au même moment, un début de réalisation avec les initiatives du président James Polk (1845-1849) : annexion du Texas, règlement de la question de l'Oregon, acquisition de la Californie et du Nouveau-Mexique.

3 Guerre civile et reconstruction difficile

La montée en puissance des États-Unis a, pour contrepartie, leur clivage croissant. Le Nord-Est est la partie du pays la plus peuplée, la plus urbanisée et la plus tournée vers le progrès économique et social. Les États y ont précocement aboli l'esclavage et la main-d'œuvre ainsi libérée a contribué à la création d'une industrie. Ils souhaitent développer celle-ci à l'abri de barrières protectionnistes. À l'inverse, le Sud tire toute sa richesse de ses plantations de tabac, canne à sucre, riz et, surtout, coton qui, à lui seul, représente en valeur plus de la moitié des exportations de l'Union, dès les années 1820. Il est l'ennemi du protectionnisme, car il vit principalement de ses ventes à l'Europe et a un besoin vital de l'esclavage. C'est pourquoi, après l'interdiction de la traite en 1808, certains États se spécialisent dans l'élevage des esclaves faisant passer le nombre de ces derniers d'à peine plus d'un million en 1815 à près de 4 millions en 1860. Cette opposition entre le Nord et le Sud entraîne des débats houleux et des luttes d'influence à Washington. L'Ouest est l'arbitre de ce conflit. À la fondation de chaque nouvel État, se pose effectivement la question de savoir s'il sera esclavagiste ou non, le risque étant qu'il fasse basculer la majorité du Congrès et remette en cause l'équilibre de l'ensemble de l'Union qui, en 1820, comprend onze États esclavagistes et autant qui ne le sont pas. Le Missouri esclavagiste est admis dans l'Union au prix de la création parallèle d'un nouvel État non-esclavagiste, le Maine, détaché du Massachusetts. Il est désormais décidé que le parallèle 36° 30' servira de ligne de partage de l'esclavage pour les nouveaux États. Ce compromis du Missouri donne vingt ans de répit à l'Union. L'admission de la Californie, hostile à l'esclavage et située de part et d'autre de la séparation, y met un terme. Les tensions s'exacerbent et les partis se recomposent. En 1854, un nouveau parti républicain est fondé. Il fait du protectionnisme et du cantonnement de l'esclavage dans les États où il existe déjà ses deux chevaux de bataille et s'appuie sur le Nord. Par contrecoup, le parti démocrate devient surtout le parti du Sud. Lorsque le candidat républicain, Abraham Lincoln, est élu président en novembre 1860, la Caroline du Sud décide aussitôt de sortir de l'Union en vertu de la Constitution de 1787, selon elle, simple pacte entre États souverains. Elle est bientôt rejointe par six autres États du Sud qui forment une confédération, pourvue de sa propre Constitution, d'un président (Jefferson Davis) et d'une capitale (Montgomery puis Richmond). Dans son discours d'investiture prononcé le 4 mars 1861, Lincoln tente de rassurer le Sud (il n'est pas question de s'immiscer dans ses affaires et encore moins d'abolir l'esclavage), mais il se montre très ferme (la sécession est une rébellion ; elle est donc illégale). Les Sudistes ne sont pas convaincus par ces propos et déclenchent les hostilités un mois plus tard en attaquant le fort Sumter tenu par les fédéraux.

C'est le début de la guerre de Sécession, baptisée Guerre civile *(Civil War)* par les Américains. Elle oppose deux forces inégales. Le Sud comprend 11 États (les sept initiaux rejoints par quatre autres) et neuf millions d'habitants seulement. Plus d'un tiers sont des esclaves dont les Confédérés ne peuvent guère attendre de soutien. À l'inverse, le Nord réunit 23 États puis 25 (dont cinq sont esclavagistes frontaliers et modérés) et 22 millions d'habitants. Il dispose, en outre, d'une nette supériorité industrielle et maritime. Le conflit dure néanmoins quatre ans et est très indécis les deux premières années : les Confédérés se procurent de grandes quantités de matériel, grâce à leurs ventes de coton, et disposent de soldats aguerris et de fins stratèges comme le général Lee. En 1863, en décidant d'affranchir les esclaves des États rebelles, le Nord obtient l'appui massif des Noirs dont beaucoup s'engagent dans l'armée fédérale (avec une solde inférieure et sous commandement blanc) et gagne à sa cause la majeure partie de l'opinion publique internationale, en particulier celle du Royaume-Uni. En juillet de la même année, les Nordistes arrêtent la progression de Lee vers Washington, à Gettysburg. Parallèlement, le général Grant prend Vicksburg sur le Mississippi coupant la Confédération en deux et empêchant le vieux Sud de se procurer les produits alimentaires des prairies. Le blocus maritime ne permet déjà plus aux Confédérés d'exporter leur coton et d'acheter des armes. Le général Sherman, second de Grant, met la Géorgie à sac et Atlanta est incendiée en septembre 1864. Les Nordistes lancent une grande offensive victorieuse sur Richmond. Enfin, le 9 avril 1865, le Sud capitule à Appomattox. Six jours plus tard, Lincoln est assassiné par un acteur sudiste.

Les États-Unis sortent traumatisés de cette guerre qui est la plus meurtrière de leur histoire et de tous les conflits du XIXe siècle (620 000 morts dont de très nombreux civils). Le Sud est particulièrement touché. Son économie est ruinée et la société bouleversée en raison de la perte de plus du cinquième de la population masculine (260 000 décès) et de l'abolition de l'esclavage décrétée par le 13e amendement à la Constitution en décembre 1865. De leur côté, les vainqueurs se divisent. Comme Lincoln, son successeur Andrew

Johnson prône la modération, mais les élections législatives de 1866 donnent la victoire aux plus radicaux des républicains. Ces derniers, animés par un esprit de vengeance, entendent faire payer au Sud le prix de la Reconstruction. Ils sont outrés que les États du Sud élisent d'anciens sécessionnistes aux fonctions publiques, qu'ils adoptent des Codes noirs pour tenter de maintenir la sujétion des esclaves libérés et qu'ils ne fassent rien pour empêcher les agissements d'une société secrète qui lynche les noirs, le *Ku Klux Klan.* Ils soumettent le Sud à un régime d'occupation militaire. S'ils ne parviennent pas à renverser le président Johnson en mai 1868 (la procédure d'*impeachment* échoue à une voix près), ils sont satisfaits, à la fin de l'année, de voir le général Grant lui succéder. Après le 14e amendement, qui octroie les droits civiques aux Noirs et fait d'eux des citoyens (juillet 1868), ils votent le 15e qui interdit à tout État de priver un de ses citoyens du droit de vote en raison de sa race, de sa couleur ou de sa condition servile antérieure (mars 1870). Les États du Sud, auxquels ont été imposés des gouvernements formés de noirs et de *Yankees* (hommes du Nord), dont certains sont des aventuriers dénués de tous scrupules, finissent par ratifier ces mesures et sont réintégrés au sein de l'Union. La Reconstruction radicale s'achève sans que soit apaisée la colère de la majorité des habitants du Sud. Cependant, la population américaine parvient, en quelques années seulement, à compenser les pertes de la guerre grâce à un accroissement naturel élevé et à une forte immigration (2,3 millions de nouveaux arrivants entre 1861 et 1870). Elle dépasse désormais les 40 millions d'habitants. L'industrie du Nord n'a jamais été aussi florissante. Quant à l'économie du Sud, elle commence à se diversifier (culture de primeurs, industrie textile, petite métallurgie).

BIOGRAPHIES

Simon Bolivar (1783-1830). Appartenant à une famille de riches propriétaires fonciers créoles du Venezuela, il parfait son éducation en Europe où il subit l'influence des Lumières et de la Révolution française. À partir de 1810, il participe aux luttes pour l'indépendance de sa patrie et se voit attribuer le titre de *libertador* (libérateur), en 1813. Le général s'impose comme la personnalité majeure de l'indépendance de l'Amérique latine et est élu successivement président du Venezuela puis d'une Grande Colombie constituée de ce pays et de la Nouvelle-Grenade (1819), du Pérou (1823) et de la Bolivie, ainsi nommée en son honneur (1825). Il réalise son idéal dans ce dernier État, où le suffrage universel est instauré (dont sont exclus les analphabètes et les femmes) et l'esclavage, aboli. En 1826, il réunit un congrès panaméricain à Panama, mais ne parvient pas à y faire triompher l'union. Il ne réussit pas, non plus, à empêcher la guerre entre la Colombie et le Pérou puis la sécession du Venezuela et doit renoncer au pouvoir en mai 1830. Il meurt de la tuberculose sur le chemin de l'exil.

Abraham Lincoln (1809-1865). Né dans le Kentucky au sein d'une famille de pauvres pionniers, il travaille d'abord dans les champs tout en apprenant à lire et à écrire par lui-même. Il exerce ensuite diverses professions avant de s'établir comme avocat. Après avoir été élu à l'Assemblée législative de l'Illinois, il siège à la Chambre des représentants (1847-

1849). En 1860, le nouveau parti républicain en fait son candidat à l'élection présidentielle en raison de la fermeté de ses positions antiesclavagistes et de sa popularité dans l'Ouest. Lincoln est élu, mais son succès provoque la sécession du Sud. Il essaie de sauver la paix puis se résout à la guerre pour maintenir l'intégrité de l'Union. Il fait alors preuve d'énergie et de fermeté en conduisant lui-même les opérations, en abolissant l'esclavage à compter du 1er janvier 1863 et en œuvrant pour l'idéal démocratique qu'il définit à Gettysburg au mois de novembre suivant (« le gouvernement du peuple, par le peuple et pour le peuple »). Il est réélu en 1864 alors que le Nord est sur le point de l'emporter, mais il ne peut profiter de cette double victoire. Il est assassiné en avril 1865 par un Sudiste alors qu'il prône pourtant la modération à l'égard des vaincus.

DÉBATS

L'historiographie récente du fait colonial a eu tendance à minorer les mobiles économiques de la nouvelle expansion européenne, en réaction contre l'histoire marxiste qui leur attribuait une place primordiale. Des jugements plus nuancés s'imposent. Il importe ainsi de distinguer plusieurs phases et de tenir compte des différences entre puissances coloniales et entre espaces colonisés. S'il est, par exemple, indéniable que l'expansion française des années 1830-1870 a souvent des buts politiques (Jean Martin, *L'Empire renaissant, 1789-1871*, Paris, Denoël, 1987), l'Inde intéresse surtout les Britanniques pour des raisons commerciales.

Dans tous les pays colonisés, les Européens parviennent à s'imposer grâce au soutien d'une fraction des élites. Le cas des Zamindars du Bengale est connu. Ces fermiers généraux du Grand Moghol soutiennent les Britanniques parce qu'ils leur permettent de s'approprier les terres sur lesquelles ils lèvent l'impôt (C. Markovits, *Histoire de l'Inde moderne, 1480-1950*, Paris, Fayard, 1994).

En 1893, le jeune historien américain Frederick J. Turner publie *La Frontière dans l'histoire des États-Unis*, où il explique à ses compatriotes que le monde des pionniers a permis la démocratisation du pays en développant l'esprit de compétition mais également la solidarité face aux éléments naturels hostiles. Même s'il s'agit largement d'un mythe, cette version s'est imposée aux Américains au point que John Fitzgerald Kennedy, en 1960, a appelé le programme de sa campagne présidentielle, la Nouvelle Frontière.

BIBLIOGRAPHIE

- **Frédéric Mauro, *L'Expansion européenne, 1600-1870*, Paris, PUF, Nouvelle Clio, 1964.**
- **Pierre Guillaume, *Le Monde colonial des XIXe-XXe siècle*, Paris, A. Colin, U, 1974.**
- **Jacques Portes, *Les États-Unis de l'Indépendance à la Première Guerre mondiale*, Paris, Armand Colin, Cursus, 1991.**
- **Catherine Coquery-Vidrovitch et Henri Moniot, *L'Afrique noire de 1800 à nos jours*, Paris, PUF, Nouvelle Clio, 1992.**
- **Elikia M'Bokolo, *Afrique noire. Histoire et civilisations*, Paris, Hatier, 1992, t. 2, *XIXe-XXe siècle*.**
- **Claude Fohlen, *De Washington à Roosevelt*, Paris, Nathan-Université, 1992.**
- **Nora Wang, *L'Asie orientale du milieu du XIXe siècle à nos jours*, Paris, A. Colin, U, 1993.**
- **Thomas Calvo, *L'Amérique ibérique de 1570 à 1910*, Paris, Nathan-Université, 1994.**
- **Yvan Paillard, *Expansion occidentale et dépendance mondiale (1783-1914)*, Paris, A. Colin, U, 1994.**
- **Jean-Michel Lacroix, *Histoire des États-Unis*, Paris, PUF, 1996.**
- **Marc Michel, *La Colonisation européenne*, Paris, La Documentation française, n° 7042, 1997.**

Document commenté

La doctrine du président Monroe

«[...] Nous avons jugé opportun d'affirmer comme un principe impliquant les droits et les intérêts des États-Unis que les continents américains, de par la liberté et l'indépendance qu'ils ont acquises et qu'ils maintiennent, ne doivent plus, désormais, être considérés comme susceptibles d'être colonisés à l'avenir par aucune puissance européenne [...].

Nous ne sommes jamais intervenus dans les guerres où les puissances européennes se trouvent entraînées par des problèmes qui leur sont propres, et il n'est pas conforme à notre politique de le faire. C'est seulement quand nos droits sont lésés ou sérieusement menacés que nous réagissons et que nous prenons des mesures de défense. Nous sommes nécessairement amenés à suivre de plus près le développement des situations dans notre hémisphère, pour des raisons évidentes à tous les observateurs éclairés et impartiaux. Le système politique des puissances alliées est, sous ce rapport, essentiellement différent de celui de l'Amérique [...]. Toute notre nation s'attache avec ferveur à défendre le nôtre, établi au prix de tant de sang et de richesses, mûri par la sagesse de nos concitoyens les plus éclairés, et qui nous a procuré un bonheur sans exemple. La bonne foi et les relations amicales qui existent entre les États-Unis et ces puissances nous obligent donc à déclarer que nous considérerions toute tentative de leur part pour étendre leur système politique à une partie quelconque de cet hémisphère comme dangereuse pour notre paix et pour notre sécurité. Nous ne sommes pas intervenus et nous n'interviendrons pas dans les affaires des colonies ou dépendances encore existantes de quelque puissance européenne que ce soit. Cependant, à l'égard des États qui se sont déclarés indépendants et le sont restés et dont nous avons reconnu l'indépendance après mûre réflexion et suivant de justes principes, nous ne saurions considérer l'intervention d'une quelconque puissance européenne visant à les opprimer ou à contrôler leur destinée autrement que comme la manifestation de dispositions inamicales envers les États-Unis. Nous avons proclamé notre neutralité dans la guerre entre l'Espagne et ces nouveaux États à l'époque où nous les avons reconnus, nous sommes tenus à cette décision et continuerons de nous y conformer, à condition que n'intervienne aucun changement qui, de l'avis des autorités compétentes de notre pays, rendrait un changement correspondant de la part des États-Unis indispensable à leur propre sécurité [...].

Notre politique à l'égard de l'Europe, qui fut adoptée dans les débuts des guerres qui ont si longtemps sévi dans cette partie du globe, demeure, en tout état de cause, la même. Elle consiste à ne nous immiscer dans les affaires intérieures d'aucune de ces puissances, à considérer le gouvernement de facto *comme le gouvernement légitime à nos yeux, à rechercher l'établissement de relations amicales avec lui et à maintenir ces relations par une politique franche, ferme et virile, en acceptant, en toutes circonstances, les justes réclamations de toute puissance, mais en n'acceptant les injustes atteintes d'aucune. Mais en ce qui concerne les continents américains, les conditions sont éminemment et manifestement différentes. Il est impossible aux puissances alliées d'étendre leur système politique à quelque partie que ce soit de l'un ou l'autre de nos continents sans mettre en péril notre tranquillité et notre bonheur; et personne ne peut croire non plus que nos frères du Sud, s'ils étaient livrés à eux-mêmes, adopteraient un tel système de leur plein gré. En conséquence, il est tout aussi impossible que nous considérions telle intervention, sous quelque forme que ce soit, avec indifférence [...].»*

Traduit de l'américain par l'auteur à partir de H. S Commager,
Documents of American History, 5e éd., New York, 1949, n° 127, p. 235-237.

I MÉTHODE

Rédiger la conclusion d'un commentaire

Une conclusion de commentaire de texte comprend quatre parties. La première répond, brièvement et à la lumière de ce qui a été dit dans le développement, à la problématique. La critique interne du texte consiste à s'interroger sur la qualité du contenu et le degré d'objectivité de l'auteur. Il faut ensuite déterminer, à la fois la portée immédiate du document (a-t-il été lu et diffusé ? Les décisions prises ont-elles été appliquées ?), sa portée à plus long terme (quelles en sont les conséquences ?) et son importance historique (un texte peut avoir une portée limitée et présenter un grand intérêt historique). Il est alors possible de terminer par une brève ouverture sur la suite des événements.

II CORRIGÉ

Remarques préliminaires sur le texte

L'avocat virginien, James Monroe (1758-1831), a été ambassadeur en France, où il a négocié l'achat de la Louisiane, et en Angleterre, puis secrétaire d'État et secrétaire à la Guerre pendant la seconde guerre d'Indépendance. Les Américains choisissent donc, pour cinquième président, en 1816, un spécialiste des Affaires étrangères de tendance républicaine démocrate.

Alors qu'il est au milieu de son second mandat présidentiel (il a été réélu en 1820), il est question d'une intervention des puissances européennes en Amérique latine pour permettre à l'Espagne de récupérer ses colonies. De plus, la côte occidentale de l'Amérique du Nord est convoitée par les Russes et par les Anglais. Monroe juge donc nécessaire d'indiquer clairement à ses compatriotes et au monde entier la ligne de conduite qu'entendent suivre les États-Unis en politique étrangère. Son septième message annuel au Congrès, qu'il a préparé avec son secrétaire d'État, John Quincy Adams, et qui s'inscrit dans le droit fil de ses deux discours d'investiture (mars 1817 et mars 1821), lui en donne l'occasion, le 2 décembre 1823.

Conclusion rédigée

Ce texte, entré dans l'Histoire sous le nom de « doctrine de Monroe », réaffirme donc le principe de neutralité définit par le président Washington dans son adresse d'adieu : le gouvernement des États-Unis n'entend pas se mêler des affaires européennes. En contrepartie, il attend que les Européens renoncent à leurs prétentions coloniales sur les continents américains (« hands off America », « ne touchez pas à l'Amérique »). En affirmant que les Américains doivent prendre en main leur destin (« L'Amérique aux Américains »), il est tout autant une profession de foi en faveur d'une décolonisation européenne qu'une manifestation de la nouvelle puissance américaine.

Il faut en effet relever la fermeté du propos et du ton. Le président des États-Unis s'adresse à ses homologues européens sur un pied d'égalité et leur délivre une véritable mise en garde. Par ailleurs, il estime que les observateurs impartiaux ne manqueront pas de constater la justesse de ses arguments et de la cause qu'il défend. Derrière cette présentation, se profile pourtant un nouvel impérialisme.

La semonce de Monroe est suivie par la disparition définitive de l'Empire espagnol d'Amérique latine et par le recul des Russes en Amérique du Nord où ils se contentent désormais de l'Alaska. Il convient toutefois de noter que le texte n'est qu'une cause parmi d'autres de la mise en échec des Européens : fin de règne du tsar Alexandre Ier, défaite espagnole d'Ayacucho, pression des Britanniques guidés par leurs propres intérêts en faveur d'une non-intervention… Document circonstanciel, le message présidentiel n'en a pas moins une grande portée à long terme. Il influence les compatriotes de Monroe et, en particulier, ses successeurs à la Maison Blanche (Polk s'y référera d'ailleurs dans son propre message du 2 décembre 1845) et constitue le document de référence de la politique étrangère américaine au XIXe siècle.

Ici, s'annoncent déjà le conflit avec le Mexique (1846-1848), l'attitude américaine lors de l'expédition française dans ce même pays quinze ans plus tard ou encore la guerre de Cuba en 1898. Par ailleurs, il faudra attendre la conférence d'Algésiras sur le Maroc, en 1906, et surtout la Première Guerre mondiale pour que les États-Unis se préoccupent de nouveau des affaires européennes.

2e partie

Savoir-faire

La dissertation avec dossier

MÉTHODOLOGIE

La dissertation avec dossier est un exercice fréquent à l'université et a été retenue pour les épreuves écrites du CAPES d'Histoire-Géographie. Comme son nom l'indique, elle n'est pas un commentaire de documents mais une dissertation. Le dossier est un simple support. Il propose à l'étudiant un éclairage sur certains aspects du sujet. Les documents peuvent être mentionnés à titre d'exemples, mais ne doivent pas être expliqués. Ils n'ont pas pour but de faire le tour de la question et encore moins de donner le plan du devoir.

1. L'analyse du sujet : la dissertation nécessite un effort de réflexion sur le sens général, sur les termes et le cadre du sujet, préalable indispensable à toute forme de rédaction. Il est capital de prêter la plus grande attention au libellé pour éviter le risque le plus grave de l'exercice : le hors sujet. Un sujet intitulé « Guizot et la politique », qui incite à étudier au moins autant l'homme et ses idées que l'action et le travail accompli par le ministre, ne doit pas être traité de la même façon que « La politique de Guizot », qui, lui, invite à se concentrer davantage sur le deuxième aspect.

2. L'introduction se construit par une brève mise en contexte, une définition des termes, une analyse des enjeux, une problématique (la question qui fait du sujet un problème à résoudre), une annonce de plan. Partir d'une citation est souvent pertinent. Dans le sujet « Guizot et la politique », les propos prononcés par l'homme d'État quand il s'adresse aux parlementaires et, à travers eux, au pays, le 1er mars 1843, peuvent être rappelés : « Fondez votre gouvernement, affermissez vos institutions, éclairez-vous, enrichissez-vous, améliorez la condition morale et matérielle de notre France : voilà les vraies innovations ; voilà ce qui donnera satisfaction à cette ardeur de mouvement, à ce besoin de progrès qui caractérise cette nation. »

Il est important de faire l'inventaire de toutes les questions suscitées par le sujet : quelles sont les idées politiques de Guizot ? Évoluent-elles ? Quelles fonctions l'homme exerce-t-il ? Quels rapports entretient-il avec le roi Louis-Philippe, avec les autres personnalités et avec les Français ? Quelle politique mène-t-il à l'intérieur et à l'extérieur du pays ? Faut-il parler de réussite ou d'échec ? Quel regard Guizot porte-t-il lui-même sur son action et sur celle des autres dirigeants ? L'ensemble de ces interrogations, qui trouveront leurs réponses dans le développement, doivent permettre de définir la problématique, qui peut être formulée ici de la façon suivante : pourquoi, comment et avec quels résultats, Guizot s'efforce-t-il de réaliser l'idéal d'une partie de la bourgeoisie française du milieu du XIXe siècle ?

3. Le plan est le cheminement retenu pour amener le lecteur de la question à la réponse en lui donnant tous les arguments pour le convaincre.

Le développement de ce plan est donc une démonstration. Il doit être cohérent et équilibré. Il comprend généralement trois parties (mais parfois deux ou quatre), de longueurs comparables, qui développent chacune un thème d'un égal intérêt et qui se divisent en paragraphes construits de la même façon. Des transitions doivent lier les parties et les paragraphes doivent s'enchaîner logiquement. Il n'existe pas de plan type, chaque sujet présentant ses spécificités. Néanmoins, la plupart des sujets peuvent se regrouper en cinq grands types : **évolution** (La France de 1830 à 1848), **tableau** (La France en 1848), **comparaison** (La politique de Thiers et celle de Guizot), **analyse** (La chute de Guizot), **dialectique** (Le bilan du gouvernement Guizot est-il négatif?). Chaque type induit une forme de plan. Le sujet-évolution impose un plan chronologique qui fait ressortir quelques tournants. Pour éviter une simple et plate description, le plan du sujet-tableau doit porter un jugement sur l'état constaté à la date retenue en montrant que l'on arrive au terme d'une évolution et/ou que des transformations s'annoncent. Le sujet-comparaison implique de ne pas présenter séparément les éléments à comparer, mais de regrouper leurs ressemblances d'un côté et leurs différences de l'autre, selon un plan chronologique ou thématique. Le sujet-analyse se traite souvent sous la forme d'un plan classique : causes, déroulement, conséquences. Il en est de même du sujet-dialectique : thèse, antithèse, synthèse.

Le sujet « Guizot et la politique » souligne les limites de la méthode, puisqu'il ne s'apparente à aucun des types retenus. Comme souvent, le plan chronologique (ou chronologico-thématique) est alors le meilleur :

Exemple de plan

I. Un maître à penser des doctrinaires (1787-1830)

A. Le bourgeois protestant ; **B.** L'universitaire anglophile ;
C. L'adversaire de la Restauration

II. L'homme d'État de la monarchie de Juillet (1830-1848)

A. Le ministre de l'Instruction publique ; **B.** L'artisan de la paix et de l'entente cordiale ;
C. Le promoteur de la conservation politique et de l'expansion économique

III. De l'homme d'action au confident de la Providence (1848-1874)

A. Le président du Conseil contesté puis renversé ; **B.** L'exilé et l'indésirable ;
C. Le sage de l'Institut et du Val-Richer

4. La conclusion est l'aboutissement du raisonnement. Elle apporte une réponse claire, synthétique et nuancée à la problématique. Elle peut s'ouvrir sur des perspectives plus larges, voire sur un problème nouveau, mais ne doit pas plus servir à compenser les oublis du développement que se terminer par une interrogation banale ou fausse du style : « Guizot pouvait-il réussir ? »

Dans les pages qui suivent sont proposés une dissertation avec dossier entièrement corrigée, suivie de deux dossiers légèrement plus étoffés conçus comme des entraînements à l'exercice : l'un s'accompagne d'un plan détaillé, l'autre de quelques conseils, en particulier sur les erreurs à éviter.

Dossier 1
Dissertation
Le romantisme

Document 1

Le mal du siècle

« Je ne puis, en commençant mon récit, me défendre d'un mouvement de honte. La paix de vos cœurs, respectables vieillards, et le calme de la nature autour de moi, me font rougir du trouble et de l'agitation de mon âme. Combien vous aurez pitié de moi ! Que mes éternelles inquiétudes vous paraîtront misérables ! Vous qui avez épuisé tous les chagrins de la vie, que penserez-vous d'un jeune homme sans force et sans vertu, qui trouve en lui-même son tourment, et ne peut guère se plaindre que des maux qu'il se fait à lui-même ? Hélas ! Ne le condamnez pas ; il a été trop puni ! J'ai coûté la vie à ma mère en venant au monde ; j'ai été tiré de son sein avec le fer. J'avais un frère que mon père bénit, parce qu'il voyait en lui son fils aîné. Pour moi, livré de bonne heure à des mains étrangères, je fus élevé loin du toit paternel. Mon humeur était impétueuse, mon caractère inégal, tour à tour bruyant et joyeux, silencieux et triste, je rassemblais autour de moi mes jeunes compagnons ; puis, les abandonnant tout à coup, j'allais m'asseoir à l'écart, pour contempler la nue fugitive, ou entendre la pluie tomber sur le feuillage. »

François-René de Chateaubriand,
René, 1802-1805.

Document 2

La Liberté guidant le peuple **de Delacroix (1831)**

Document 3

J'achève en ce jour ma trente-sixième année

« […] Le feuillage de mes jours a jauni,
Fleurs et fruits de l'amour ont passé ;
Le ver, le chancre et la douleur
Sont pour moi seul !
Il a, ce feu qui ronge ma poitrine,
L'isolement d'une île volcanique ;
Nulle torche ne s'allume à sa flamme
Bûcher funéraire ! […]
Mais ce n'est ni l'endroit ni le moment
De m'abandonner à de telles pensées
Lorsque la Gloire orne la bière
Ou ceint le front ! […]
Un sursaut (non de la Grèce qui est debout !)
Un sursaut, oh mon âme ! Songe en qui
Ton flux vivant reconnaît sa source natale
Et n'hésite plus ! […]
Si tu regrettes ta jeunesse, à quoi bon vivre ?
Le lieu du valeureux trépas
Est ici. Au combat ! Viens offrir
Ton dernier souffle ! […] »

Extraits. Lord Byron, 1824.
Traduit de l'anglais par M.-H. Anceau.

Document 4

La liberté du créateur

« L'auteur de ce recueil n'est pas de ceux qui reconnaissent à la critique le droit de questionner le poète sur sa fantaisie, et de lui demander pourquoi il a choisi tel sujet, broyé telle couleur, cueilli à tel arbre, puisé à telle source. L'ouvrage est-il bon ou est-il mauvais ? Voilà tout le domaine de la critique […]. Examinons comment vous avez travaillé, non sur quoi et pourquoi. Hors de là, la critique n'a pas de raison à demander, le poète pas de compte à rendre. L'art n'a que faire des lisières, des menottes, des bâillons ; il vous dit : "Va !" Et vous lâche dans ce grand jardin de poésie, où il n'y a pas de fruit défendu. L'espace et le temps sont au poète. Que le poète donc aille où il veut en faisant ce qui lui plaît : c'est la loi. Qu'il croie en Dieu ou aux dieux, à Pluton ou à Satan, à Canidie ou à Morgane, ou à rien : qu'il acquitte le péage du Styx, qu'il soit du sabbat ; qu'il écrive en prose ou en vers, qu'il sculpte en marbre ou coule en bronze ; qu'il prenne pied dans tel siècle ou dans tel climat ; qu'il soit du midi, du nord, de l'occident, de l'orient ; qu'il soit antique ou moderne […]. C'est à merveille. Le poète est libre. »

Victor Hugo,
Les Orientales, préface, 1829.

Document 5

Je suis venu trop tard dans un monde trop vieux

« Pendant les guerres de l'Empire, tandis que les maris et les frères étaient en Allemagne, les mères inquiètes avaient mis au monde une génération ardente, pâle, nerveuse. Conçus entre deux batailles, élevés dans les collèges au roulement des tambours, des milliers d'enfants se regardaient entre eux d'un œil sombre, en essayant leurs muscles chétifs […]. Il leur restait donc le présent, l'esprit du siècle, ange du crépuscule qui n'est ni la nuit ni le jour ; ils le trouvèrent assis sur un sac de chaux plein d'ossements, serré dans le manteau des égoïstes, et grelottant d'un froid terrible. L'angoisse de la mort leur entra dans l'âme […]. Un sentiment de malaise inexprimable commença donc à fermenter dans tous les cœurs. Condamnés au repos par les souverains du monde, livrés aux cuistres de toute espèce, à l'oisiveté et à l'ennui, les jeunes gens voyaient se retirer d'eux les vagues écumantes contre lesquelles ils avaient préparé leurs bras. »

Alfred de Musset,
La Confession d'un enfant du siècle, 1836.

Document 6

***Un concert de Berlioz*, caricature de Geiger (1846)**

CORRIGÉ

Introduction

Dans la préface de son *Cromwell* datant de 1827, Victor Hugo souligne l'importance du romantisme. Il présente celui-ci comme la « nouvelle idéologie », la « nouvelle religion », d'« une société nouvelle ». Le romantisme existe alors depuis longtemps déjà.

Venu du latin moderne *romanticus*, le mot anglais *romantic* définit, dès la seconde moitié du XVIIe siècle, un genre littéraire qui parle à l'imagination. Il désigne ensuite des paysages qui émeuvent et est adopté par les Allemands comme par les Français. Dès le milieu du XVIIIe siècle, des œuvres et des groupes littéraires de plus en plus nombreux opposent leur sensibilité au rationalisme des Lumières : *Les Nuits* d'Edward Young (1742) et les *Poèmes d'Ossian* de James Mac Pherson (1760) dans les îles Britanniques, *La Nouvelle Héloïse* de Jean-Jacques Rousseau (1761) et *Paul et Virginie* de Bernardin de Saint-Pierre (1787) en France, le mouvement *Sturm und Drang* (Tempête et assaut) et *Les Souffrances du jeune Werther* de Goethe (1774) en Allemagne… Le terme romantique s'ouvre alors à ce qui évoque la mélancolie, le mystère, l'imagination, le voyage. Il trouve sa meilleure traduction dans les *Ballades lyriques* (*Lyrical Ballads*) des Anglais William Wordsworth et Samuel Coleridge (1798). Théorisé la même année par les frères Schlegel, dans la revue *Athenäeum*, puis par Madame de Staël dans *De la littérature* (1800), l'adjectif devient substantif. Le romantisme est né.

S'il compte déjà de nombreux adeptes dans l'Europe napoléonienne, il s'impose véritablement à partir de 1815. Son succès est tel qu'il en vient à qualifier l'époque. Pourquoi et comment le romantisme marque-t-il si profondément le premier XIXe siècle ? La réponse à cette question nécessite de s'intéresser d'abord aux raisons qui permettent ce triomphe, puis à la manière dont le romantisme se diffuse et, enfin, à la façon dont il en vient progressivement à imprégner les esprits et les actes.

I RUPTURES ET REDÉCOUVERTES ROMANTIQUES

1. Le rejet du classicisme rationalisant et de l'universalisme au nom de la liberté et des différences

Le romantisme naît d'une hostilité radicale dans un contexte favorable. Des écrivains, puis des artistes (peintres, musiciens), s'insurgent contre les règles littéraires et artistiques contraignantes, héritées de l'Antiquité et qui tendent à privilégier la forme sur le fond, le classicisme raisonnant des XVIIe et XVIIIe siècles, les Lumières qui imposent la pensée et le goût français, les prétentions de la France révolutionnaire et impériale à dicter ses lois au monde et, plus largement, l'idée d'une universalité de la nature humaine. Le déclin puis l'effondrement de l'Empire napoléonien s'accompagnent de la découverte d'identités nationales, en particulier en Allemagne et en Italie. Ils facilitent aussi les remises en cause.

Victor Hugo se fait le chantre de la liberté absolue du créateur (préface de *Cromwell*, en 1827, préface aux *Poésies* de Charles Dovalle, en 1829, doc. 4). En poésie, source privilégiée de son inspiration, l'écrivain romantique n'hésite pas à assouplir la versification (doc. 3). Il conteste également la règle des trois unités de la tragédie classique (*Lettre de Manzoni à M. Chauvet sur les unités de temps et de lieu dans la tragédie* en 1820) et crée de nouveaux genres (le drame né du mélange de la tragédie et de la comédie). Son ami peintre recourt à l'aquarelle, s'inspire de sujets dédaignés jusque-là, comme les thèmes d'actualité (*Le Radeau de la Méduse* de Géricault en 1819 et doc. 2) ou les paysages

(*La Charrette de foin* de Constable en 1821) et privilégie la couleur sur le dessin (Delacroix, Turner). Le musicien romantique aborde des thèmes nationaux et des légendes populaires (*Freischütz* de Weber en 1821), utilise de nouveaux instruments (percussions, triangles, cors) et donne une grande place au lyrisme (*Norma* de Bellini en 1831).

Les jeunes romantiques, barbus, échevelés et vêtus de façon excentrique, profitent de la guerre qu'ils livrent aux classiques (en France ceux-ci s'appuient sur l'Académie française alors que ceux-là sont soutenus par *le Cénacle* de Charles Nodier et par la revue *La Muse française*) pour accéder à la notoriété, parfois au prix de scandales (bataille autour de la pièce d'Hugo *Hernani*, le 25 février 1830, représentation houleuse de la *Symphonie fantastique* de Berlioz la même année, doc. 6).

2. Le culte du moi, les passions et le mal du siècle

Le romantisme exalte l'individu et sacre l'écrivain qui est maître de sa création, produit une œuvre très personnelle et se considère souvent investi d'une mission de prophète (Hugo, Michelet). Contrairement à l'auteur classique, le romantique n'hésite pas à se mettre en scène, à dévoiler ses sentiments et à prendre son public pour confident de ses états d'âme (doc. 1). Ses héros lui ressemblent (Werther de Goethe, René de Chateaubriand, Oberman de Senancour, Conrad de Byron, Ratcliffe de Heine, Chatterton de Vigny, Julien Sorel, Fabrice del Dongo et Lucien Leuwen de Stendhal). Cette posture se transforme parfois en un véritable culte du moi (*Souvenirs d'égotisme* de Stendhal).

La passion habite l'œuvre de l'artiste ou de l'écrivain romantique (sculptures de Rude ou de Barye, jeu du violoniste Paganini) et, plus largement, sa vie (amour de Georges Sand et d'Alfred de Musset). Malgré son individualisme, il juge nécessaire de s'engager pour des questions qui dépassent son destin individuel et l'idée de mourir pour elles ne l'effraie pas (doc. 3). Il s'enflamme ainsi pour les nationalités opprimées : Grèce, Pologne, Italie, Irlande (*La Grèce expirant sur les ruines de Missolonghi* de Delacroix, 1827). Il combat la misère humaine et toutes les formes d'injustice : esclavage, emprisonnements abusifs, sort des ouvriers (*Ode à la liberté* de Shelley, *Les tisserands de Silésie* de Heine).

Cependant, il est triste, inquiet, insatisfait et ses personnages, à son image, sont très éloignés des héros triomphants des œuvres classiques (doc. 1). Souvent né pendant les grandes heures de la Révolution et de l'Empire, il est déçu par son époque qui lui apparaît comparativement morne. Désenchanté, il se laisse gagner par le mal du siècle, l'ennui et la mélancolie, que les Anglais appellent *spleen*, les Allemands *sehnsucht* et les Polonais *zal*. Alfred de Musset traduit remarquablement cet état d'esprit dans sa *Confession d'un enfant du siècle*, en 1836 (doc. 5). Les peintres utilisent fréquemment la métaphore de la nature tourmentée pour montrer l'impuissance de l'homme face à son destin tragique (Friedrich, *La Mer de glace ou le naufrage de l'espérance,* 1817, ou *Le Voyageur au-dessus de la mer de nuages*, 1818). Ce pessimisme se traduit par un goût prononcé pour le morbide et le malsain (Géricault se complaît à peindre des fous et des suppliciés) et l'omniprésence du thème de la mort (*La mort de Sardanapale* de Delacroix, multiples œuvres représentant des ruines et des tombes) alors que les Européens commencent justement à prendre l'habitude de rendre régulièrement visite à leurs morts dans les cimetières modernes comme le Père-Lachaise ouvert en 1804. Les romantiques semblent toujours sur le point de quitter une vie qui ne leur apporte que des désillusions. Ils meurent souvent jeunes et tragiquement (Byron de la fièvre à 36 ans, Chopin (39 ans) et Keats (26 ans) de la tuberculose, Shelley (30 ans) par noyade, Kleist (34 ans) et Nerval se suicident, Pouchkine et Lermontov en duel), bien qu'il ne faille pas généraliser (Liszt décède dans son lit à 75 ans, Lamartine à 79 et Hugo à 83).

3. L'évasion dans le passé, l'étrange et l'exotisme

Sans aller toujours jusqu'à souhaiter mourir, le romantique est incité par ses déceptions présentes à se projeter dans un ailleurs, une éternité où le temps « suspend son vol », selon l'expression de Lamartine. Le premier refuge est celui du passé. Ce peut être un passé personnel que l'on revisite en se rendant, par exemple, en un lieu qui rappelle de doux souvenirs (Lamartine, Hugo), mais aussi un passé lié à l'histoire populaire ou encore à la grande histoire. Le romantisme sauve de l'oubli les folklores (Walter Scott en Écosse) et exhume les vieilles légendes populaires dont il s'inspire librement (*Contes* des frères Grimm, vogue allemande des courts poèmes appelés *Volkslieder*). Il est également indissociable de la redécouverte du Moyen Âge par le premier XIXe siècle. Les romans de Walter Scott (*Ivanhoé*, en 1819, *Quentin Durward*, en 1823) et d'Hugo (*Notre-Dame de Paris*, en 1831), ainsi que la création de multiples organismes historiques (Musée des monuments français, Société des Antiquaires de France, Commission des monuments historiques) y sont pour beaucoup. Les peintres nazaréens et, plus tard, les préraphaélites puisent leur inspiration dans l'époque médiévale. Les Britanniques Barry et Pugin, le Français Viollet-le-Duc et bien d'autres architectes sont les initiateurs d'une renaissance de l'art gothique *(Gothic revival)*. Le Palais de Westminster et le château de Pierrefonds sont ainsi reconstruits ; la cathédrale de Cologne est achevée ; la Sainte-Chapelle, Notre-Dame de Paris, la cité de Carcassonne et la basilique de Vézelay sont restaurées. De nombreux romantiques s'engagent également pour la défense du Paris médiéval menacé par les transformations de Rambuteau et d'Haussmann.

Le romantisme explore aussi le monde invisible (sommeil, folie) et le surnaturel (occultisme, illuminisme). Plusieurs écrivains et artistes sont ainsi attirés par le mystère et le fantastique à la suite d'Ann Radcliffe, la créatrice du roman noir, et de William Blake, dont l'univers poétique, peint et gravé en influence beaucoup : Goethe (deux *Faust*, en 1808 et en 1832), Mary Shelley (*Frankenstein*, en 1818), Berlioz (*La Symphonie fantastique*, en

1830, et *La Damnation de Faust*, en 1846), Emily Brontë (*Les Hauts de Hurlevent*, en 1847). D'autres fuient le réel en recourant aux paradis artificiels, à l'alcool ou à la débauche (Musset).

Le romantique est également un grand voyageur. Il est attiré par les sites pittoresques et les monuments chargés de souvenirs historiques de l'Italie, de la Grèce, de l'Écosse ou de la vallée du Rhin, mais plus encore par l'exotisme. Alors que les élites sillonnent l'Europe et que le tourisme fait des adeptes toujours plus nombreux, il décide de gagner des horizons lointains. À la suite de la campagne d'Égypte et de la conquête de l'Algérie, il porte ses regards vers l'Afrique du Nord, le Proche-Orient et la civilisation islamique et contribue à son tour à les faire découvrir ou redécouvrir : Jérusalem (Chateaubriand), le Maghreb (Delacroix), l'Égypte (Nerval). Le voyage et l'aventure sont inhérents au romantisme et ce n'est pas un hasard si Alexandre Dumas fait de Garibaldi, qui est allé défendre la cause de la révolution et de la liberté en Amérique du Sud, l'archétype du héros romantique.

II LA DIFFUSION DU ROMANTISME

1. Un courant né dans l'Europe du Nord

Comme l'écrit Mme de Staël, le Nord est originellement romantique et le Sud classique. La Grande-Bretagne et l'Allemagne constituent les deux premiers foyers romantiques. Cela résulte pour partie du tempérament des habitants, mais cette explication est loin d'être la seule. En Allemagne, le romantisme exalte la germanité et joue un rôle déterminant dans la construction d'une conscience nationale. Il trouve des alliés et des relais dans les milieux intellectuels et politiques (Fichte, Stein) au moment même où le pays tente de se libérer du joug français. Après la victoire sur Napoléon, qui est un peu la sienne, son prestige est immense.

À la même époque, la plupart des pays de l'Europe du Nord possèdent leur propre courant romantique. Le chef de file du romantisme danois, Adam Oehlenschlaeger, donne une interprétation personnelle du conte *Aladin ou la lampe merveilleuse* (1804). Il est aussi l'auteur de plusieurs tragédies puisées dans la mythologie nordique (*eddas* et *sagas*) et de recueils de poèmes, dont *Poèmes du Nord* (1807), qui lui valent d'être couronné en Suède du titre de « roi des poètes du Nord ».

La France et l'Italie sont à leur tour rapidement touchées. Pendant que Chateaubriand, de retour d'émigration en Angleterre, publie le *Génie du Christianisme* (1802), Mme de Staël fait découvrir aux Français Goethe, Schiller et le romantisme allemand dans son ouvrage intitulé *De l'Allemagne* (1810). En Italie, l'anglomanie des élites, mais aussi les contacts noués avec les frères Schlegel ou avec Mme de Staël permettent l'acclimatation rapide du romantisme. C'est Byron en personne qui traduit la *Francesca da Rimini* de Silvio Pellico (1815) et qui contribue, de ce fait, à lui donner une grande audience.

2. Les vecteurs de diffusion

S'ils croient rarement en l'universalité de l'homme, les romantiques sont curieux des autres. Ils sont désireux de faire connaître leurs œuvres et avides de découvrir ce qui se fait ailleurs.

Leurs cénacles et leurs revues (l'Athenäeum des frères Schlegel, *La Muse française*) bénéficient d'une audience internationale. Plus largement, leurs œuvres se diffusent grâce à l'essor des traductions dans le premier XIXe siècle. Leurs voyages forcés (exil de Chateaubriand en Angleterre) ou volontaires (installation de l'éditeur allemand Brockhaus à Paris) leur permettent également d'établir des ponts entre leur pays d'origine et ceux qui les accueillent (rôle de Mme de Staël dans la découverte, par la France, du romantisme allemand, de Heine en sens inverse, d'Henrik Steffens dans la diffusion dans son pays natal, la Norvège des œuvres romantiques allemandes). Certains écrivains et artistes se transforment même en ambassadeurs itinérants du romantisme (missions diplomatiques de Chateaubriand à Berlin et à Rome, tournées de virtuoses musicaux comme les pianistes Liszt et Chopin ou comme le violoniste Paganini).

Ce cosmopolitisme romantique possède ses capitales : Paris, Londres, Vienne, Iéna, Heidelberg ou encore Weimar. Il a ses événements exceptionnels (Congrès international de la Paix universelle de Paris en août 1849, sous le patronage d'Hugo) et ses manifestations régulières (Salon parisien, festival de Bayreuth à partir de 1882).

3. Une extension à l'ensemble de l'Occident

À partir de la Grande-Bretagne, de l'Allemagne, de la France et de l'Italie, le romantisme se diffuse à travers le monde occidental. L'Espagne et le Portugal sont touchés dès le milieu des années 1820. Dans ce dernier pays, Garrett joue un rôle déterminant avec son drame *Camoes* (1825) puis avec ses recueils de poésies (*Feuilles tombées*, en 1853) qui en font le maître à vivre et à penser du Portugal. Le voisin ibérique n'est pas en reste. Après la mort toute romantique du dramaturge Larra (il se suicide par amour à 28 ans), Zorrilla (*Le Savetier et le Roi* en 1840) s'impose comme le chef de file d'un romantisme espagnol très marqué par l'histoire et le style troubadour *(romancero)*.

Le romantisme gagne également l'Europe orientale où il devient, comme en Allemagne, l'expression privilégiée du nationalisme naissant. Après avoir donné son *Ode à la Jeunesse* en 1820, le poète polonais Mickiewicz se lance corps et âme dans le combat pour la liberté de sa patrie. En Hongrie, le poète Petöfi et le romancier Eötvös participent activement au mouvement de 1848.

Aux deux extrémités du monde occidental, les géants russe et américain subissent aussi l'influence du romantisme, même si celui-ci se teinte dans les deux cas de couleurs très originales. En Russie, les œuvres de Pouchkine (*Le Prisonnier du Caucase* en 1821, *Boris Godounov* en 1825), de Gogol (*Arabesques* en 1835) et de Lermontov (*La Mort du poète* en 1837 en hommage à Pouchkine) sont ainsi marquées par le romantisme. Aux États-Unis, le Cercle de

Brook Farm qui rassemble la plupart des grands écrivains américains de l'époque suit de près la production européenne. Les grands romans de Fenimore Cooper glorifiant la nature et l'homme de la frontière ont des accents romantiques (*Le Dernier des Mohicans* en 1826).

III L'IMPRÉGNATION ROMANTIQUE

1. Ambition et reconnaissance

S'il n'est pas toujours compris, en particulier dans ses formes extrêmes (doc. 6) et si ses œuvres ne sont pas celles qui se vendent le mieux, le romantisme marque néanmoins l'époque, au point que des écrivains et des artistes, qui ont pu être critiques ou réticents à son égard finissent par s'en inspirer (Goethe, Rossini).

L'artiste romantique ne dédaigne pas les honneurs et est rapidement consacré. Delacroix reçoit des commandes de la famille royale dès la Restauration. Par la suite, il décore le Palais-Bourbon et le palais du Luxembourg, sièges respectifs de la Chambre des députés et de la Chambre des pairs de la monarchie de Juillet, mais aussi l'Hôtel de Ville de Paris et l'église Saint-Sulpice. Il obtient la Légion d'honneur puis entre à l'Institut en 1857, après cinq échecs il est vrai.

Le romantisme est en phase avec son époque. Très divers dans ses expressions, il entend faire tomber les barrières entre les genres et les arts. L'écrivain romantique se fait historien (Lamartine) ou peintre (Balzac) cependant que le peintre romantique écrit ou joue de la musique (Delacroix). La revue *L'Artiste* (1831) prône cette fraternité entre les arts et les lettres et ce mélange des genres qui traduit, d'une certaine façon, une quête de l'absolu. Avec ses opéras, Wagner ambitionne ainsi de réaliser des œuvres d'art complètes *(Gesamtskunstwerk)* qui réuniront, de façon harmonieuse, musique, chant, danse, poésie, peinture, architecture et théâtre et s'assigne la mission grandiose de révéler son âme au peuple. Drame outrancier dont les effets sont parfois soulignés par la musique, le mélodrame connaît un immense succès populaire. *Robert Macaire*, de et avec Frédérick Lemaître, popularise la figure du coquin redresseur de torts et pourfendeur des injustices qui escroque M. Gogo (1834). À l'image des ballerines de l'Opéra, auxquelles la nouvelle technique des pointes donne une légèreté aérienne (la Taglioni de *La Sylphide*, en 1832, la Grisi de *Gisèle*, en 1841), et des héroïnes de roman, les jeunes femmes se veulent délicates, voire immatérielles. Le romantisme met la pâleur et la gracilité à la mode.

2. Religion, histoire et philosophie

Les grands domaines de la pensée subissent également l'influence romantique. Dans le contexte d'inquiétude et d'exaltation spirituelles du début du siècle, de nombreux romantiques se tournent vers la religion chrétienne. Chateaubriand voit ainsi en elle la poésie des temps modernes et *Le Génie du Christianisme*, dans lequel il développe cette idée (1802), connaît un grand succès. C'est partiellement sous l'influence du romantisme (Chateaubriand: «J'ai pleuré et j'ai cru») que s'extériorise la foi religieuse et qu'éclôt une piété plus sensible (succès du liguorisme, des *Paroles d'un Croyant* de La Mennais, des sermons de Lacordaire).

L'histoire, qui prend alors son essor et s'affirme comme discipline scientifique, est profondément marquée par le romantisme avec Augustin Thierry (*Récits des temps mérovingiens*, 1840), Macaulay (*Histoire d'Angleterre depuis l'avènement de Jacques II* de 1849 à 1861) et, surtout, Michelet (*Histoire de France* à partir de 1833), qui entend procéder à la « résurrection de la vie intégrale » en multipliant les métaphores et les portraits lyriques ou épiques de personnages symboliques (Jeanne d'Arc), en utilisant une prose nerveuse, parfois organisée en versets, tout en s'appuyant sur une documentation abondante, variée et traitée avec rigueur.

Il existe également une philosophie romantique. Mélancolique et tourmenté, Kierkegaard insiste sur les contradictions de l'existence, la souffrance, l'angoisse constante de la liberté, mais aussi de la faute (*Le Concept d'angoisse*, en 1844, *Le Concept du désespoir*, en 1849). De même, le nihilisme anarchisant et individualiste de Max Stirner est fortement empreint de romantisme (*L'Unique et sa propriété*, 1844).

3. L'âge romantique de la politique

La politique passionne les romantiques. Les premières générations romantiques se situent plutôt à droite. Il existe même en leur sein un fort courant contre-révolutionnaire, particulièrement en Allemagne et en France en réaction contre l'Empire qui soutenait le classicisme (Chateaubriand, Géricault, Lamartine, Vigny, Hugo, La Mennais). Lamartine compose ainsi une *Ode sur la naissance du duc de Bordeaux* en 1820 et le *Chant du sacre* en l'honneur de Charles X en 1825, pendant qu'Hugo donne ses *Odes et Ballades*.

Même si certaines de ses plus grandes figures restent fidèles à leur engagement conservateur (Chateaubriand, Vigny, Balzac), le romantisme passe largement au libéralisme, à la faveur de la lutte des nationalités pour leur indépendance face à l'ordre de la Sainte-Alliance (Byron, doc. 3, Leopardi, Manzoni, Mickiewicz, Delacroix, doc. 2), de la relecture de l'œuvre napoléonienne (influence énorme du *Mémorial de Saint-Hélène* où le captif se présente comme un libéral et un défenseur des nations opprimées et séduit ainsi de nombreux «Julien Sorel» qui ne l'ont pas connu souverain autoritaire), des déceptions suscitées par les monarchies, du souci d'être cohérent avec la révolte esthétique (dans sa préface d'*Hernani*, Hugo associe la « liberté dans l'art » et la « liberté dans la société »). De nombreux romantiques prennent les armes contre le pouvoir en 1830 (Alexandre Dumas). À cette occasion, le romantisme s'approprie la culture de la révolution et des barricades (*La Liberté guidant le peuple* de Delacroix, doc. 2, *Lorenzaccio* de Musset démonte le mécanisme révolutionnaire). Il prend des accents démocratiques avec

Mazzini, Garibaldi, Blanqui, Félicité de La Mennais qui devient Lamennais. Il influence le catholicisme social d'Ozanam, de Villeneuve-Bargemont ou d'Armand de Melun, le socialisme humanitaire de Pierre Leroux et le socialisme chrétien de Buchez.

En 1848, le printemps des peuples, qui permet à plusieurs de ces hommes d'accéder au pouvoir (en France, Lamartine est l'homme fort du gouvernement provisoire et Buchez préside l'Assemblée constituante), peut être qualifié de bref apogée du romantisme politique. Celui-ci se prolonge en la personne de souverains généreux mais parfois irrésolus ou porteurs d'idées contradictoires : Frédéric-Guillaume IV de Prusse, Louis II de Bavière ou Napoléon III, le neveu de celui que nombre de romantiques (Walter Scott, Carlyle, Mickiewicz, Manzoni, Leopardi, Heine, Hugo) présentent comme le type le plus achevé du héros romantique, l'ancien militant de la cause italienne, le conspirateur des folles équipées de Strasbourg et de Boulogne.

Conclusion

En mythifiant l'individualité et le sentiment intérieur, en imposant des sujets nouveaux et en considérant le quotidien, le contemporain et le pittoresque comme dignes d'intérêt, le romantisme prépare les révolutions culturelles de la seconde moitié du XIXe siècle.

Cependant, il est beaucoup plus qu'un simple mouvement artistique et littéraire. Il est un état d'esprit. Mieux que nul autre courant, il traduit la sensibilité profonde du premier XIXe siècle : aspiration à la liberté, importance de l'individu, intérêt accordé aux émotions, refus du matérialisme… Comme lui, il est porteur de contradictions : culte du moi, désenchantement, mal du siècle mais aussi intérêt pour autrui, action, quête de l'absolu. Ce faisant, il connaît un immense succès et exerce une réelle influence sur les hommes de ce temps.

Si Balzac annonce, dès 1831, la mort prochaine du romantisme dans *La Peau de chagrin* (« Le public est las des bardes nuageux et des sylphes… Il est rassasié de l'Afrique, de l'Orient, des supplices, des pirates et de l'histoire de France Walter Scottée… »), il faut attendre le début des années 1840 pour que le courant artistique et littéraire s'essouffle véritablement dans les pays précurseurs (échec, en 1843, du drame d'Hugo, *Les Burgraves*, alors que triomphe la classique *Lucrèce* de Ponsard). Néanmoins, dans les pays qui s'y sont ouverts tardivement, il se prolonge bien au-delà du mitan du siècle, comme en témoignent les écrits d'Hugo ou de Tolstoï, la musique de Wagner et celle de Mahler. En revanche, l'écrasement des régimes issus du printemps des peuples, le cynisme politique d'un Cavour ou d'un Bismarck, le culte de la science ou encore, de façon plus prosaïque, l'intérêt porté aux femmes aux décolletés amples et charnus et à l'opulente sensualité, comme la Castiglione, traduisent un changement radical. Le romantisme n'exerce plus d'influence !

Dossier 2 La puissance britannique (1815-1870)
Dissertation

Document 1

Rule Britannia (1740)

« Les nations moins bénies que toi,
Devront tour à tour se soumettre
aux tyrans,
Tandis que tu vas croître, grande et libre,
Objet de terreur et d'envie pour tous.
Règne Britannia !
Britannia donne ta loi aux vagues !
Jamais les Bretons ne seront esclaves ! »

Document 2

Un modèle de révolution industrielle

« Jetons les yeux sur une carte de la Grande-Bretagne. Presque toutes les rivières sont accompagnées de canaux parallèles à leurs cours, et qui ne s'en écartent que pour aller vivifier l'industrie des villes voisines, ou pour les unir entre elles. Ce sont les veines de ce corps brûlant d'activité. Un canal porte à Liverpool les produits de Manchester ; un autre amène à Birmingham les fers de la plaine de Wolverhampton ; un troisième à Édimbourg les toiles de Glasgow : la richesse coule par tous ces conduits [...]. La houille, à peine extraite du sein de la terre, donne le gaz, le coke et le goudron ; elle anime les pompes à feu, les machines à vapeur, qui centuplent la force de l'homme, et qui rapprochent tous les jours les deux mondes. Les cotons bruts de l'Inde se changent en tissus qui vêtiront bientôt les habitants d'un autre hémisphère ; le fer, traité par des procédés plus économiques, leur offre un agent nouveau, simple et puissant ; ils le jettent sur les rivières en courbes élégantes ou en immenses anneaux, et ils voient avec orgueil leurs flottes passer à pleines voiles sous leurs ponts, comme sous des arcs de triomphe. »

Adolphe Blanqui, *Voyage d'un jeune Français en Angleterre et en Écosse pendant l'automne 1823*, 1824.

Document 3

La pétition chartiste de 1842

« La pétition des citoyens de Grande-Bretagne et d'Irlande, soussignés, montre [...] : Que votre honorable Assemblée, telle qu'elle est actuellement constituée, n'a pas été élue par le peuple et n'est pas responsable devant lui et n'a fait, jusqu'ici, que représenter des factions et agir en faveur d'une minorité, sans considérer les misères et les injustices que subit la majorité et les pétitions qu'elle présente. Votre honorable Assemblée a promulgué des lois contraires à la volonté expresse du peuple, et, par des moyens anticonstitutionnels, en a imposé l'exécution, créant par là même un despotisme insupportable, d'une part et un esclavage dégradant d'autre part. [...] Que la corruption, l'intimidation, les trafics d'influence, le parjure et l'émeute dominent durant toutes les élections parlementaires, à un point que les députés de votre honorable Assemblée sont les mieux placés pour connaître. [...] Que les pétitionnaires, avec tout le respect et la fidélité qui conviennent, seraient tentés de comparer le revenu quotidien de Sa Majesté à celui des milliers de travailleurs de cette nation. »

Extrait lu au Parlement en mai 1842.

Document 4

Discours de Sir Robert Peel à la Chambre des Communes, en février 1846, pour obtenir l'abolition des *Corn Laws*

« Cette nuit, nous devons décider entre la poursuite de la politique de diminution des restrictions, ou le retour aux restrictions et à la prohibition. [...] Examinez notre situation, considérez les avantages que Dieu et la Nation nous ont donnés, et le destin qui doit être le nôtre. Nous sommes aux confins de l'Europe de l'Ouest, le principal lien entre le nouveau monde et l'ancien. Les découvertes de la science, l'amélioration de la navigation, nous ont amenés à dix jours de distance de Saint-Pétersbourg, et bientôt à dix jours de New York. Nous avons un kilométrage de côtes plus grand, proportionnellement à notre population et à notre superficie qu'aucune autre nation, nous assurant la supériorité de notre force maritime. Le fer et le charbon, les bases de l'industrie, nous donnent l'avantage sur tous les pays rivaux dans la grande concurrence industrielle. Notre capital est bien supérieur à celui dont ils peuvent disposer. En ingéniosité, en talent, en énergie, nous ne sommes inférieurs à personne. Notre caractère national, les institutions libres sur lesquelles nous vivons, la liberté de pensée et d'action, une presse non censurée, répandant l'information de toutes les découvertes et de tout progrès dans les sciences, se conjuguent avec nos ressources naturelles et physiques pour nous placer à la tête des nations qui peuvent profiter du libre-échange de leurs produits. »

Document 5

Le Crystal Palace, siège de la première Exposition universelle (1851)

Document 6

Éloge du système politique et de l'organisation sociale britanniques

« L'Angleterre ouvrira... la porte à la démocratie, mais en même temps, elle lui opposera des digues. [...] La démocratie arrivera, mais en arrivant elle trouvera à qui parler. Elle reconnaîtra que, sur la plupart des points, la place est prise et que l'aristocratie anglaise n'est ni assez aveugle, ni assez exclusive pour préparer ces faciles et dangereux triomphes que les aristocraties continentales ont laissé remporter à leurs ennemis. [...] Tout le monde connaît, mais personne n'a suffisamment vanté l'admirable mécanisme par lequel la pairie ouvre ses rangs et les vide ; attire à elle les grandes notabilités de la politique, de la magistrature, de l'armée, de la diplomatie et du monde financier, sans aucun souci de leur origine plus ou moins populaire ; et en même temps refoule dans le gros de la nation toutes ses branches collatérales, qui à partir des petits-fils puînés de tout pair d'Angleterre, demeurent confondus avec le reste des citoyens sans aucun titre, sans aucune marque distinctive [...]. Rien ne s'oppose à ce que le sang des vieilles races ne se renouvelle, à ce que les classes qui sont le plus intéressées à la durée et à la dignité de l'édifice social se fortifient en se confondant. »

Charles de Montalembert,
De l'avenir politique de l'Angleterre, 1856.

Document 7

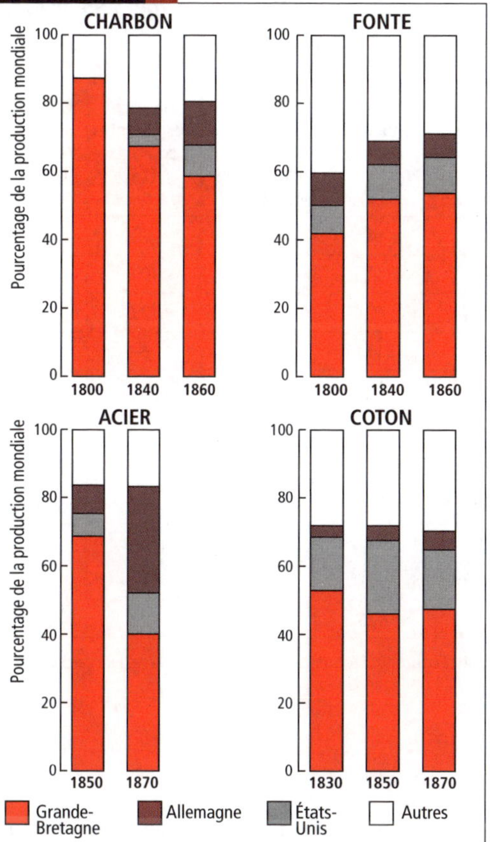

Source : d'après E. J. Hobsbawm, *Histoire économique et sociale de la Grande-Bretagne*, t 2, *De la Révolution industrielle à nos jours*, Paris éd. du Seuil, 1977, figures et diagrammes n∞24

La part de la Grande-Bretagne dans l'industrie mondiale

Document 8

Le problème irlandais

« Nous lord Eglington, lieutenant général et gouverneur général d'Irlande, proclamons : attendu que nous avons appris qu'il existe dans plusieurs parties de l'Irlande des sociétés ou associations de personnes dont les membres sont liés entre eux par des serments ou obligations d'une nature séditieuse et perfide, et attendu que beaucoup de personnes imprudentes peuvent avoir été amenées à faire partie de ces sociétés ou à avoir des relations avec elles, sans connaître les peines auxquelles elles s'exposent. [...] Par la présente, nous avertissons toutes les personnes qui deviendraient membres desdites associations ou continueraient d'avoir des relations avec elles, sous quelque prétexte que ce soit, que nous sommes fermement résolu d'user de tous les moyens qui sont en notre pouvoir pour supprimer ces sociétés ou associations et punir les personnes qui en feraient partie. [...]

Donné au château de Sa Majesté, à Dublin, le 3 décembre 1858. »

Proclamation publiée par *la Gazette de Dublin* du 4 décembre, traduite et reproduite dans le *Moniteur Universel* du surlendemain.

Document 9

Balance des paiements et exportation de capitaux du Royaume-Uni (1815-1870) (en millions de livres et en prix courants)

Années (moyenne annuelle sur une période de 5 ans)	Importations nettes (a)	Exportations de produits britanniques (b)	Balance commerciale (c = b – a)	Revenu des services (d)	Revenu des intérêts et des dividendes (e)	Balance des comptes courants (f = c + d + e)	Capitaux investis à l'étranger (cumul)
1816-1820	49,3	40,3	- 9	14,5	1,7	7,2	46
1821-1825	45,4	37,3	- 8,1	14,2	4,2	10,3	98
1826-1830	48,7	35,9	- 12,8	10,6	4,8	2,6	111
1831-1835	53,6	40,5	- 13,1	14,1	5,4	6,4	143
1836-1840	73,8	49,8	- 24	18,6	8	2,6	156
1841-1845	71	54	- 17	15,4	7,5	5,9	185
1846-1850	87,7	60,9	- 26,8	22	9,5	4,7	209
1851-1855	116,4	88,9	- 27,5	23,7	11,8	8	249
1856-1860	158	124,2	- 33,8	43,5	16,5	26,2	380
1861-1865	201,2	144,4	- 56,8	57,1	21,7	22	490
1866-1870	246	187,8	- 58,2	67,9	30,8	40,5	692

Source : A. H. Imlah, *Economic Elements in the Pax Britannica*, Harvard UP, 1958.

PROPOSITION DE PLAN

La citation de l'historien Eric Hobsbawm peut être un point de départ : « Jamais dans toute l'histoire du monde, un pays n'a, à lui seul, exercé une hégémonie mondiale comparable à celle des Anglais au milieu du XIXe siècle, car même les plus grands empires du passé étaient restés de caractère régional. Et jamais [...] aucune puissance, depuis lors, n'a été capable de revendiquer le rôle exclusif d'"atelier du monde".» (*L'Ère des révolutions*, Paris, Hachette Pluriel, rééd. 2002).

Le sujet pose trois questions: comment expliquer la puissance britannique? Quelles sont ses caractéristiques? Ne peut-on pas y mettre des limites?

Dans la partie consacrée aux facteurs de la puissance britannique, il faut souligner:

– *Le rôle prépondérant des hommes et des idées*: intérêt pour les innovations et série de découvertes; naissance de l'idéologie libérale avec Adam Smith, Ricardo et l'école de Manchester, mais aussi de l'utilitarisme avec Jeremy Bentham, James Mill et John Stuart Mill; espoir d'ascension sociale et d'agrégation à une aristocratie qui reste ouverte; existence d'un patronat dynamique en particulier dans les milieux non-conformistes; sentiment de supériorité des Britanniques largement partagé d'ailleurs par le restant de la planète et confiance en soi qui entraînent l'adoption du libre-échange au milieu du siècle.

– *Les atouts économiques*: position géographique qui incite à se tourner vers le grand large; ressources abondantes, en particulier le charbon; existence de capitaux considérables et attirance de leurs détenteurs pour les profits de la nouvelle économie; supériorité résultant de l'antériorité de l'industrialisation; redéploiement intelligent à l'occasion du blocus napoléonien; rôle de la révolution des transports: canaux, navigation à vapeur, chemin de fer; adoption d'une législation favorable aux entreprises; croissance démographique avec le doublement de la population entre 1800 et 1851; gonflement des villes en particulier de Londres, ville la plus peuplée de la planète tout au long de la période et qui triple sa population dans ce laps de temps; abondance de la main d'œuvre; naissance des classes moyennes et augmentation du pouvoir d'achat; essor du marché intérieur; importance croissante des débouchés coloniaux.

– *L'importance de la paix et d'une forme de consensus*: prestige du principal vainqueur de Napoléon; longue période de paix favorable à la croissance des échanges et de l'économie; conscience de l'importance des intérêts économiques qui conditionne partiellement la politique extérieure; absence de déchirements politiques majeurs contrairement au continent, en raison d'un système aux règles consensuelles et garanties par la monarchie: protection des grandes libertés, équilibre des pouvoirs, mais sans constitution écrite, ce qui favorise une évolution sans heurts; avance en matière de législation sociale, en particulier de législation du travail et naissance d'un syndicalisme réformiste avec les nouvelles *trade-unions* qui apparaissent au milieu du siècle et qui réprouvent le recours à la violence.

La puissance se manifeste de plusieurs façons:

– *La prépondérance industrielle*: environ la moitié de la production mondiale avec le premier rang tout au long de la période pour le charbon, la fonte, l'acier, le coton ; taux de croissance considérables : 4,3 % par an en moyenne pour la production textile entre 1837 et 1857, 4 % pour la houille entre 1854 et 1873… Naissance de grands bassins industriels ; idée que la Grande-Bretagne mérite son surnom d'« atelier du monde ».

– *La domination commerciale et financière* : première puissance commerciale mondiale ; premier rang pour l'exportation d'un grand nombre de produits industriels et du charbon dont les ventes à l'étranger sont par exemple multipliées par sept entre 1837 et 1860 ; Londres, premier port et plus grand entrepôt mondial ; première flotte de la planète représentant 60 % du tonnage mondial en 1850 ; puissance de la City, véritable centre de direction du capitalisme commercial et financier mondial avec les bourses fixant les prix des principaux produits, les banques et les compagnies de commerce et de navigation les plus puissantes ; rôle de la Livre sterling qui est à la fois la monnaie de règlement des échanges internationaux et la monnaie de réserve convertible en or ; volume des capitaux investis à l'étranger très supérieur à ceux de la totalité des autres pays ; revenus croissants des services, des intérêts et des dividendes ; excédents records de la balance des comptes courants.

– *Les autres aspects de la puissance* : organisation de deux Expositions universelles dont la première de l'Histoire en 1851 ; éclat et diversité des productions littéraires et artistiques ; premier empire colonial de la planète ; sentiment de supériorité et particularisme insulaire débouchant sur le « splendide isolement » qui culmine avec la neutralité dans les guerres austro-prussienne de 1866 et franco-allemande de 1870.

Mais cette puissance britannique connaît aussi des limites :

– *Les failles économiques* : vieillissement et renouvellement trop lent du matériel ; faible développement des industries nouvelles comme la chimie ; persistance de nombreux secteurs industriels travaillant de façon traditionnelle : vêtements à l'exception de la bonneterie, ameublement ; mauvaise organisation de la recherche ; faiblesse de l'enseignement technique ; retour périodique des crises : lendemains des guerres napoléoniennes, 1826, 1829, 1839, 1848, 1857, 1866 ; agriculture sacrifiée et sinistrée ; déficit commercial chronique et croissant en raison de la nécessité d'importer massivement des produits agricoles et des matières premières ; émergence de concurrents comme les États-Unis et l'Allemagne ; régression de la part dans le commerce mondial de 36 % en 1800 à 25 % en 1870.

– *Les problèmes politiques, moraux et sociaux* : absence d'une véritable démocratie et maintien de la corruption électorale ; persistance d'idéaux sociaux passéistes ; question irlandaise qui n'est pas résolue dans sa triple dimension, sociale, religieuse et politique et dont la Grande famine du milieu du siècle souligne l'ampleur ; déclin de la pratique religieuse révélé par le recensement de 1851 ; misère ouvrière ; montée de la violence et de l'insécurité dans les villes ; clivage social croissant dans les campagnes ; malgré quelques réformes, archaïsme de la politique sociale dans le pays pourtant le plus avancé ; suppression de la taxe des pauvres et mise en place des *workhouses* ; abandon aux initiatives privées de l'assistance et de l'instruction primaire ; émigration d'une population jeune et dynamique.

– *Les contestations et les remises en cause* : luddisme et contestation radicale en début de période avec le massacre de « Peterloo » ; retour périodique des grandes grèves comme en 1842 ; ampleur du chartisme ; naissance d'un mouvement nationaliste irlandais, qui organise d'abord de gigantesques rassemblements populaires sous l'égide d'O'Connell, puis qui tente une insurrection à la faveur de la Grande famine avant d'opter pour la violence terroriste à partir de 1867 (attaques de prisons et d'arsenaux sur le sol anglais, assassinat de représentants de l'ordre) ; révoltes des peuples colonisés (Cipayes et premiers revers coloniaux comme en Afghanistan) ; contestation croissante des valeurs victoriennes dans la littérature et l'art (John Ruskin, Matthew Arnold).

Conclusion

Il existe indiscutablement un âge d'or victorien au cours duquel la puissance britannique atteint son apogée. Malgré tout, des signes de faiblesses sont déjà perceptibles.

Avec la Grande Dépression économique qui commence à sévir à partir de 1873, la période suivante est celle des interrogations identitaires angoissées. Les Britanniques diagnostiquent alors le déclin de leur pays (on peut par exemple citer à l'appui de cette assertion la création en 1885 d'une commission parlementaire sur la récession dans le commerce et l'industrie). Celui-ci ne fait pourtant que s'amorcer.

Dossier 3 — Dissertation

Le travail des femmes et des enfants à l'heure de la révolution industrielle (1815-1870)

Document 1

Repères chronologiques

1832 *The Moral and Physical condition of the working classes* de John P. Kay (RU)

1833 *Factory Act* qui restreint la durée de travail des femmes et des enfants (interdiction pour ceux de moins de 9 ans) dans les usines et qui crée un corps d'inspecteurs du travail (RU)

1833 28 juillet : loi Guizot sur l'enseignement primaire (F)

1834 août : création des *workhouses* (RU)

1834 grève des tailleurs londoniens contre le travail féminin (RU)

1840 *Tableau de l'état physique et moral des ouvriers,...* du docteur Villermé (F)

1840 *Life and adventures of Michael Armstrong, the Factory Boy* de France Trollope (RU)

1841 22 mars : loi interdisant le travail des enfants de moins de 8 ans et limitant à 8 heures celui des enfants de 8 à 12 ans (F)

1842 avril : *Coal Mines Act* qui interdit le travail des enfants de moins de 10 ans et des femmes sous terre suite au rapport de la commission d'enquête parlementaire sur le travail dans les mines (*Chadwick Report*) (RU)

1843 mise en place d'une inspection du travail (B)

1844 *Factories Act* qui limite le temps de travail des enfants de moins de 13 ans, partage la semaine de l'enfant entre l'usine et l'école (système des *half-timers*) et demande l'amélioration de la sécurité dans les usines (RU)

1847 *Ten Hour Factory Act* qui limite le travail des femmes et des enfants de 13 à 16 ans à 10 heures dans les usines textiles de plus de 20 salariés (RU)

1848 *Mary Barton* de Elizabeth Gaiskell (RU)

1849-1850 *David Copperfield* de Charles Dickens (RU)

1854 *Les Temps difficiles* de Charles Dickens (RU)

1860 *Femmes dans l'atelier de tri du charbon des mines de Blanzy* du peintre François Bonhommé (F)

1861 *L'Ouvrière* de Jules Simon (F)

1862 fondation par Élisa Lemonnier d'une école professionnelle pour jeunes filles pauvres (F)

1864 fondation de l'Association pour l'enseignement professionnel des femmes (B)

1867 élargissement des *Factories Acts* (RU)

1867 *L'Ouvrier de huit ans* de Jules Simon (F)

1867 août, loi sur l'enseignement primaire (F)

1869 *De l'assujettissement des femmes* de John Stuart Mill (RU)

1869 loi limitant l'âge et la durée du travail des enfants employés dans l'industrie (P)

1870 février, *Forster Act* sur l'enseignement primaire (RU)

1874 19 mai, loi qui interdit le travail des enfants de moins de 12 ans, qui limite celui des enfants de moins de 16 ans à 10 heures par jour et qui crée une inspection du travail (F)

NB : (B) : Belgique, (F) : France, (P) : Prusse, (RU) : Royaume-Uni

Document 2

La misère des travailleurs du textile à Lille en 1835-1837

« Les plus pauvres [des ouvriers lillois] habitent les caves et les greniers. [...] Dans plusieurs des lits [...], j'ai vu reposer ensemble des individus des deux sexes et d'âges très différents, la plupart sans chemise et d'une saleté repoussante. Père, mère, vieillards, enfants, adultes, s'y pressent, s'y entassent. [...] À Lille et dans ses faubourgs les ouvriers ordinaires du sexe masculin gagnaient par journée de travail, avant la crise des années 1836 et 1837, de 25 à 35 ou 40 sous, et communément 30 sous. Les plus forts, depuis 35 jusqu'à 50 sous, mais le plus grand nombre 40 à 45 sous. Les plus habiles, les plus intelligents, ceux dont l'apprentissage est long, difficile, ou l'industrie particulièrement recherchée, depuis 45 sous jusqu'à 6 francs, mais la plupart 3 francs ou près de 3 francs. Les femmes bonnes et adroites ouvrières, de 20 à 40 sous, les autres de 12 à 20 sous. Les jeunes gens de 12 à 15 ans, depuis 12 sous jusqu'à 25. Et les enfants plus jeunes, de 6 à 15 ou 16 sous. [...] Supposez une maladie, un chômage, un peu d'ivrognerie, et [tous se trouvent] dans la plus grande gêne. »

Louis René Villermé, *Tableau de l'état physique et moral des ouvriers*, 1840.

Document 3

Capital and Labour **(Capital et Travail)**
Caricature anonyme parue dans le journal anglais *Punch* en 1843

Document 4

Le quotidien d'un apprenti peigneur de laine âgé de 7 ans en 1840

« J'étais donc condamné à exercer ce métier de 4 h. du matin à 10 h. du soir. Dans les premiers jours, je m'y prêtais volontiers ; j'essayais de bien faire ; mais bientôt le sommeil me domina tellement que je dormais debout ; ce n'était cependant pas faute d'employer toute mon énergie pour ne pas me laisser aller ; j'allais prendre l'air dehors pour me tenir éveillé ; mais dès que j'étais rentré je reprenais sommeil ; je sortais de nouveau pour vaincre mon apathie, mais en vain ; c'était plus fort que moi ; je craignais cependant beaucoup mon patron. Quant à lui, chaque fois que je succombais à la fatigue à côté de lui, il me donnait un revers de main sur le nez, qui provoquait une hémorragie. Ce manège se répétait trois à quatre fois par jour. C'est incroyable la quantité de sang que m'a fait verser cet homme ! J'avais beau me mordre les mains, me jeter la tête contre les murs pour résister à l'envie de dormir, rien n'y faisait. Le barbare, voyant que les revers de main ne suffisaient pas, me faisait déshabiller complètement et me distribuait une volée de coups de corde qu'il accompagnait de son éternel refrain : "Il faudra bien que je te dompte ; j'en ai dompté de plus malins que toi." »

Norbert Truquin,
Mémoires et aventures d'un prolétaire : 1833-1887,
F. Bouriand, 1888.

Document 5

La réglementation du travail des enfants en France par la loi du 22 mars 1841

« Art. 1er – Les enfants ne pourront être employés que sous les conditions déterminées par la présente loi:

1 – Dans les manufactures, usines et ateliers à moteur mécanique ou à feu continu, et dans leurs dépendances ;

2 – Dans toute fabrique occupant plus de vingt ouvriers réunis en ateliers.

Art. 2 – Les enfants devront pour être admis avoir au moins huit ans. De huit à douze ans, ils ne pourront être employés au travail effectif plus de huit heures sur vingt-quatre, divisées par un repos. De douze à seize ans, ils ne pourront être employés au travail effectif plus de 15 heures sur 24, divisées par des repos. […]

Art. 3 – Tout travail entre neuf heures du soir et cinq heures du matin est considéré comme travail de nuit. Tout travail de nuit est interdit pour les enfants au-dessous de treize ans. […]

Art. 5 – Nul enfant âgé de moins de douze ans ne pourra être admis qu'autant que ses parents ou tuteurs justifieront qu'il fréquente actuellement une des écoles publiques ou privées existant dans la localité. Tout enfant admis devra jusqu'à l'âge de douze ans suivre une école. […]

Art. 12 – En cas de contravention à la présente loi ou aux règlements d'administration publique rendus pour son exécution, les propriétaires ou exploitants des établissements seront traduits devant le juge de paix du canton et punis d'une amende de simple police qui ne pourra excéder quinze francs. […] »

J.-B. Duvergier,
Collection complète des lois, décrets, ordonnances, règlements et avis du Conseil d'État,
1841, t. 41, p. 33 et *sq.*

Document 6

La condition de l'ouvrière dans les mines

« Betty Harris, 37 ans : je me suis mariée à 23 ans, et c'est seulement après que je suis descendue à la mine ; je ne sais ni lire ni écrire. Je travaille pour Andrew Knowles, de Little Bolton (Lancashire). Je tire les wagonnets de charbon, et je travaille dc six heures du matin à six heures du soir. Il y a une pause d'environ une heure, à midi, pour déjeuner ; pour cela, on me donne du pain et du beurre, mais rien à boire. J'ai deux enfants, mais ils sont trop jeunes pour travailler. J'ai tiré les wagonnets quand j'étais enceinte. Je connais une femme qui est rentrée chez elle, s'est lavée, s'est mise au lit, a accouché, et a repris le travail moins d'une semaine après. J'ai une ceinture autour de la taille, une chaîne qui me passe entre les jambes et j'avance avec les mains et les pieds. Le chemin est très raide, et nous sommes obligés de nous tenir à une corde – et quand il n'y a pas de corde, nous nous accrochons à tout ce que nous pouvons saisir. Dans le puits où je travaille, il y a six femmes et une demi-douzaine de garçons et de filles ; c'est un travail très dur pour une femme. »

Extrait du *Report on the Sanitary Condition of the Labouring Poor* ou Rapport Chadwick, 1842.

Document 7

***Femmes dans l'atelier de tri du charbon des mines de Blanzy* du peintre François Bonhommé (1860)**

Document 8

« Où vont tous ces enfants... ? »

« Où vont tous ces enfants dont pas un seul ne rit ?
Ces doux êtres pensifs que la fièvre maigrit,
Ces filles de huit ans qu'on voit cheminer seules ?
Ils s'en vont travailler quinze heures sous des meules ;
Ils vont de l'aube au soir, faire éternellement
Dans la même prison, le même mouvement.
Accroupis sous les dents d'une machine sombre,
Monstre hideux qui mâche on ne sait quoi dans l'ombre,
Innocents dans un bagne, anges dans un enfer,
Ils travaillent. Tout est d'airain, tout est de fer.
Jamais on ne s'arrête et jamais on ne joue.
Aussi quelle pâleur ! La cendre est sur leur joue.
Il fait à peine jour, ils sont déjà bien las.
Ils ne comprennent rien à leur destin, hélas !
Ils semblent dire à Dieu : – Petits comme nous sommes,
Notre père, voyez ce que nous font les hommes ! –
Ô servitude infâme imposée à l'enfant ! »

Victor Hugo, « Melancholia »,
Les Contemplations, 1856.

Document 9

Ouvrières de la mode. Photographie de 1862 par M. de Charly

Document 10

La dureté du travail à domicile et dans les petits ateliers de Lyon

« Mal logée, mal nourrie, maltraitée, notre fillette achève d'user sa constitution par un travail excessif. Quel que soit son âge, elle travaille régulièrement de cinq heures du matin à neuf heures du soir, et cette journée de quatorze heures d'un travail effectif est suivie, lorsque l'ouvrage presse, d'un travail de nuit prolongé jusqu'à onze heures et minuit. [...] Pour beaucoup d'ateliers il n'y a pas de dimanche. Ai-je besoin d'ajouter qu'en ce qui concerne l'instruction primaire la loi n'est pas mieux obéie ? une maîtresse dévideuse n'a pas craint de me répondre qu'elle exigeait dans ses contrats la clause de ne pas laisser aller les apprentis à l'école : les enfants, suivant elle, s'y gâtent et en reviennent plus insubordonnés. [...] Les maladies ordinaires de notre classe ouvrière sont la phtisie et la gastralgie dont les germes sont pris dès l'époque de l'apprentissage. Si nous considérons l'hôpital de la Croix-Rousse, nous trouvons que depuis cinq ans, sur 2024 décès, il y a 771 décès par phtisie, soit 26 %, que sur ces 771 décès, 408 ont frappé la classe ouvrière et se subdivisent en 139 tisseurs, 164 tisseuses et 105 dévideuses ; 105 dévideuses mortes de phtisie et on compte à peine 4000 dévideuses ! Et sur ces 105 dévideuses, 47 âgées de 15 à 18 ans ! Celles qui résistent le plus longtemps atteignent 25 ans avant de mourir. »

Rapport de Pariset à la Chambre de commerce de Lyon, 1867.

PISTES POUR TRAITER LE SUJET

1. La formulation du sujet implique de traiter exclusivement le travail des femmes et des enfants dans l'industrie, au cours de la période qui s'étend de 1815 à 1870. À cet égard, trois précisions doivent être apportées dès l'introduction :

– L'industrialisation a commencé avant 1815 en Grande-Bretagne et après 1870 dans la plupart des autres pays.

– Le travail féminin et enfantin n'est pas propre au XIXe siècle. Il existait avant. Il existe après.

– L'industrie est loin d'être le seul secteur où femmes et enfants sont employés. Les travaux des champs occupent des effectifs beaucoup plus importants. L'emploi féminin est également considérable dans le monde domestique, le commerce, la religion, l'enseignement...

2. Tous les pays en voie d'industrialisation doivent être évoqués, mais il est souhaitable de mettre l'accent sur le Royaume-Uni, en raison de l'importance de son industrie et du nombre de femmes et d'enfants qui y sont employés et sur la France, exemple le plus connu. Les documents proposés incitent d'ailleurs à procéder ainsi.

3. L'objectivité des documents : il faut faire attention à ne pas se laisser abuser par ceux-ci.

– Se faire photographier est, au milieu du XIXe siècle, un événement important. Sur le document 9, modistes et couturières se sont donc parées de leurs plus beaux atours. Il est évident qu'elles ne travaillent pas vêtues de la sorte. Néanmoins, le fait de poser ainsi témoigne d'une certaine proximité avec leur clientèle bourgeoise.
– Il y a une marge importante entre le vote des lois comme celle du 22 mars 1841 et leur application, car l'État se donne peu de moyens de contrôle. La prolifération de lois de ce type témoigne d'ailleurs, d'une certaine façon, de l'impuissance des autorités à les faire appliquer.
– Ces lois ne concernent que certaines manufactures et pas, *a fortiori*, le travail en atelier ou à domicile qui sont souvent les plus pénibles.

4. Si le sujet ne porte pas sur les hommes, ceux-ci doivent néanmoins apparaître dans la dissertation. Ce sont des hommes qui se penchent sur le sort des femmes et des enfants (lord Shaftesbury, le docteur Villermé) et qui obtiennent le vote de lois mises en forme et votées par des assemblées masculines. Femmes et enfants travaillent également sous la direction et aux côtés de nombreux hommes. La législation a pour but de les protéger de ces derniers, tant du point de vue physique (privations, châtiments corporels) que moral (promiscuité des sexes, perversion des enfants par les adultes), ce qui explique les multiples restrictions au travail de nuit. Rappelons aussi qu'en vertu du *Code civil* français, la femme et l'enfant ne peuvent travailler sans l'accord et le contrôle du mari et du père qui perçoivent les salaires en leurs noms.

5. Il ne faut pas présenter la situation antérieure à l'industrialisation comme systématiquement meilleure pour les femmes et pour les enfants. La vie dans les campagnes est souvent rude. L'industrie apporte aussi des bienfaits (un toit, de la nourriture, quelques loisirs, des soins médicaux). Les règlements d'usines et de mines, souvent reproduits pour blâmer l'époque et fustiger ses « patrons inhumains » ne sont pas toujours appliqués avec plus de rigueur que les lois protectrices.

Annexes

Glossaire

Absolutisme : régime politique dans lequel le chef de l'État détient tous les pouvoirs.

Académisme : école artistique qui prône la stricte application des règles enseignées dans les académies. Le terme prend vite un sens péjoratif et désigne l'ensemble des œuvres de thème classique et de facture habile mais qui manquent de personnalité.

Acte de Navigation : loi anglaise, datant de 1651 et abolie en 1849, qui interdit les importations de produits européens sous un autre pavillon que le pavillon anglais ou que celui du pays d'origine, qui subordonne le commerce étranger avec les colonies anglaises à l'octroi d'une licence et qui réserve le cabotage aux seuls navires anglais.

Action : titre cessible et négociable représentant une fraction du capital social d'une société et qui donne droit à un dividende en cas de bénéfices.

Agriculture extensive : système agricole qui repose sur la fertilité naturelle du sol, sur la mise en repos périodique des terres et sur l'exploitation de grandes surfaces, ce qui implique souvent de faibles rendements. Elle s'oppose à l'agriculture intensive.

Amendement (à la Constitution des États-Unis) : texte précisant ou modifiant la Constitution après avoir été voté par au moins les deux tiers de chacune des deux assemblées fédérales et après avoir été ratifié par au moins les trois quarts des États fédérés.

Ancien Régime : expression apparue en 1789 pour qualifier de façon péjorative l'organisation administrative, politique, économique, sociale et religieuse de la France aux XVIe, XVIIe et XVIIIe siècles.

Anglicanisme : religion chrétienne apparue dans l'Angleterre du XVIe siècle à la suite de la rupture du roi Henri VIII avec Rome. Sa base doctrinale, proche du calvinisme est constituée par la *Bible*, le *Book of common Prayer* (1552) et la *Déclaration des 39 articles* (1571). En revanche, sa liturgie et son organisation ecclésiale qui conserve des évêques s'apparentent davantage au catholicisme.

Art sulpicien : images et statues fabriquées à partir du XIXe siècle autour de l'église Saint-Sulpice à Paris et qui connaissent une grande diffusion. L'expression prend vite un sens péjoratif en désignant un art religieux conventionnel et mièvre.

Autocrate : terme d'origine grecque, provenant de la titulature de l'empereur byzantin et indiquant qu'un seul homme exerce un pouvoir exclusif sur un État. Le tsar qui gouverne sans assemblées représentatives et au moyen de décrets appelés *oukases*, se l'attribue.

Biens nationaux : ensemble des biens que l'État s'est approprié pendant la Révolution française (biens du clergé, des émigrés, des suspects) et dont une partie a été revendue aux particuliers de façon à résoudre les problèmes financiers du pays.

Blocus continental : arme économique utilisée par Napoléon à partir de 1806 pour permettre à la France, qui domine le continent, de vaincre l'Angleterre, qui a la suprématie des mers, en l'empêchant d'écouler ses produits et donc en la ruinant.

Boers : colons de l'Afrique australe descendant principalement de protestants néerlandais et secondairement d'Allemands et de Français venus s'établir à partir du XVIIe siècle dans la région du Cap.

Bourgs pourris *(rotten boroughs)* : villages voire simples hameaux érigés par le souverain britannique en circonscriptions électorales pour le plus grand profit du propriétaire foncier dominant qui dispose ainsi pour lui-même ou pour un client d'un siège à la Chambre des Communes.

Burschenschaft : fédération d'associations étudiantes allemandes d'inspiration patriotique et libérale, née lors des guerres de libération contre Napoléon. Elle poursuit d'abord son action au grand jour (fête de la Wartburg) puis est contrainte à la clandestinité après son interdiction par le congrès de Carlsbad.

Calvinisme : religion chrétienne née au XVIe siècle, à l'instigation de Jean Calvin, en réaction contre les abus attribués au catholicisme. Ce protestantisme qui se dit aussi Église réformée prône la justification par la foi et l'autorité de l'Écriture et s'organise à la base sous forme de consistoires et au sommet sous forme de synodes généraux.

Capacités : personnes qui ne remplissent pas les conditions de cens pour pouvoir voter sous la monarchie de Juillet mais qui sont malgré tout susceptibles de se voir accorder ce droit en raison de leur talent ou de leur mérite (professeurs, officiers en retraite…).

Capitalisme : système économique reposant sur la propriété privée des moyens de production et d'échange, sur la recherche du profit et sur la concurrence et la loi du marché. Il est dit libéral lorsque l'État n'intervient que comme gendarme.

Carbonarisme ou Charbonnerie : société secrète née en Italie et dont le nom fait référence à l'organisation corporative des charbonniers jurassiens. D'abord anti-français sous le Premier Empire, le Carbonarisme tout en restant patriote devient unitaire et républicain après 1815. En France, la Charbonnerie s'oppose aux Bourbons restaurés.

Castes : groupes de la société indienne héréditaires, endogamiques et hiérarchisés depuis les prestigieux brahmanes (religieux) jusqu'aux humbles shudra (la plupart des artisans et des serviteurs). Tous sont purs, contrairement aux intouchables, parias auxquels sont réservées les activités jugées infamantes.

Cent-Jours : période du 20 mars au 22 juin 1815 pendant laquelle Napoléon reprend le pouvoir en France.

Chartisme : grand mouvement populaire qui secoue l'Angleterre entre 1836 et 1848. La Charte du Peuple de 1838 qui lui donne son nom exige la démocratisation du système politique britannique. Le mouvement qui s'appuie sur la tradition radicale et qui a des accents sociaux finit par échouer.

Classicisme : mouvement intellectuel et artistique dont les canons se trouvent dans l'Antiquité grecque et romaine et dans le XVIIe siècle français. Au XIXe siècle, le néo-classicisme prône le retour au classicisme en acceptant toutefois quelques concessions à l'esprit du temps.

Clause de la nation la plus favorisée : disposition particulière d'un traité en vertu de laquelle l'un des pays signataires accorde à l'autre l'ouverture prioritaire de son marché.

Codes noirs : ensemble de règlements adoptés par les Sudistes après l'abolition de l'esclavage de façon à conserver la main-d'œuvre noire dans une étroite dépendance (travaux en groupe et sous surveillance, limitation des déplacements…) et qui seront finalement supprimés en 1867 sous la pression du Nord.

Colonie : territoire assujetti à une puissance étrangère, qualifiée de métropole.

Colportage : activité qui consiste à parcourir les campagnes pour y vendre les produits de la ville.

Comice rural : association privée animée souvent par les notables ruraux et destinée à propager les progrès agricoles dans les campagnes.

Commerce triangulaire : trafic entre l'Europe (négociants et clients), les côtes de l'Afrique (pourvoyeuses d'esclaves) et l'Amérique (où ces mêmes esclaves travaillent sur des plantations) et qui connaît son apogée au XVIIIe siècle.

Compagnie à charte : société qui a reçu d'une puissance européenne le monopole d'exploitation d'un territoire colonial.

Concordat : traité à finalité religieuse signé entre le Saint-Siège et un État souverain. Le XIXe siècle s'ouvre sur celui que Napoléon Bonaparte conclut avec Pie VII (1801).

Confucianisme : doctrine élaborée par un sage chinois au VIe siècle avant notre ère, appelé Kongzi (dont le nom a été latinisé en Confucius) et qui insiste sur la sagesse, le respect des hiérarchies et la soumission à l'autorité.

Congrégation : association religieuse de prêtres ou de laïcs dont les membres prononcent des vœux simples et révocables et suivent des constitutions organisant leur action et leur vie communautaire.

Conscription : inscription de tous les citoyens en âge de porter les armes sur des listes, répartition de ces citoyens par classe d'âge et appel de ces classes jusqu'à satisfaction des besoins.

Corn Laws : lois sur les céréales votées par le Parlement britannique en 1815, 1822 et 1828 qui interdisent pratiquement les achats à l'étranger, mais qui finissent par être progressivement abolies à partir de 1846.

Corporations : associations de travailleurs de la même profession possédant des statuts particuliers et le monopole de leur activité.

Cultuurstelsel : système de cultures mis en place par le gouverneur général des Indes néerlandaises Van den Bosch (1830-1833) et qui n'est aboli qu'en 1877. Il oblige les Indonésiens à consacrer le cinquième de leurs terres et de leur temps de travail à des cultures spéculatives (café, poivre, cannelle…) au détriment des cultures vivrières.

Déchristianisation : terme attribué à Mgr Dupanloup, au milieu du XIXe siècle et qui désigne le détachement de groupes sociaux ou de régions à l'égard du christianisme.

Démocratie : régime politique dans lequel le gouvernement est exercé par et pour le peuple.

Doctrine de Monroe : doctrine énoncée en 1823 par le président des États-Unis Monroe et en vertu de laquelle les Européens ne doivent pas intervenir dans les affaires américaines, ni les Américains dans les affaires européennes.

Dominion : ancienne colonie britannique devenue un État indépendant mais qui conserve pour chef d'État la reine (ou le roi) d'Angleterre.

Douma : assemblée ou conseil en Russie.

Droit d'aînesse : droit avantageant l'aîné des enfants dans la succession de ses parents.

Droit d'exterritorialité : immunité qui soustrait une partie des étrangers à la juridiction de l'État sur le territoire duquel ils se trouvent.

Éclectisme : système philosophique prôné par Victor Cousin à partir de 1818 et qui se propose de concilier ce qu'il y a de meilleur et de compatible dans les systèmes philosophiques antérieurs. Le mot passe dans le registre artistique une quinzaine d'années plus tard pour désigner la tendance consistant à puiser dans les styles anciens ce qui est le mieux à même de répondre aux exigences de l'époque.

Économie politique : science née dans la deuxième moitié du XVIIIe siècle et qui se donne pour but d'étudier la pensée, les systèmes et les mécanismes économiques.

Enclosures : regroupement par un propriétaire de ses terres en des lots fermés par des haies ou des clôtures, ce qui permet de les soustraire aux pratiques communautaires et d'y pratiquer une agriculture plus productive.

Encyclique : lettre solennelle envoyée par le pape à tous les évêques ou, plus rarement, à ceux d'une seule nation pour préciser la position officielle de l'Église sur un point de doctrine ou sur un problème d'actualité. Elle est désignée par ses premiers mots et, dans le premier XIXe siècle, toujours rédigée en latin.

Escompte : opération de crédit à court terme qui consiste à verser au porteur d'un effet de commerce le montant de celui-ci, après déduction d'une commission et de l'intérêt pour le temps qui reste à courir avant l'échéance.

Étalon monétaire : métal (or, argent) sur lequel la valeur d'une unité monétaire est fondée.

Exégèse : science consistant à établir le sens d'un texte ou d'une œuvre littéraire. Le terme est surtout utilisé pour désigner l'interprétation des textes religieux (Bible…).

Exode rural : migration définitive des campagnes vers les villes.

Frontière (aux États-Unis) : limite du peuplement. Au XVIIIe siècle, elle se situe dans les Appalaches, atteint le Mississippi puis les Rocheuses dans la première moitié du XIXe siècle et disparaît officiellement lors du recensement de 1890.

Gentry : aristocratie anglaise non titrée.

Immaculée Conception : dogme catholique proclamé en 1854 et qui consacre une tradition fortement ancrée chez les catholiques selon laquelle la Vierge Marie a été soustraite dès sa naissance au péché originel.

Impeachment : révocation d'un président des États-Unis en cas de haute trahison, de forfaiture ou de corruption après sa mise en accusation par la Chambre des représentants à la majorité simple et la confirmation du bien-fondé de la procédure par le Sénat à la majorité qualifiée des deux-tiers.

Infaillibilité pontificale : dogme catholique proclamé à l'occasion du concile du Vatican, en 1870 et selon lequel le pape ne peut se tromper quand il définit une doctrine sur la foi ou les mœurs dans l'exercice de ses fonctions.

Intelligentsia : groupe étroit d'hommes de lettres, de professeurs et d'étudiants qui apparaît dans la Russie de la première moitié du XIXe siècle et qui se divise entre slavophiles désirant la préservation des traditions russes et occidentalistes souhaitant que leur pays s'inspire de l'Europe de l'Ouest.

Janissaires : corps d'élite de l'armée ottomane qui joue un rôle politique de plus en plus grand jusqu'à ce que le sultan l'élimine par un massacre en 1826.

Légitimistes : nom donné en France, à partir d'août 1830, aux partisans de la branche aînée des Bourbons.

Liguorisme : théologie morale catholique développée par Alphonse de Liguori, prêtre napolitain du XVIIIe siècle selon laquelle Dieu est amour et le catholicisme doit être compréhensif à l'égard des fidèles.

Luddisme : mot venant de John Ludd qui aurait détruit des machines textiles vers 1780 en les accusant de provoquer le chômage et de faire baisser la qualité des produits. Il désigne à l'origine les bris de machines qui se déroulent à travers toute l'Angleterre entre 1811 et 1816 puis finit par s'appliquer à l'ensemble des mouvements de ce type très nombreux dans l'Europe en voie d'industrialisation.

Luthéranisme : religion chrétienne née au XVIe siècle de la réaction de Martin Luther contre les abus attribués au catholicisme. Ce protestantisme s'appuie sur des principes fondamentaux (la foi seule, la grâce seule et l'Écriture seule) et s'organise en consistoires placés directement sous l'autorité du prince, ce qui le lie fortement à l'État.

Mercantilisme : doctrine économique datant de l'époque moderne et expliquant que la quantité de métaux précieux qui existe dans le monde est finie et qu'un pays doit donc réduire ses importations et développer ses exportations pour en détenir le plus possible.

Méthodisme : mouvement dissident de l'Anglicanisme appliquant la « méthode » de John Wesley (1703-1791) pour provoquer un réveil religieux. Il se donne pour seul guide l'expérience personnelle de Dieu et applique le sacerdoce universel (tout baptisé est prêtre).

Mitteleuropa : concept germanique qui signifie « Europe du milieu » et qui consiste à concevoir l'ensemble germanophone comme un bloc. Il est utilisé au congrès de Vienne et compte de nombreux adeptes dont l'économiste Friedrich List.

Monarchie : au sens strict du mot, régime dans lequel le pouvoir exécutif appartient à une personne.

Mouvement tractarien d'Oxford : mouvement né en 1833 à l'instigation d'ecclésiastiques anglicans et d'universitaires d'Oxford mécontents de la réduction récente du nombre d'évêchés anglicans en Irlande. Il publie 90 tracts jusqu'en 1841 rappelant les sources catholiques de l'anglicanisme.

Nihilisme : réaction désespérée évoquée par Tourgueniev dans son roman *Père et Fils* (1862) et théorisée par Tchernychevski dans son essai *Que faire ?* (1863) qui consiste à ne rien accepter de ce qui existe dans la maison Russie et à chercher à la détruire de fond en comble.

Obligation : titre négociable représentant une des fractions égales d'un prêt consenti à une collectivité publique ou à une société privée lors de l'émission d'un emprunt.

Ordre religieux : société de religieux prononçant des vœux solennels.

Orléanistes : nom donné en France aux partisans de la branche cadette des Bourbons descendant du duc d'Orléans, frère de Louis XIV. Cette dernière est au pouvoir avec Louis-Philippe Ier entre 1830 et 1848.

Orthodoxie : religion chrétienne séparée de Rome en 1054, fidèle aux sept conciles œcuméniques tenus entre Nicée I (325) et Nicée II (787) et surtout représentée en Europe orientale (Russie, Grèce, Roumanie...).

Pacte colonial : système réservant à la métropole le marché de ses colonies (l'exclusif).

Paternalisme : conception patriarcale ou paternelle du rôle du chef d'entreprise. Celui-ci crée des écoles, des logements et des caisses de secours pour ses ouvriers dont il attend, en retour, obéissance et respect.

Philhellénisme : courant très puissant dans l'Europe des années 1820 qui prône la libération du peuple grec de la domination ottomane au nom de valeurs culturelles, politiques et religieuses.

Piétisme : courant du luthéranisme allemand né au XVIIe siècle qui met l'accent sur l'expérience religieuse personnelle (la piété) en réaction contre le dogmatisme de l'Église et qui voit dans l'action caritative un moyen de reconquête spirituelle.

Plébiscite : vote direct du corps électoral, par oui ou par non, sur une question posée par le pouvoir exécutif.

Positivisme : philosophie élaborée par Auguste Comte dans la première moitié du XIXe siècle. D'après cette philosophie, l'humanité passe par trois étapes : l'âge théologique, l'âge métaphysique et l'âge scientifique ou positif qui commence précisément avec le XIXe siècle.

Presse : système qui consiste à rafler les hommes dans les ports pour les enrôler de force dans la marine de guerre.

Principe des nationalités : doctrine selon laquelle les gens d'une même nation doivent être groupés en un même État.

Printemps des peuples : ensemble de soulèvements révolutionnaires, en Europe occidentale, au cours du premier semestre 1848, où se mêlent des revendications nationales, libérales, démocratiques et sociales.

Pronunciamiento : terme espagnol pour désigner un coup d'État militaire.

Protectorat : régime juridique établi par un traité international selon lequel un État protecteur contrôle un autre État, qui est son « protégé », en particulier pour ses relations extérieures et sa sécurité.

Puddlage : technique métallurgique qui consiste à brasser une masse de fonte en fusion, décarburée par l'ajout d'une scorie ferrugineuse pour obtenir un fer plus résistant.

Question sociale : ensemble des interrogations que posent l'émergence d'une classe ouvrière et de nouveaux maux sociaux imputés à l'industrialisation.

Réalisme : mouvement intellectuel et artistique qui prétend s'appuyer sur l'observation directe du réel et qui s'intéresse surtout à des sujets sociaux. Il naît au milieu du XIXe siècle en France et en Grande-Bretagne avant de se diffuser à travers tout l'Occident.

Reconstruction : période de l'histoire des États-Unis qui suit la guerre de Sécession et au cours de laquelle les États du Sud sont réintégrés dans l'Union, le relèvement économique du Sud est entrepris et l'émancipation des Noirs est amorcée.

Religion d'État : religion « établie par la loi » et qui bénéficie à ce titre de privilèges.

Réveil religieux : mouvement spirituel protestant dont le nom est une traduction de l'expression anglaise *Revival of religion*. Né au XVIIIe siècle et connaissant une grande vitalité au XIXe siècle, il vise à susciter l'émotion et la conversion par des prières collectives et des prédications et à réveiller une foi jugée trop terne.

Risorgimento : terme italien signifiant « résurrection » et désignant le mouvement politique et intellectuel qui a permis l'unification de l'Italie au cours du premier XIXe siècle.

Romantisme : mouvement intellectuel et artistique qui naît à la fin du XVIIIe siècle en Grande-Bretagne et en Allemagne en réaction contre la toute-puissance de la raison et du classicisme. Il met l'accent sur la liberté et la subjectivité et connaît son apogée dans l'Europe occidentale des années 1815-1840.

Sacré Collège : ensemble des cardinaux de l'Église catholique qui élit le pape (à l'occasion d'un conclave), l'assiste dans son activité quotidienne et assure l'intérim à sa mort.

Sainte-Alliance : pacte de fraternité et d'assistance mutuelle signé en 1815 entre l'empereur de Russie, l'empereur d'Autriche et le roi de Prusse « au nom de la Très Sainte et Indivisible Trinité » contre les mouvements libéraux et nationaux.

Scientisme : courant philosophique apparu au milieu du XIXe siècle qui s'inscrit dans la ligne du positivisme et qui considère que la science peut résoudre tous les problèmes, élucider tous les mystères et tenir lieu de religion.

Sénatus-consulte : décision émanant du Sénat du Consulat, du Premier ou du Second Empire et apportant une précision ou une modification à la Constitution.

Servage : condition inférieure d'une partie du peuple (le plus souvent des paysans) qui n'a pas de liberté personnelle complète, est attachée à une terre, frappée de diverses incapacités et assujettie à des obligations et à des redevances particulières.

Shintoïsme : religion polythéiste et animiste propre au Japon dont le nom *shintô* signifie la voix des dieux et qui honore les forces de la nature, les ancêtres et l'empereur.

Shogun : chef militaire et civil du Japon entre le XIIe siècle et 1867 qui exerce, parallèlement à l'empereur, le véritable pouvoir.

Snob : celui qui cherche à être assimilé aux gens distingués de la haute société en leur empruntant sans discernement leurs manières et leurs goûts.

Socialistes utopistes : nom donné aux socialistes du premier XIXe siècle (Owen, Fourier, Saint-Simon, Louis Blanc, Cabet…) par Proudhon et Marx pour les dévaloriser par rapport à leur propre socialisme qu'ils qualifient de scientifique. Ces premiers socialistes influencés par les idées de bonheur et de progrès du siècle des Lumières croient en une société idéale, assurant le bien-être de tous, mais ils divergent sur les moyens d'y parvenir.

Sonderbund : ligue séparatiste formée en 1845 par les cantons catholiques suisses qui sont mécontents de la politique anticléricale menée par les radicaux au pouvoir. Elle est finalement vaincue par l'armée fédérale et dissoute en 1847.

Style pompier : genre pictural emphatique et pompeux appelé ainsi parce qu'il abuse parfois de casques antiques rappelant ceux des pompiers des années 1830.

Suffrage censitaire : système électoral qui impose un seuil de contributions reflétant la valeur du patrimoine (cens) pour être électeur et éligible. Il distingue les citoyens passifs qui n'ont que des droits naturels et civils, des citoyens actifs qui jouissent en plus de droits politiques.

Suffrage universel : système électoral dans lequel le droit de vote est accordé à tous les citoyens. Durant le premier XIXe siècle, il exclut toujours les femmes.

Système proto-industriel : forme mixte d'organisation imbriquant le travail rural à façon et le travail des ateliers urbains sous la direction d'un entrepreneur de la ville qui se charge généralement lui-même de commercialiser le produit fini.

Transition démographique : passage d'un régime démographique ancien caractérisé par des taux élevés de natalité et de mortalité à un régime moderne conjuguant une faible natalité et une faible mortalité et au cours duquel la mortalité chute souvent plus vite et plus nettement que la natalité, ce qui fait que la population continue de croître.

Ultramontanisme : doctrine favorable à la centralisation de l'Église catholique et à l'autorité du pape (résidant à Rome, littéralement au-delà des monts). Elle s'affirme dans le premier XIXe siècle et triomphe en 1870 au concile du Vatican.

Ultras : terme utilisé dès le début de la Restauration pour qualifier les ultra-royalistes, partisans de la contre-Révolution.

Université : dans la France du XIXe siècle, institution créée par Napoléon Ier (1806-1808) et qui reçoit le monopole de l'enseignement. Elle perd ce monopole en 1833 pour l'enseignement primaire, en 1850 pour le second degré et en 1875 pour l'enseignement supérieur.

Zemstvo : assemblée territoriale assurant l'administration locale dans les gouvernements de la Russie à partir de 1864.

Zollverein (Deutscher) : union douanière entre la Prusse qui en est l'instigatrice et une vingtaine d'autres États allemands. Entrée en vigueur en 1834, elle est progressivement étendue et prépare l'unité allemande au profit de la Prusse.

Chronologie

	FAITS POLITIQUES ET DIPLOMATIQUES EUROPÉENS	FAITS ÉCONOMIQUES ET SOCIAUX	FAITS RELIGIEUX ET CULTURELS	ÉVÉNEMENTS EXTRA-EUROPÉENS
1814	**6 avril.** 1re abdication de Napoléon **30 mai.** 1er traité de Paris **4 juin.** Promulgation de la Charte octroyée par Louis XVIII **23 sept.** Ouverture du Congrès de Vienne	Essai de locomotive à vapeur par Stephenson		
1815	**1er mars.** Débarquement de Napoléon en France **9 juin.** Acte final du Congrès de Vienne **18 juin.** Défaite finale de Napoléon à Waterloo **26 sept.** Signature du traité de la Sainte-Alliance **20 nov.** Second traité de Paris et conclusion de la Quadruple Alliance			
1816		Abrogation en France du divorce instauré par la Révolution	*Le Barbier de Séville* de Rossini	Insurrections en Amérique latine et indépendance de l'Argentine
1817	**Oct.** Fête de la Wartburg	*Principes de l'économie politique et de l'impôt* de Ricardo	*Essai sur l'indifférence en matière de religion* de La Mennais	
1818	**Nov.** Congrès d'Aix-la-Chapelle			Victoire britannique dans les guerres Mahrattes en Inde
1819	**Sept.** Congrès de Carlsbad et de Vienne (jusqu'à janvier 1820)	Parabole de Saint-Simon Première traversée de l'Atlantique par un navire à vapeur **16 août.** Massacre de Peterloo	*Le Radeau de la Méduse* de Géricault *Ivanhoé* de Walter Scott	Annexion de Singapour par les Britanniques Acquisition de la Floride par les États-Unis
1820	Insurrections en Espagne et dans le royaume de Naples **Oct.** Congrès de Troppau			**Mars.** Compromis du Missouri

	FAITS POLITIQUES ET DIPLOMATIQUES EUROPÉENS	FAITS ÉCONOMIQUES ET SOCIAUX	FAITS RELIGIEUX ET CULTURELS	ÉVÉNEMENTS EXTRA-EUROPÉENS
1821	**Janv.** Congrès de Laybach **Mars.** Soulèvements grec et roumain **5 mai.** Mort de Napoléon à Ste-Hélène		*Exposition de la foi chrétienne* de Schleiermacher *Der Freischütz* de Weber	Indépendance effective du Mexique
1822	**Sept.** Gouvernement de Villèle en France (jusqu'en janvier 1828) **Oct.** Congrès de Vérone	Fondation de la Société générale de Belgique		**Sept.** Proclamation de l'Empire du Brésil
1823	**Avril-sept.** Expédition française en Espagne			**2 déc.** Présentation par le président Monroe de sa doctrine
1824	**Sept.** Décès de Louis XVIII et avènement de Charles X	**Juin.** Loi accordant le droit de coalition aux travailleurs anglais	Mort de Byron à Missolonghi *Neuvième Symphonie* de Beethoven *Scènes des Massacres de Scio* de Delacroix Invention de la photographie par Niepce	**9 déc.** Victoire de Sucre sur les Espagnols à Ayacucho
1825	**Déc.** Mort du tsar Alexandre Ier et mouvement décabriste		Année Sainte **Avril.** Loi du sacrilège en France	Indépendance d'Haïti
1826	**Avril.** Chute de Missolonghi		*Le Dernier des Mohicans* de Fenimore Cooper	**Juin-juil.** Congrès de Panama
1827	**20 oct.** Destruction de la flotte turco-égyptienne à Navarin	Invention de la chaudière tubulaire par Seguin	*Les Fiancés* de Manzoni	
1828			Émancipation des protestants non-conformistes au Royaume-Uni	**Nov.** Élection du général Jackson à la présidence des États-Unis
1829			Émancipation partielle des catholiques au Royaume-Uni	
1830	**3 fév.** Indépendance de la Grèce **27, 28 et 29 juil.** Trois Glorieuses et renversement de Charles X	Ouverture de la ligne de chemin de fer Manchester-Liverpool	*Hernani* d'Hugo *Le Rouge et le Noir* de Stendhal *La Symphonie fantastique* de Berlioz	**5 juil.** Prise d'Alger par les Français et début de la conquête de l'Algérie Fin de la conquête de Java par les Néerlandais

	Août. Avènement de Louis-Philippe et début de la monarchie de Juillet **Nov.** Soulèvement polonais (jusqu'en septembre 1831)		Fondation de la *Royal Geographical Society* de Londres *Cours de philosophie positive* de Comte (jusqu'en 1842)	
1831	**21 juil.** Serment de Léopold Ier comme souverain du nouveau royaume de Belgique	**Nov.** Insurrection des canuts lyonnais	*Robert le Diable* de Meyerbeer *La Liberté guidant le peuple* de Delacroix	
1832	**Juin.** *Great Reform Act*	Invention de l'hélice par Sauvage **Mars-mai.** Épidémie de choléra à Paris	Mort de Goethe et publication du second *Faust* Lancement du *Penny Magazine* à Londres **Août.** Encyclique *Mirari Vos* condamnant *L'Avenir*	
1833	**8 juil.** Traité d'Unkiar-Skelessi	*Factory Act*	Fondation de la Société Saint-Vincent-de-Paul par Ozanam **28 juin.** Loi Guizot sur l'instruction publique	
1834	Création du mouvement Jeune Europe	**Janv.** Entrée en vigueur du *Zollverein* général **Août.** Création des *workhouses* en Grande-Bretagne	*Paroles d'un croyant* de La Mennais	**Août.** Abolition de l'esclavage dans les colonies britanniques
1835			*Vie de Jésus* de David Friedrich Strauss Création de l'agence Havas	Début du *Grand Trek* des Boers
1836			Laïcisation de l'état civil en Angleterre *La Confession d'un enfant du siècle* de Musset	
1837	Avènement de la reine Victoria au Royaume-Uni	Début du mouvement chartiste en Grande-Bretagne	**1837-1838.** *Les Aventures d'Oliver Twist* de Dickens	
1839	Début de l'ère des réformes ou *Tanzimat* dans l'Empire ottoman	Invention du marteau-pilon		Début de la guerre de l'opium en Chine

	FAITS POLITIQUES ET DIPLOMATIQUES EUROPÉENS	FAITS ÉCONOMIQUES ET SOCIAUX	FAITS RELIGIEUX ET CULTURELS	ÉVÉNEMENTS EXTRA-EUROPÉENS
1840	**Juil.-oct.** Crise internationale à propos de l'Égypte	*Tableau physique et moral des ouvriers…* du docteur Villermé		
1841	**13 juil.** Convention des détroits	**Mars.** Loi française réglementant le travail des enfants *Système national d'économie politique* de List		
1842		*Coal Mines Act*	Reprise de la construction de la cathédrale de Cologne *Nabucco* de Verdi **1842-1843.** *Les Mystères de Paris* d'Eugène Sue	**Août.** Fin de la guerre de l'opium et traité de Nankin Défaite des Britanniques en Afghanistan
1843				**16 mai.** Prise de la smala d'Abd-el-Kader
1844	**Fév.-août.** Affaire Pritchard	Fondation des *Équitables pionniers de Rochdale* par Owen Expérimentation du télégraphe électrique par Morse Soulèvement des tisserands en Silésie	Fondation des *Young Men's Christian Associations* en Grande-Bretagne *Tannhäuser* de Wagner *Le Comte de Monte-Cristo* et *Les Trois mousquetaires* d'Alexandre Dumas	**14 août.** Victoire française sur le sultan du Maroc à la bataille de l'Isly
1845		*La Situation des classes laborieuses* en Angleterre d'Engels		**Déc.** Annexion du Texas par les États-Unis
1846	**Juin.** Avènement de Pie IX	Début de la maladie de la pomme de terre et de la Grande Famine en Irlande (jusqu'en 1850) **Mai.** Abolition des *Corn Laws*	Apparition de la Vierge à La Salette Découverte de la planète Neptune par Le Verrier	**Mai.** Début de la guerre entre les États-Unis et le Mexique
1847		*Manifeste du parti communiste* de Marx et Engels		**Oct.** Reddition d'Abd-el-Kader Fondation de la République du Liberia
1848	**22-24 fév.** Renversement de Louis-Philippe au profit de la Deuxième République **2 mars.** Adoption du suffrage universel par la France	**Janv.** Découverte de l'or en Californie **19-20 juillet.** Convention féministe de Seneca Falls	Mort de Chateaubriand et début de la publication de ses *Mémoires d'outre-tombe*	**Fév.** Défaite du Mexique face aux États-Unis consacrée par le traité de Guadalupe **4 mars.** Abolition de l'esclavage dans les colonies françaises

1848	**13-22 mars.** Insurrections à Vienne, Berlin et Milan **18 mai.** Réunion du Parlement de Francfort **23-26 juin.** Insurrection puis écrasement du peuple parisien **2 déc.** Avènement de François-Joseph en Autriche **10 déc.** Élection de Louis-Napoléon Bonaparte à la présidence de la République			
1849	**Fév.-juil.** République romaine **23 mars.** Défaite piémontaise de Novare **Juin.** Échec final du Parlement allemand **13 août.** Défaite hongroise à Vilagos	**Juin.** Épidémie de choléra à Paris	*Un Enterrement à Ornans* de Courbet	Abolition par les Britanniques de l'Acte de Navigation Victoire britannique dans les guerres Sikhs
1850	**31 mai.** Loi restreignant le suffrage universel en France **29 nov.** Reculade prussienne d'Olmütz		Rétablissement d'une hiérarchie épiscopale catholique en Angleterre Fondation des assomptionnistes **15 mars.** Vote de la loi Falloux sur l'enseignement	
1851	**2 déc.** Coup d'État de Louis-Napoléon Bonaparte	Installation d'un câble sous-marin entre les deux rives de la Manche Découverte de l'or en Australie	**Mai-oct.** Exposition universelle de Londres *Moby Dick* de Melville	**Sept.** Début de la révolte Taiping
1852	**2 déc.** Proclamation du Second Empire	Fondation du Crédit mobilier par les frères Pereire Fondation du Bon Marché à Paris et de Harrods à Londres	*La Case de l'oncle Tom* d'Harriet Beecher-Stowe	
1853			*Essai sur l'inégalité des races humaines* de Gobineau *Le Trouvère* et *La Traviata* de Verdi	**Juil.** Arrivée de la flotte américaine de Perry au Japon Début de l'occupation de la Nouvelle-Calédonie par la France

	FAITS POLITIQUES ET DIPLOMATIQUES EUROPÉENS	FAITS ÉCONOMIQUES ET SOCIAUX	FAITS RELIGIEUX ET CULTURELS	ÉVÉNEMENTS EXTRA-EUROPÉENS
1854	**Mars.** Début de la guerre d'Orient (Crimée)	Ouverture de la voie ferrée du Semmering à travers les Alpes	Proclamation du dogme de l'Immaculée Conception	Naissance du nouveau parti républicain aux États-Unis
1855	**Mars.** Avènement du tsar Alexandre II **8 sept.** Prise de Malakoff et chute de Sébastopol	Mise au point du convertisseur Bessemer	**Mai-oct.** Exposition universelle de Paris Signature du Concordat entre l'Autriche et l'Église catholique	
1856	**Fév.-mars.** Congrès de Paris		Découverte de l'homme de Neandertal *Madame Bovary* de Flaubert	
1857		Légalisation du divorce en Grande-Bretagne	*Les Fleurs du mal* de Baudelaire	**Mai.** Révolte des Cipayes (jusqu'en mars 1858)
1858	**14 janv.** Attentat d'Orsini contre Napoléon III **21 juil.** Entrevue de Plombières entre Napoléon III et Cavour		Émancipation des juifs au Royaume-Uni Apparition de la Vierge à Lourdes	Remplacement de l'*East India Company* par une administration directe de l'Inde
1859	**4 et 24 juin.** Victoires françaises sur les Autrichiens à Magenta et à Solferino **10 nov.** Paix de Zurich	Fondation du Familistère de Guise	*De l'origine des espèces* de Darwin Loi Casati sur l'enseignement en Piémont	
1860	**24 nov.** Décret libéralisant le Second Empire	**23 janv.** Traité commercial franco-britannique		Intervention française en Syrie Intervention franco-anglaise en Chine et prise de Pékin **Nov.** Élection de Lincoln à la présidence des États-Unis
1861	**Mars.** Proclamation du royaume d'Italie **Juin.** Mort de Cavour	**3 mars.** Abolition du servage en Russie		**Avril.** Début de la guerre de Sécession Annexion de Lagos par les Britanniques Expédition franco-anglo-espagnole au Mexique
1862	**Sept.** Nomination de Bismarck au poste de chancelier de Prusse	*Des crises commerciales et de leur retour périodique*... de Juglar	**Mai-nov.** Exposition universelle de Londres *Les Misérables* d'Hugo	**Mai.** Loi du *Homestead* aux États-Unis **Juin.** Annexion par la France de la Cochinchine orientale

1863	**Janv.** Soulèvement de la Pologne	Fondation du Crédit Lyonnais Ouverture du métropolitain de Londres	*Vie de Jésus* de Renan Lancement du *Petit Journal*	Protectorat français sur le Cambodge Victoire des Nordistes sur les Sudistes à Gettysburg
1864	**Sept.** Convention franco-italienne	Fondation de la Société Générale **25 mai.** Loi accordant le droit de coalition aux ouvriers français **28 sept.** Fondation à Londres de l'Association internationale des travailleurs	**8 déc.** Encyclique *Quanta Cura* et *Syllabus*	**Juin.** Écrasement des Taiping
1865			*Introduction à l'étude de la médecine expérimentale* de Claude Bernard Fondation de la Mission chrétienne par William Booth	**9 avril.** Fin de la guerre de Sécession après la capitulation du Sud à Appomatox **15 avril.** Décès du président Lincoln suite à un attentat perpétré la veille **Déc.** Abolition de l'esclavage aux États-Unis *Colonial Law Validity Act*
1866	**3 juil.** Victoire de la Prusse sur l'Autriche à Sadowa **Octobre.** Annexion de la Vénétie par le royaume d'Italie	Installation d'un câble à travers l'Atlantique Nord	*Crime et châtiment* de Dostoïevski	
1867	**Mars-août.** Réforme électorale en Grande-Bretagne **Avril-mai.** Crise internationale à propos du Luxembourg **12 juin.** Compromis austro-hongrois **3 nov.** Victoire française sur les garibaldiens à Mentana	Faillite du Crédit mobilier Premier tome du *Capital* de Marx	**Avril-nov.** Exposition universelle de Paris	Acquisition de l'Alaska par les États-Unis. Annexion par la France de la Cochinchine occidentale **19 juin.** Exécution de l'empereur du Mexique Maximilien **1er juil.** Fondation du *dominion* de la Confédération du Canada
1868		Réunion du *Trades Union Congress* en Grande-Bretagne	Découverte de l'homme de Cro-Magnon	Fondation de la *Colonial Society* britannique **Avril.** Proclamation de la Charte des Cinq articles. Début de l'ère Meiji.

	FAITS POLITIQUES ET DIPLOMATIQUES EUROPÉENS	FAITS ÉCONOMIQUES ET SOCIAUX	FAITS RELIGIEUX ET CULTURELS	ÉVÉNEMENTS EXTRA-EUROPÉENS
1869	**8 sept.** Sénatus-consulte libéralisant le Second Empire	*De l'assujettissement des femmes* de John Stuart Mill **16-19 nov.** Inauguration du canal de Suez	Classification périodique des éléments par Mendeleïev *Guerre et Paix* de Tolstoï **Déc.** Ouverture du concile du Vatican	**Mai.** Achèvement du premier transcontinental américain
1870	**19 juillet.** Déclaration de guerre de la France à la Prusse **1er-2 sept.** Défaite et capitulation française à Sedan **4 sept.** Chute du Second Empire au profit de la Troisième République **20 sept.** Prise de Rome par les Italiens		**Fév.** *Forster Act* sur l'enseignement primaire en Grande-Bretagne **Juil.** Ajournement du concile et proclamation du dogme de l'infaillibilité pontificale	
1871	**18 janv.** Acclamation de Guillaume de Prusse comme empereur allemand **10 mai.** Traité de Francfort			

Bibliographie

Une bibliographie complète excéderait le volume du présent ouvrage et serait de peu d'utilité pour les étudiants de Deug, de Licence et de classes préparatoires. L'accent a donc été mis sur quatre types de références :

– Des ouvrages généraux au détriment de ceux sur les différents pays ou sur des aspects trop précis, si bons soient-ils.

– Des classiques que les étudiants d'histoire doivent connaître.

– Des travaux récents qui tiennent compte des avancées de la connaissance historique.

– Des livres accessibles et abordables : tous les titres proposés sont en français.

Instruments de travail

Guy BONNEROT et Jean-Marie LE GUEVELLOU, *Atlas historique et géographique*, Paris, Hachette, 1981.

Jean DELORME, *Les grandes dates du XIXe siècle*, Paris, PUF, 1985 (multiples rééd.).

Georges DUBY, *Atlas historique*, Paris, Larousse, 1987 (rééd. 1989).

Madeleine AMBRIERE (dir.), *Dictionnaire du XIXe siècle européen,* PUF, 1997 (précieux mais le politique, l'économique et le social sont négligés au profit du culturel entendu, il est vrai, au sens le plus large).

Parmi les manuels

Albert MALET et Jules ISAAC (dir.), *Histoire*, t. 3, *Les Révolutions, 1789-1848*, Paris, Hachette, 1960 et t. 4, *La naissance du monde moderne, 1848-1914*, Paris, Hachette, 1961. Un classique.

Max TACEL, *Restaurations, révolutions, nationalités, 1815-1870*, Paris, Armand Colin, 1970, (rééd.). Bonne synthèse, mais qui néglige les comparaisons et qui minore les aspects sociaux.

René RÉMOND, *Introduction à l'histoire de notre temps*, t. 2, *Le XIXe siècle, 1815-1914*, Paris, éd. du Seuil, 1974. Ouvrage stimulant et axé sur le politique car issu d'un enseignement dispensé à l'IEP de Paris.

Hélène FRÉCHET, *Histoire de l'Europe au XIXe siècle*, Paris, Ellipses, 1991. Manuel rédigé dans l'optique de la préparation à Sciences Po et qui se compose de plans et de fiches.

Jean HEFFER et William SERMAN, *Le XIXe siècle, 1815-1914*, Paris, Hachette, 1992 (rééd.). Très complet mais parfois complexe ; la chronologie n'est pas prise en compte.

Jean-Louis ROBERT (dir.), *Histoire contemporaine,* t. 1, *Le XIXe siècle*, Paris, Bréal, Grand Amphi, 1995. Chapitres solides et exercices intéressants sur quelques aspects du programme.

Jean-Claude CARON et Michel VERNUS, *L'Europe au XIXe siècle. Des nations aux nationalismes, 1815-1914,* Paris, Armand Colin, 1996. Axé sur la question de concours du CAPES et de l'Agrégation consacrée aux nations, aux nationalités et au nationalisme en Europe ; pas d'exercices.

Serge BERSTEIN et Pierre MILZA dir., *Histoire du XIXe siècle,* Paris, Hatier, Initial, 1996. Une référence mais pas d'exercices.

Jean-Charles ASSELAIN et *al.*, *Précis d'histoire européenne, 19e-20e siècle,* Paris, Armand Colin, 2000. Excellent mais rapide car couvrant deux cents ans d'histoire ; pas d'exercices.

Table des matières

1re partie Savoirs 5

Avant-propos ... 6

CHAPITRE 1 Le monde en 1815 ... 7

1. Un monde dominé par une Europe à reconstruire ... 7
   1. Le poids de l'Europe dans le monde ... 7
   2. La fin de l'Empire napoléonien ... 8
   3. Un monde à repenser ... 10

2. Le congrès de Vienne ... 12
   1. La réunion du congrès ... 12
   2. Le déroulement du congrès ... 13
   3. L'Acte final ... 14

3. Les limites d'une restauration ... 17
   1. Un compromis entre l'Ancien Régime et l'époque révolutionnaire ... 17
   2. Les menaces pesant sur l'œuvre de Vienne ... 18
   3. Les moyens retenus pour garantir le nouvel ordre international ... 20

■ **Documents commentés 1 et 2** (textes) ... 23

CHAPITRE 2 De Vienne à Sedan (1815-1870) ... 28

1. L'Europe de la Sainte-Alliance (1815-1847) ... 28
   1. Les premiers mouvements nationaux et libéraux et leur répression ... 28
   2. L'indépendance de la Grèce ... 30
   3. Les mouvements des années 1830-1840 ... 32

2. De l'ébranlement révolutionnaire à la réaction (1848-1851) ... 34
   1. Les origines de l'explosion ... 34
   2. Le « printemps des peuples » et ses prolongements ... 36
   3. Le triomphe de la réaction ... 38

3. La fin de l'Europe du congrès de Vienne (1852-1870) ... 41
   1. Les nouvelles donnes diplomatiques ... 41
   2. Vers les unités italienne et allemande ... 42
   3. La guerre de 1870 et ses conséquences ... 47

■ **Document commenté** (carte) ... 50

CHAPITRE 3 Les États et les régimes politiques européens du premier XIXe siècle ... 52

1. Variété, affirmation et contestation des États ... 52
   1. L'État dans tous ses états ... 52
   2. La croissance du rôle de l'État ... 55
   3. Les limites de la puissance étatique ... 57

2. Deux évolutions politiques particulières : le Royaume-Uni et la France ... 58
   1. L'avènement de la monarchie parlementaire britannique ... 58
   2. Les monarchies censitaires françaises ... 61
   3. Les essais démocratiques de la France ... 65

3. Essor des régimes constitutionnels et résistances autoritaires 70
1. La mutation constitutionnelle de la majeure partie de l'Europe 70
2. Le despotisme turc et ses réformes limitées 72
3. L'autocratie russe et ses difficultés 74
■ **Document commenté** (organigramme) 77

CHAPITRE 4 **L'économie occidentale à l'heure du capitalisme libéral** 78
1. Les agents et les facteurs du capitalisme libéral 78
1. Les idées et les hommes 78
2. La révolution des techniques et du machinisme 80
3. Cadre juridique et infrastructure financière 83
2. L'essor du capitalisme libéral 86
1. Les transformations agricoles 86
2. L'industrialisation 88
3. Le développement des transports et du commerce 91
3. Les limites du système 95
1. Les rythmes contrastés de la croissance 95
2. Les contestations 96
3. Le maintien de structures traditionnelles 98
■ **Document commenté** (tableau de statistiques) 101

CHAPITRE 5 **Populations et sociétés occidentales** 102
1. Croissances et mobilités 102
1. L'accroissement de la population 102
2. Fortes densités rurales et départ des campagnes 105
3. Poussée urbaine et émigration 106
2. Des élites au peuple 109
1. Le maintien des aristocraties traditionnelles 109
2. L'affirmation des bourgeoisies 110
3. La diversification des couches populaires 112
3. Émancipations et nouvelles formes de dépendance sociale 115
1. La disparition du servage et de l'esclavage 115
2. La subordination des femmes et les débuts du féminisme 117
3. Nouvelles tensions sociales et recherches de solutions 119
■ **Document commenté** (texte) 125

CHAPITRE 6 **Cultures et religions occidentales** 127
1. Les religions et les chocs du monde contemporain 127
1. Structures héritées et nouveaux cadres religieux 127
2. L'ampleur et les limites du renouveau spirituel 130
3. Le sacre de la science, l'aspiration libérale et les réponses des religions 133
2. L'effervescence littéraire et artistique 137
1. Classicisme, romantisme et réalisme 137
2. La persistance d'un art religieux 140
3. Le conformisme des goûts 142
3. Le dualisme des cultures et des loisirs 143
1. Les deux filières de l'enseignement 143

2. La culture et les loisirs des élites ... 147
3. La culture et les loisirs populaires ... 148
Document commenté (peinture) ... 151

CHAPITRE 7 **Les mondes extra-européens** ... 154
I. Le crépuscule de l'ancien système de domination européenne ... 154
I. Un système injuste, incomplet et contesté ... 154
2. Le reflux territorial ... 156
3. La mort du colonialisme mercantiliste ... 158
2. La nouvelle expansion européenne et ses limites ... 159
I. De multiples causes ... 159
2. Les conquêtes coloniales ... 163
3. Une expansion qui rencontre des résistances et nécessite du pragmatisme ... 166
3. L'émergence d'une jeune nation émancipée : les États-Unis ... 168
I. Un nouveau modèle politique ... 168
2. L'extension du territoire et l'affirmation de la puissance ... 170
3. Guerre civile et reconstruction difficile ... 172
Document commenté (texte) ... 176

2e partie **Savoir-faire** 179

La dissertation avec dossier ... 180
DOSSIER 1 Le romantisme ... 182
DOSSIER 2 La puissance britannique (1815-1870) ... 193
DOSSIER 3 Le travail des femmes et des enfants à l'heure de la révolution industrielle (1815-1870) ... 200

Annexes 207
Glossaire ... 207
Chronologie ... 213
Bibliographie ... 221

Crédits photos : p. 39 : Bridgeman-Giraudon ; p. 66 : Harlingue-Viollet ; p. 70 : ©photothèque de la Ville de Paris/cliché Briant ; p. 82 : J. Desboutin ; p. 84 : Bridgeman-Giraudon ; p. 86 : Kharbine Tapabor ; p. 113 : collection Viollet ; p. 115 : collection Viollet ; p. 133 : collection Kharbine-Tapabor ; p. 141 : L.L. Viollet ; p. 144 : Musée National de l'Éducation/INRP/Rouen ; p. 151 : collection Viollet ; p. 163 : Fotomas Index ; p. 182 : Dagli-Orti ; p. 184 : Photo Josse ; p. 194 : collection Viollet ; p. 201 : AKG Paris ; p. 203 : Bridgeman-Giraudon ; p. 204 : George Eastman House-International Museum of Photography-New York.
Crédits cartes : p. 45 : P. Milza, S. Berstein, *Histoire du XIXe siècle*, coll. Initial © Hatier, 1996 ; p. 51 : *Atlas historique*, sous la direction de G. Duby © Librairie Larousse, 1987 ; p. 90 : *le 19e siècle*, Grand Amphi, Histoire contemporaine, © Bréal, 1995 ; p. 103 : « Histoire des populations d'Europe » de Bardet/Dupâquier © Librairie Arthème Fayard, 1998 ; p. 157 : P. Milza, S. Berstein, *Histoire du XIXe siècle*, coll. Initial © Hatier, 1996.

Imprimé en France par EMD S.A.S. à Lassay-les-Châteaux
N° d'édition : 003398-03 – N° d'imprimeur : 24136
Dépôt légal : novembre 2010